现代秘书公共关系

XIANDAI MISHU GONGGONG GUANXI

华洁芸　滕　晗　滕燊蕤◎著

首都经济贸易大学出版社
Capital University of Economics and Business Press
·北　京·

图书在版编目（CIP）数据

现代秘书公共关系/华洁芸，滕晗，滕燊蕤著. -- 北京：首都经济贸易大学出版社，2018. 1

ISBN 978 - 7 - 5638 - 2738 - 1

Ⅰ. ①现…　Ⅱ. ①华…　②滕…　③滕…　Ⅲ. ①秘书—公共关系—高等学校—教材　Ⅳ. ①C931. 46

中国版本图书馆 CIP 数据核字（2017）第 308618 号

现代秘书公共关系
华洁芸　滕晗　滕燊蕤　著

责任编辑　赵晨志　孟岩岭
封面设计　砚祥志远 · 激光照排 TEL：010-65976003
出版发行　首都经济贸易大学出版社
地　　址　北京市朝阳区红庙（邮编 100026）
电　　话　（010）65976483　65065761　65071505（传真）
网　　址　http://www. sjmcb. com
E - mail　publish@cueb. edu. cn
经　　销　全国新华书店
照　　排　北京砚祥志远激光照排技术有限公司
印　　刷　北京市兴怀印刷厂
开　　本　710 毫米 × 1000 毫米　1/16
字　　数　251 千字
印　　张　14. 25
版　　次　2018 年 1 月第 1 版　2018 年 1 月第 1 次印刷
书　　号　ISBN 978 - 7 - 5638 - 2738 - 1/C · 138
定　　价　33. 00 元

前　言

公共关系是传播还是管理，是工作手段还是技能，业界一直没有定论。本书立足公共关系原理，从现代秘书的独特视角，力求对公共关系作出准确的解读。

一方面，公共关系是一个社会组织用传播手段使自己与公众之间形成双向交流，使双方达到相互了解和相互适应的管理活动。当它着力在塑造组织形象的艺术时，特别讲究创新，构思精巧；当它着力在管理科学时，特别着眼于人心；当它着力于管理哲学思辨时，特别讲究内求团结，外求发展；当它着力于操作手段时，它是无形的资产，是一种“软竞争”。

另一方面，公关是一种经营策略，也是一种传播行为，是现代社会的交往方式，公关使社会感受到各组织在社会的愿望和利益。在现代组织策划中，越来越离不开公关手段的使用与配合，而公关也以提高组织形象和信誉为主要内容。

秘书的“公关”在日常的工作和人际交往中已经不仅仅是传统意义上的“写”“传”“送”等表面化的工作。现代秘书在组织中发挥着信息的汇总和传播作用，上传下达，联系内外，协调左右。在现代社会中，秘书是处理各种人际关系中的最好中介者，是树立本组织形象、联系对外业务的一个重要的中转者。秘书的公关工作对于组织的发展至关重要，发挥着越来越重要的作用。

本课程主要介绍公共关系的基本技能和实务运作，通过学习，学习者可以准确把握公共关系的基础知识、基本理论，强化公共关系意识，掌握公共关系方法、技能和技巧。作者以严谨的治学态度，吸收学科最新理论，站在学科前沿，以现代秘书公关“采集信息，监测环境；咨询建议，参与决策；进行宣传，引导舆论；交往沟通，协调关系；科学预警，危机管理”五大职能为主线，撰写了这部《现代秘书公共关系》，以充实现代秘书专业的教材建设。

现代秘书公关由一定的公关目标和任务及为实现这种目标和任务所应用的一整套工作方法构成一个有机系统。这个系统大体包括 树立公关意识、明确目标公众、公关形象建设、掌握公关程序、守住公关原则、培养公关能力、运用公关技巧、处理日常公关事务、安排专项公关活动、危机公关处理等内容。本书突出培养学生的技能应用能力。

为求得良好教学效果，激发学习者的学习兴趣，本书致力于深入浅出地说明观点，改变广义公共关系讲述中偏重理论、与现实脱节等缺陷，将其放到贴近现实的案例中加以讲解。在案例分析中以思考题的形式逐一点拨公关技能。大量的职场案例均来自于作者亲历。多年来，作者以严谨的科研态度，深入职场，在多种机关企事业单位承担不同的秘书工作，体会现实需要，摈弃职场陋习，于得失中客观提炼秘书职场要求，指导课堂教学。其特点表现在5个方面。

1. 内容全面。涵盖了现代秘书工作涉及的可能公关范畴，与现代秘书内容互相关照。

2. 视域独到。建构了公关学与秘书学的一致空间，填补了目前相关研究的空白，为学生从事秘书公关职业活动提供了切实可行的理论指导。

3. 案例精准。选用案例针对性强，基本聚焦了社会关注的重点、难点以及比较知名的事件。案例指向明确，每个案例配有思考题，提示出案例可关注的重点，供学习者借鉴。

4. 原创典型。大量作者亲历事件编写的案例，来自职场，现场感极强，是秘书实际工作中发生概率极高的真事，极具参考价值。

5. 时效性强。全书内容与时俱进，贴近现实。

本书撰写过程中，作者参阅了大量文献资料和有关网络资料，激发了全新灵感，在此谨向资料作者表达诚挚的谢意！同时感谢首都经济贸易大学出版社编辑老师的辛勤付出。

数十年呕心沥血，品味职场冷暖，作者将秘书公关之发现的点点滴滴，悉数编写于本书，付出了长期而艰辛的努力。由于作者水平有限，书中难免有不足之处，敬请专家和读者指正。

华洁芸

2018 年 1 月 4 日

目 录

CONTENTS

第一章 公共关系概述

什么是公关？如何设计与实施公关项目？公关的目的是什么？带着一系列的问题，让我们一起来解析一下 IBM 公司的公关谋略 。

加里·卡斯帕罗夫被世人公认为是国际象棋史上最著名的棋手之一，并且先后在 1985 年和 1989 年两次战胜 IBM 公司的计算机，但在 1997 年却在一次同名叫“深蓝”的计算机交手时败北。

卡斯帕罗夫对自己那么快就输掉比赛懊恼不已。但他更想不到的是自己被 IBM 精于算计的公关谋略所利用了。“深蓝”的主要设计者在赛后说：“我们成功了。这次比赛为我们提供了一次展示 IBM 技术的机会，各主要电视网都做了报道，包括中国在内的 20 多个国家都报道了这件事，这是一个绝好的市场开拓和宣传的机会。可以说，这一回，‘深蓝’赢了，那么 IBM 自然就赢了，如果‘深蓝’输了，那么赢家仍是 IBM。”

的确，当人机酣战之时，人们盯着那个每秒可以分析 2 亿步棋的“深蓝”时，谁也没有意识到自己在不知不觉中已被 IBM 公司所吸引，接受并认可了 IBM 的产品。有资料表明，尽管 IBM 公司此次花了近 500 万美元，包括广告费、奖金及编制计算机超级程序在内的费用。然而这与 IBM 公司在“人机大战”中的受益程度相比，却相当于节约了大约 1 亿美元的广告费。

IBM 在策划这一计划时，对传播策略的运用，显得非常老道。IBM 重视的东西只是“人机大战”的过程，即由权威性的传播者——IBM 公司将传播符号——“IBM 计算机”，通过电视媒介这种传播符号传播给受传者——世界公众。在策划这一过程时，IBM 充分利用全世界的人几乎都异常关注这场比赛的心理，给媒体提供了焦点新闻。这样就制造了很好的宣传自己的机会，并且宣传这场比赛是媒体的主动行为。这样一来，不仅仅是给 IBM 节省了近亿美元的广告费，而且宣传效果非同一般。

就比赛结果来看，若是计算机输了，公司可以继续研制更高级的产品，准备再战象棋大师。前面的几次比赛也给人们提供了这样一种认识：IBM 是不断进取，技术不断更新的公司。这也许正是 IBM 真正想展示给公众的一面；

倘若卡斯帕罗夫输了，正像这次的结局一样，人们肯定在想，“IBM 计算机太了不起了”。

很明显，人机大战的得益者是这次公关活动的策划方——IBM 公司，它是铁定的赢家。这正是公关谋略的神奇之处 。

由此看来，公关是一种经营策略，也是一种传播行为，是现代社会的交往方式，公关使社会感受到各组织在社会的愿望和利益。

事实上，公关是一项普遍性的活动，它是信息传播系统的重要环节，这一系统保证个人有权力知道与他们的生活有关的事情，帮助激发组织的社会道德感。

第一节　公共关系定义与内涵

一、“公共关系”词义

公共关系一词是由英文的 Public Relations 翻译而来。Public 意为“公共的”“公开的”“公众的”，Relations 意为“关系”，中文表述为“公共关系”，或“公众关系”，简称 PR 或公关。这种“公众关系”既可理解为“与公众的关系”，也可理解为“公众间的关系”。对一个社会组织来说，前者具有单向性，后者则具有无关性，因此，译为“公共关系”更容易被人们准确理解，其理由是：

第一，公共关系的“公众”不仅由人群构成，还包括政府、社区、媒介等机构。因为政府、社区、媒介等机构，在中国人的心目中是公共事业单位，译为“公共关系”，理解上更容易被人们接受。

第二，港台等地的华人著述多是这样的译法，已成为主流译法。

第三，“公共”一词与“私人”一词相对应，准确地表达了“公共关系”与“私人关系”的不同本质。

二、公共关系的定义

关于公共关系的定义有很多。什么是公共关系，人们的感受不同，理解不同，由此产生的定义也就不同。目前，在中国，已出版的且已被中国国家图书馆收藏的公共关系类图书就有 1 000 多种。在世界范围，同类出版物有数千种之多。关于公共关系的定义，也是众口不一，十分繁多。较有代表性的定义如下：

（一）国际上具有代表性的定义

国际公共关系协会提出的定义为：公共关系是一种管理职能，属于一种经常性与计划性的工作，不论公私机构或组织，均通过它来保持与相关的公众的了解、同情和支持，亦即审度公众的意见，使本机构的政策与措施尽量与之配合，再运用有计划的大量资料，争取建设性的合作，而获得共同的利益。

美国公共关系协会征询了 2 000 多名公共关系专家的意见，从中选择了四则定义向社会推荐，其内容是：

（1）公共关系是一个人或一个组织为获取大众之信任与好感，借以迎合公众之兴趣而调整政策与服务方针的一种经常不断的工作。

（2）公共关系是将已调整的政策与服务方针加以说明，以获得大众了解与欢迎的一项工作。

（3）公共关系是企业管理机构经过自我检讨与改进后，将其态度公诸社会，借以获得顾客、员工及社会的好感和了解的一种经常不断调整的工作。

（4）公共关系是一种技术，此种技术在于激发大众对于任何一个人或一个组织的了解并产生信任。

美国公共关系研究与教育基金会主席 R·哈罗博士，通过征求 83 名公共关系领导人的意见，研究了 472 条定义，得出结论：公共关系是一种特殊的管理功能，它帮助一个组织与其公众之间建立和保持相互沟通、了解、接受与合作的渠道；参与问题和纠纷的处理，将公众的意见传达给管理部门并做出反应；明确与加强为公众利益服务的管理责任；它还作为监视预警系统，帮助管理部门预先做好应变准备，与社会动向保持一致并有效地加以利用。它用调查研究和合乎道德的沟通技术作为其重要手段。

1978 年，在墨西哥城举行的第一次世界公共关系大会上，对公共关系概括的定义是：公共关系是一门艺术和社会科学。它分析发展趋势，预测结果，为组织领导者提供咨询并实行服务，提供计划的行动方案，这种行动方案将服务于该组织和公众的共同利益。

1981 年出版的《不列颠百科全书》将公共关系定义为："旨在传递有关个人、公司、政府机构或其他组织的信息，并改善公众对于其态度的种种政策或行为。"

1982年11月举行的第35届美国公共关系协会全国代表大会对公共关系定义作如下表述：

（1）它是一个组织管理中所进行的一种有计划、持久的活动；

（2）它处理的是一个组织与其各类公众之间的关系；

（3）它监测组织内外人们的意识、舆论、态度和行为；

（4）它分析组织所采取的政策、程序和行动对各类公众影响；

（5）它调整那些与公众利益相冲突并影响组织生存和发展的政策、程序和行动；

（6）它向管理阶层的人员提供咨询，帮助制定新的政策、程序和行动方案，而这一切都是有利于组织与它的公众的；

（7）它建立和维持一个组织与其各类公众之间的双向交流；

（8）它使组织内外人们的意识、舆论、态度和行为产生某些具体的变化；

（9）最后，它使一个组织与它的各类公众产生新的、持久的关系。

英国公共关系学会所下定义为："公共关系的实施是一种积极的、有计划的以及持久的努力，以建立及维护一个机构与其公众之间的相互了解。"

美国著名公共关系学者詹姆斯·格鲁尼格认为："公共关系是一个组织与它的相关公众之间的传播管理。"

现代公共关系工作的先驱之一，美国著名的公共关系顾问爱德华·伯内斯认为："公共关系是处理一个团体与公众（决定该团体活力的公众）之间的关系的职业。"

美国著名的公共关系研究权威卡特利普和森特在《有效公共关系》中下了这样的定义："公共关系是一种管理职能，它确定、建立和维持一个组织与决定其成败的各类公众之间的互利关系。"

美国普林斯顿大学的蔡尔兹教授揭示："公共关系是我们所从事的各种活动、所发生的各种关系的统称——这些活动与关系都是公众性的，并且都有其社会意义。"并指出"公共关系是为了公众的利益，协调和修正我们个人和企业那些具有社会意义的行为。"

英国著名的公共关系学者弗兰克·杰夫金斯指出："公共关系是由为达到相互理解有关的特定目标而进行的各种有计划的沟通联络所组织的，这种沟通联络处于组织与公众之间，既是向内的，也是向外的。"

（二）国内专家学者关于公共关系的定义

公共关系是一个社会组织用传播手段使自己与公众相互了解和相互适应的一种活动或职 能。

公共关系是一个组织运用各种传播手段在组织与社会公众之间建立相互了解和信赖的关系，以取得理解、支持和合作，从而促进组织本身目标的实现。

所谓公共关系，就是一个产业或组织，为了增进内部及社会公众的信任与支持，为自身事业发展创造最佳的社会关系环境，在分析和处理自身面临的各种内部、外部关系时，采取的一系列科学的政策与行动。

中国学者王乐夫、廖为建等人在《公共关系学》一书中对于公共关系的定义为："公共关系是一种内求团结完善、外求和谐发展的经营管理艺术。即一个社会组织在自身完善的基础上，运用各种信息沟通传播的手段，协调和改善自身的人事环境和舆论气氛，使本组织机构的各项政策、活动和产品符合于相关公众的需求，争取公众对自己的理解、信任、好感与合作，在双方互利中共同发展。"

明安香在《塑造形象的艺术——公共关系学概论》中写道："所谓公共关系，就是一个企业或组织，为了增进内部及社会公众的信任与支持，为促成事业发展创造最佳的社会环境，在分析和处理自身面临的各种内部外部各项关系时，采取的一系列政策与行动。"

居延安等人在由他们编著的《公共关系学》中将之表述为："公共关系是一个社会组织在运行中，为使自己与公众相互了解、相互合作而进行的传播活动和采取的行为规范。"

余明阳在全国通用教材《公共关系学》中作了这样的界定："公共关系是社会组织为了塑造组织形象，通过传播、沟通手段来影响公众的科学和艺术。"

在确定公共关系定义时，出现了各种各样的表达方式：有的认定公共关系是信息传播；有的认定公共关系具有管理职能；还有公共关系活动论、公共关系技术论等。各种定义从不同的角度反映了公共关系的各个侧面，说明了公共关系的基本特征，这些特征表现为公共关系的综合性、实用性和边缘性。

（三）"公共关系"含义

公共关系到底有几层含义，目前还未达成一个世界公认的看法，对其含义的理解和定义的表述是多层次的。人们普遍认为它既可以是一种状态，又可以是一种活动，还可以是一种学说，更可以是一种观念和职业：

任何组织都处在一定的公共关系状态之中，这是一种客观存在的形态。

一个组织的公共关系活动是一个组织长期进行社会交往、沟通信息、广结良缘、树立自身良好形象的过程，它表现为日常公共关系活动和专项公共关系活动两大类。

公共关系观念影响和指导着个人或组织决策与行为的价值取向，从而反作用于人们的公共关系活动，并间接影响实际的公共关系状态。公共关系观念主要有：形象观念、公众观念、传播观念、协调观念、互惠观念。此外，公共关系观念还包括团队观念、创新观念、服务观念、社会观念等。

就学科特点而言，公共关系学不仅是一门应用性很强的边缘性学科，在理论上还是个综合性、交叉性的学科，涉及的学科有社会学、哲学、政治学、经济学、传播学、管理学、营销学、心理学、伦理学等，是以传播学和管理学为基础建立起来的新兴学科。

公共关系职业任务是协调社会组织与公众的关系，塑造组织良好的社会形象，以促进组织不断发展和完善。公共关系职业产生于1903年，人们通常把美国的新闻记者艾维·李尊为“现代公共关系之父”。事实上，这里的“公共关系”主要是指公共关系职业。正是由于艾维·李在1903年开始从事为组织树立形象的公关工作，并于次年创办了一家公共关系咨询事务所，公开对外营业，才使社会上出现了公共关系职业。

（四）本书的定义

通过对上面列举的几种公共关系定义可以看出，尽管公共关系作为一种职业活动，已有100多年的历史；作为一门科学，也有近90年的历史，但时至今日，人们很难找出一个能够被所有人认同的科学定义来。这至少说明，公共关系作为一门科学，尚处在发展阶段。但从对公共关系的不同界定中，我们不难发现其中的一些趋同之处。这些趋同之处主要表现在以下几方面：

第一，公共关系是一个组织与其公众之间的关系。这种关系是一个组织在与公众的相互作用和相互影响中形成的。

第二，公共关系是一种特殊的思想和活动。作为一种思想，它渗透在一个组织的全部活动之中；作为一种活动，它又具有区别于组织的其他活动的特殊性和特殊要求。

第三，公共关系是现代组织管理的独立职能。公共关系的主要任务就是，协调组织与公众的相互关系，使组织适应于公众的要求，使公众有利于组织的成长与发展。

第四，信息沟通与传播是公共关系的特殊手段。公共关系用以协调组织与公众的主要手段，就是信息沟通与传播。

概括以上内容，我们提出公共关系的完整定义是：公共关系是一个社会组织与其社会公众之间建立的全部关系的总和。它发挥着管理职能，开展着传播活动。社会组织通过有效的管理，旨在谋求组织内部的凝聚力与组织对外部公众的吸引力；通过双向的信息沟通，旨在争取社会公众的谅解、支持与爱戴，谋求组织与公众双方的利益得以实现。

这个定义反映了公共关系是一个社会组织用传播手段使自己与公众之间形成双向交流，使双方达到相互了解和相互适应的管理活动。当它着力在塑造组织形象的艺术时，特别讲究创新，构思精巧 ；当它着力在管理科学时，特别着眼于人心 ；当它着力于管理哲学思辨时，特别讲究内求团结，外求发展；当它着力于操作手段时，它是无形的资产，是一种“软竞争”。

第二节　公共关系职能与表现

一、公共关系的职能

公共关系的职能是公共关系在组织中所应发挥的作用和应承担的职责。这个职能表现为以优化公众环境、树立组织形象为任务的一种传播沟通职能。即运用各种传播、沟通的手段去影响公众的观点、态度和行为，争取公众舆论的理解和支持，为组织的生存和发展创造良好的社会环境。

公共关系的职能是公共关系在组织中所应发挥的作用和应承担的职责。对公关职能的概括长期以来存在着不同的表述。

从广义上讲，就是调动一切可以调动的力量，运用各种手段，塑造良好的组织形象，赢得良好的生存环境，促进组织的生存与发展，使组织在激烈的竞争中取胜。

广义的公共关系职能从其运行所发挥作用的表现形态来看，主要有三大类。

其一，公共关系管理性职能：是指社会组织对各类与公共关系相关的要素所实施的教育引导与协调沟通以及规划控制等各项职能。

其二，公共关系传播性职能：是指在公共关系活动中通过传播工作的实施与运行所能发挥出的有利组织发展的效用。主要内容包括：采集信息、监测环境；组织宣传、创造气氛；交往沟通、协调关系；教育引导、服务社会。

其三，公共关系决策性职能：是指在公共关系活动中通过对重大活动的策划、管理与实施，对组织决策所能发挥的服务、指导与促进的效用。

从狭义上讲，公共关系的职能是指公共关系在组织经营管理过程中的基本职能，具体包括以下五个方面。

（一）采集信息，监测环境

公共关系首先要发挥收集信息、监测环境的作用，即作为组织的预警系统，通过各种调查研究的方法，收集信息、监视环境、反馈舆论、预测趋势、评估效果，以帮助组织对复杂、多变的公众环境保持高度的敏感性，维持组织与整个社会环境之间的动态平衡。

采集信息是公关工作的必要前提，在信息社会中，信息已成为公认的巨大资源。公共关系是信息产业，不采集信息，公共关系就成了无米之炊。因此，无论是内部公关还是外部公关，任何策划都应从采集信息开始，这样才能做到知彼知己、百战不殆。

所谓监测环境，是指观察和预测影响组织目标实现的公众情况和各种社会环境的情况，使组织对环境的发展变化保持清醒的头脑、敏锐的感觉和灵敏的反应，从而保证科学地塑造组织形象，实现组织目标。

制约和影响组织生存和发展的公众环境包括内部公众和外部公众两个方面，因此，公共关系工作所需要的信息就包括内源信息和外源信息两个部分。

1. 信息来源

（1）内源信息。内源信息主要指来自组织内部各方面的信息和动态。一个组织的发展首先受到其内部公众对象的制约和影响，包括组织各部门的管理人员、技术人员等各种职员，他们处在组织日常运转的第一线，对组织内部的人、财、事、物的状况和动态的了解与评价，是重要的内源信息。

（2）外源信息。外源信息指组织所处的外部环境的信息动态。组织有关的外部公众对象非常广泛、复杂，公共关系需要建立广泛的社会信息网络，密切注视外部公众的各种信息和动态，既要关注已经发生联系的公众对象的信息，也要预测可能发生关系的潜在公众对象的动向；既要重视具有直接利害关系的公众对象，也不能忽略那些只有间接关系的公众对象：如客户的需求、合作者的看法、投资者的意向、竞争者的动态、政府官员的看法、新闻界的评价、意见领袖的观点等。公共关系需要大量汇集外部公众的信息资料。

2. 公众信息的内容

公共关系作为组织的信息中心，所面对的信息不仅局限于与组织专门业务直接相关的业务信息，而且包括社会的政治、经济、文化、科技、军事、民情等全方位的社会信息资料。

（1）与组织形象有关的信息。公共关系首先要注意与本组织的形象评价有关的各种信息。这些信息涉及公众对组织的政策、产品、行为、人员等方面的印象、看法、意见和态度。与组织形象有关的信息有两个方面：

其一，产品形象信息。产品形象是组织形象的客观基础，只有产品被接受、受欢迎，企业存在的价值才能得到社会的认可。公众对产品的意见和评价是多方面的，如质量、性能、功能、价格、款式、包装、售后服务等。

其二，组织形象信息。组织的整体形象，还反映在公众对组织其他要素的评价方面，如：公众对于组织的方针政策的看法；办事制度、程序和效率；经营管理水平；技术、财政、人才方面的实力；服务质量和水准；市场宣传形象；组织文化和精神文明等方面的反映和评价。组织机构需要根据这些评价来调整和完善自身的行动。

（2）组织环境中的各种社会信息。公共关系需要为组织监测社会变化与趋势，注意社会的政治、经济、文化、科技、军事、时尚潮流、民俗民情、舆论热点等多方面的信息动态，分析其对组织的各种直接或潜在的影响，充分利用环境中的有利因素，避免不利因素，使组织与社会环境的变化保持动态平衡。

（二）咨询建议，参与决策

组织通过公共关系活动广泛收集信息，监测组织面对的内外环境的变化，然后将收集的信息进行分析整理，并编制具体的公关方案，为组织的领导决策提供咨询和参考，防患未然、危机管理，创造效益、寻求发展。

这是公共关系最有价值的职能，因此公共关系也称“咨询业”或“智业”。1978 年在墨西哥召开的世界公共关系大会上提出的公共关系定义，着重强调了公共关系咨询建议、参与决策的职能。

1. 咨询建议的含义

公共关系的咨询建议就是指组织公关人员向决策层和各管理部门提供公共关系方面的意见和建议，使决策更加科学化、系统化，并照顾到社会公众的利益。

公共关系的咨询建议与采集信息是密切相关的。获取信息是咨询建议的前提，没有足够的信息，一切咨询和建议只能是空谈。采集的信息只有通过向组织提供咨询和建议，才能充分发挥其功能，实现其价值。

2. 组织公共关系咨询建议的主要内容

（1）对本组织内部的方针、政策和行动提供咨询意见，发挥公共关系对组织的导向作用，参与决策，制定出合乎组织发展的目标。

（2）对本组织公共关系战略、经营销售战略、广告宣传战略、CIS 战略和组织文化战略等提供咨询意见，使原来分由几个部门负责的工作发展成为一个系统，并制订出科学的实施方案供决策者参考。

（3）对组织生存环境的发展变化进行预测和提出建议，使组织决策者拥有一套乃至几套可以选择的方案，以适应这些变化。

（三）进行宣传，引导舆论

公共关系的实质在于信息的传播。这是公共关系传播与其他传播在目的与技巧方面的不同之处。组织通过宣传，即信息传播，将组织的情况、政策和行动传播给特定的公众，以增进公众对组织的了解。在这个过程中，组织要善于建立舆论，通过宣传或社会公益活动，提高组织的知名度和美誉度，在公众中形成对于组织的良好的舆论。

当公众对组织的舆论出现褒贬不一或者出现危机时，组织还要善于通过不同的方式引导舆论，必要时可以在一定程度上控制舆论，引导舆论朝着有利于组织的方向发展。

（四）交往沟通，协调关系

沟通协调是公共关系的最根本的职能，其他职能都是为沟通协调服务的。内求团结，外求和谐，是公关协调工作的宗旨。公关活动的重要内容之一就是要在组织与内部公众和组织与外部公众之间进行信息沟通，并协调组织与内部公众和外部公众之间的关系。这些关系包括组织内部关系、社区关系、顾主关系、媒介关系和政府关系等。

（五）科学预警，危机管理

组织危机是组织生存发展的大敌，处理不好往往给组织造成重大损失，甚至断送组织的“生命”，因而组织公共关系将危机处理作为公共关系的主要职能和工作重点之一。随着公关理论和实践的发展，事前预测管理危机已成为公共关系对待危机的主流方法，这是组织公共关系的新发展。

二、公共关系的表现形式

公共关系这一概念，从不同的角度去理解可以得出不同的表现形式：

从静态的角度来看，公共关系表现为一种状态。它包括原始的公共关系状态和良好的公共关系状态。原始的公共关系状态是社会组织不加任何修饰（即不开展任何公共关系活动）的公共关系状态。这种状态具有单纯性、自然性和客观性的特点；良好的公共关系状态是社会组织通过各项公共关系活动的开展，改变原始的公共关系状态所要实现的目标状态。这种状态具有主观性、复杂性和多样性的特点。

从动态的角度来看，公共关系又表现为一种活动。这种活动是主观见诸客观的一种社会实践。它是由日常公共关系活动和专门性的公共关系活动构成的。日常公共关系活动是指大量的例行性业务工作和临时性琐碎工作，它依赖于组织中全体工作人员共同努力来完成；专项公共关系活动是指有确定主题、确定目标，由公共关系管理者或公共关系专家具体策划，由公共关系工作者运用各种公共关系技术进行实际操作的重大公共关系活动。任何一项公共关系活动都具有目标性、主观性和技巧性等特点。

三、公共关系的表现类型

（一）宣传型公共关系

所谓宣传型公共关系，就是利用各种宣传途径、各种宣传方式对外宣传自己，提高本组织的知名度，从而形成有利的社会舆论。主要是利用印刷媒介、电子媒介等宣传性手段，传递组织的信息，影响公众舆论，迅速扩大组织的社会影响。

1. 宣传型公共关系的特点

宣传型公共关系的特点有：

主导性、时效性极强；传递面广，推广组织形象的效果快；特别有利于提高组织的知名度。

2. 表现形式

（1）运用公关广告形式。按照本组织的意图在报纸、杂志、广播、电视等新闻媒介上宣传自己、树立形象，争取有关公众的好感。

（2）策划专题活动“制造新闻”，吸引新闻界报道。这是一种不支付费用的宣传方式，在效果上比公关广告更有说服力和吸引力，更有利于提高本组织的知名度。

（3）利用举办各种纪念会、庆祝典礼，或利用名人、明星等特殊人物的声望，达到提高组织知名度的效果。

案例分析

1945 年，雷诺去阿根廷谈生意，无意中看到一种在美国还没有生产的新奇产品——圆珠笔。美国一家实力雄厚的杜利制笔公司已打算生产这种笔。雷诺清楚地认识到，这东西一旦投放市场，肯定是走俏商品。他随即决定要自己制造圆珠笔。

他买了几支圆珠笔带回美国，一到芝加哥，他就请一位工程师设计了一种不同于原来圆珠笔的新型圆珠笔。他知道杜利制笔公司虽然实力雄厚，但机构繁琐，新产品要上市得很长时间。要想与杜利公司竞争，就必须抓住时机，在对方未出产品之前，抢先占领市场。

于是他带着一支样笔到纽约金贝尔百货公司及其老对手梅西百货公司登门推销，接到两公司大批的订单。这也是雷诺匠心独运所在，因为两家百货公司竞争得越激烈，无论谁输谁赢，都将极大地扩大自己产品的知名度。他迅速投入 2.2 万美元的资金建厂。在杜利公司的制笔计划还在其各个机构审批的时候，雷诺笔已投放到市场上了。金贝尔公司售笔这一天，顾客反应之强烈，使整个销售界大为震惊。该公司还被迫招请了几十名警察维持秩序。成本只有 0.8 美元的一支雷诺笔售价竟高达 12.5 美元。

但雷诺仍担心人们不知雷诺笔已经问世，想扩大影响可人手又不够。于是心生一计向法院控告杜利公司侵权，试图阻止其生产和销售圆珠笔，要求对方赔款 100 万美元。杜利公司很快提出反控告。许多报纸都报道了这一消息。案子虽然不了了之，但雷诺却达到了宣传目的。不到半年时间，雷诺就获得纯利润 150 多万美元。

到了 1946 年，圆珠笔制造厂增加到 100 多家，笔的价格已经跌落下来，雷诺打算用飞机作环球飞行来扩大产品的影响。于是他买了一架退役的军用飞机，命名为“雷诺弹壳号”，同时推出一种“弹壳号”圆珠笔。他聘请了两位飞行员，自任领航员。飞机从纽约起飞，穿越欧洲、亚洲和太平洋，共花了 78 小时 55 分环绕地球一周，打破了当时环球飞行的世界纪录。雷诺回到纽约时受到隆重欢迎。纽约所有报纸都报道了这件事。尽管这次飞行花了近 20 万美元，但雷诺笔的销售量却翻了几番。

思考题

对照宣传型公共关系的表现形式，分析雷诺的公关手段。

（二）交际型公共关系

所谓交际型公共关系，是指不借助其他媒介，而只在人际交往中开展公关活动，直接接触，建立感情，达到建立良好关系的目的。交际型公共关系是一种有效的公关方式，它使沟通进入情感阶段。

交际型公共关系的特点有：直接性、灵活性和具有较多的感情色彩。

实施交际型公共关系必须注意以下三点。

第一，完善自我形象，掌握交际的礼貌礼仪和交际艺术，善于运用有声语言和无声语言与人打交道。

第二，经常保持联系，注意平时的感情投资，“有事要登三宝殿，无事也要登三宝殿”。保持经常的接触与联络，可以缩短人际交往的心理距离，密切相互之间的感情联系，长期保持彼此之间的良好关系。

第三，团体交际形式。通过各式各样的招待会、工作餐、宴会、茶会、舞会、慰问等进行人际交往，增进双方的感情。

案例分析

别开生面的庆典活动

一天，某连锁店的公司总部楼前，鲜艳的彩旗在微风中轻柔地飘扬，争奇斗艳的鲜花传递着温馨的情意。络绎不绝的人群纷纷涌向这里，里里外外挤得水泄不通，记者的镁光灯不停地闪烁，一场别开生面的庆典活动在一种情趣盎然的氛围中拉开了序幕。这一天，是该公司开业30周年的纪念日。为了使这次纪念日的庆典活动在公众中产生轰动效应，培养员工对本公司的认同感、归属感，进一步增强凝聚力和向心力，公司总裁和有关人员经过精心谋划，确定这次庆典活动以“内求团结、外求发展、提高知名度、管理上台阶”为基本宗旨。

这场庆典活动奇就奇在亮相的第一个节目：公司总裁将为一位在公司连锁店门口擦了25年皮鞋的老人举办一次活动。这无疑是一个颇具话题性的事件，引起了新闻界和广大公众的好奇心。

华丽的大厅响起了一阵阵美妙的鼓乐声，总裁恭恭敬敬地端起酒杯说：“女士们、先生们，承蒙诸位莅临本公司开业30周年庆典活动，敝公司不胜荣幸。请允许我代表本公司的全体员工及我们的‘上帝’，向这位在商店门口擦了25年皮鞋的老人表达我们最诚挚的敬意和衷心的感谢，祝老人家健康长寿。然而，今天仅仅为老人举杯祝福仍难以表达我们的情谊。”说着，总裁在众目睽睽之下蹲下身子，请老人坐下，亲自为他擦亮脚下的皮鞋。这突如其来的举动令这位饱经风霜的老人顿时老泪纵横，来宾们群情沸腾，欢声四起。翌日，各大传播媒介多角度、多层次地将这一画面传播到全国各地，轰动了全国。

这家公司颇具特色的开业30周年庆典活动，不仅进一步提高了该公司的知名度，树立起良好的社会形象，还极大地调动了公司员工们的积极性，增强了凝聚力、向心力。此后，该公司的营业额扶摇直上，利润成倍增加。

思考题

1. 该案例属于什么样的公关表现类型？该类型的特点是什么？
2. 总裁的言语与行分别透露出怎样的感情色彩？
3. 请说明该案例反映了组织者什么样的公关意识？

案例分析提示：

1. 该案例反映了组织者的创新审美意识。公共关系强调创新，强调个性。同时这种创新要符合公众审美的要求。

2. 该案例属于交际型公共关系类型，也属于宣传性公关类型。该模式是在人际交往中开展公关工作的一种模式，目的是通过人与人的直接接触，进行感情上的联络，为组织广结良缘，形成有利于组织发展的人际环境。

（三）服务型公共关系

所谓服务型公共关系，是一种以提供各种优良服务为主要手段、以自己的优质服务赢得社会公众的好感的公共关系活动。

1. 特点

服务型公共关系的特点是依靠本身实际行动做好工作，其特别媒介是服务，而不是依靠宣传。它基本上仍是人与人之间直接的传播形式。传播符号多种，人情味十足，反馈灵敏，调整迅速。

2. 做法

搞好服务型公共关系的具体做法是：

（1）完善服务措施，加强售后服务。完善服务可以赢得广大公众的信任和支持，树立良好形象，如“IBM（美国国际商用机器公司）意味着最佳服务”。

（2）出售商品和其他文化娱乐等活动相结合，可方便顾客，使顾客一举多得。

案例分析

中了代金券购物却变无效

2014 年 10 月 22 日邬女士通过微信朋友圈参与了聚美优品发起的相关活动，幸运中得 50 元某某优品的代金券。

天上掉下“小馅饼”让邬女士非常得意，赶紧进入聚美优品网站选购两支唇膏，共计 52 元，在用掉 50 元代金券后，她又通过微信成功支付 2 元，网购订单号随即生成。次日，邬女士打开手机却发现此前微信支付的 2 元被退回来，她随即致电聚美优品，却被告知其订单无效。“我订单号都生成了，怎么会无效呢？”邬女士进入账号查询发现，自己的订单确实已在“无效”一栏中。“客服说因为他们系统故障，此前送我的 50 元代金券无效，所以订单被强制取消。”

一、消费者怀疑个人信息被套

邬女士告诉北京晨报记者，得知自己被忽悠后，她先后四五次向聚美优品投诉，“对方起初说会登记后看是否再补偿 50 元代金券，之后又改口称会将我此前的订单恢复，但现在快一个月过去了还是没有任何结果”。“其实就两支唇膏的事儿，况且本来就是中奖得的，只是聚美优品一而再再而三给承诺却不兑现，让人不舒服！”而且让邬女士心里打鼓的是，“我抽奖和下单时，需要填写姓名、手机号、住址等，他们一句‘系统故障’就推过去，连句道歉都没有，真怀疑他们的动机”。

二、聚美优品补偿50元代金券

记者就此致电聚美优品客服，客服查询订单后答复，当时这个活动的确送过邬女士50元代金券，但事后发现属系统故障，“也就是说，本来她没中奖，但系统却给她发送了代金券，公司后台发现后及时取消了代金券有效性，当时也给客户解释了”。

既然代金券是误发送，为何不给消费者道歉或相应赔偿？客服并未正面回应。对于邬女士所称聚美方面已给出“补偿50元代金券或恢复订单”的承诺，客服称会联系相关部门核实。

半小时后，聚美优品客服致电，称经核实，11月5日公司网站在线客服已承诺给邬女士补偿相应代金券，但不知为何邬女士突然离线，所以再没联系过。“真会找理由，我下单和投诉时都留有手机号，他们若真想补偿，干吗不联系我？”邬女士对该解释哭笑不得。当天下午1点多，邬女士称，她的手机收到聚美优品发来的50元代金券。

（材料来源：360化妆品网 www.360xh.com 2014.11.18）

思考题

聚美优品此次发起的发放代金券活动，有没有起到预期的效果？为什么？

案例分析提示：

售后服务能否到位，直接影响服务型公关效果。

（四）社会型公共关系

社会型公共关系是以组织的名义发起或参与的社会性活动，在公益、慈善、文化、体育、教育等社会活动中充当主角或热心参与者，在支持社会事业的同时，来尽量扩大本组织的社会影响。

1. 特点

社会型公共关系不拘泥于眼前效益，重点在于树立组织形象、追求长远利益。具有公益性、文化性特征，影响面大。其活动范围可大可小、可简可繁，采用的是综合性传播手段（人际、实物、印刷、大众传播）。其公益性特别容易赢得公众的好感，与社会公益事业极其相似。

2. 关键点

搞好社会型公共关系需要注意以下三点。

（1）运用各种时机灵活策划各种公关活动，以期引起新闻界和公众的兴趣与重视，通过大众传播达到宣传的目的。

（2）坚持利他原则，特别是尊重公众利益，重视社会整体利益。

（3）社会型公关要结合宣传型公关。

案例分析

“联想”赞助奥运，品牌价值翻一番

2001年7月13日，国际奥委会主席萨马兰奇先生在莫斯科宣布北京成为2008年奥运会的主办城市后，举国欢腾，普天同庆。正在思索国际化良策的柳传志敏锐地感觉到：北京成功申办奥运会，无疑将给中国企业的国际化提供千载难逢的机会。

在实施奥运战略之前，联想于2003年启动了全球换标行动，用全新的“Lenovo”标识替换使用了10多年的“Legend”标识，拥有了走向世界的新名片；2004年，联想斥巨资并购IBM个人电脑业务，蓝色巨人不再高山仰止；2004年3月26日，联想与国际奥委会正式达成协议，成为2008年北京奥运会信息技术设备和服务的“国际奥委会全球合作伙伴”（简称TOP），也成为第一家进入TOP行列的中国企业。

谈起成为奥运顶级赞助商的好处，杨元庆说道：“当我们把名片递给人家的时候，对方会说你们还是奥运会的赞助商？我会说联想是TOP赞助商之一。这对联想品牌的提升起到了非常大的作用。”

从换标到并购再到成为奥运顶级赞助商，联想的国际化三部曲好戏不断，高潮迭起。不过，就像换标、并购之初遭到质疑一样，联想花费高达6 500万美元进入“五环俱乐部”的消息一经传出，各界哗然，更有人把联想奥运战略形容为一场豪赌。

但是，柳传志在内的所有联想人都对2008年北京奥运会寄予了厚望。柳传志认为：衡量联想并购是否成功，就得看联想品牌国际化战略成功与否，具体地说，就是看联想奥运战略能不能成功。

启动奥运战略之前，联想在海外进行了多方位练兵：一方面借助NBA、冬奥会在海外开始推广Lenovo品牌，一方面在印度、巴西这些新兴市场销售Lenovo产品，还有一方面是在欧美发达国家与地区开展交易型业务。在联想看来，2008年北京奥运不仅是全球体育健儿竞技的赛场，也是联想国际化的重要战场。打好打赢这场仗，对联想未来的发展具有关键性作用。

2003年联想换标之后，由于海外消费者对联想品牌的认知度非常低，甚至大多数外国人都不知道来自中国的“Lenovo”到底是一家什么样的企业。要在全球范围内把“Lenovo”打造成金字品牌，北京奥运会给了联想一个绝佳的宣传推广窗口。

作为全人类四年一次的体育盛会，已经有着百年历史的奥运会及奥林匹克标志无疑是世界上最具影响力的“品牌”之一。赞助奥运会不仅能够体现企业的综合实力，更有助于提高企业品牌的全球知名度和美誉度，三星、松下等都是活生生的成功案例。

正所谓国家兴则企业兴。改革开放让中国经济实现了腾飞，国力大增。在北京申奥成功、奥运会第一次在中国举行的背景下，国际奥委会也期待中国能出现像三星这样的企业。躬逢盛世且向来志存高远的联想如果能够成为2008年奥运会的顶级赞助商，其品牌在国内国外的影响力都将产生一次飞跃。种种利好之下，联想当仁不让。

在正式成为2008年奥运顶级赞助商后，联想的奥运战略浮出水面。在联想提出的“科技奥运”与“人文奥运”这两大目标中包括：

第一，联想以高品质的产品、技术和服务，支持2008年奥运会信息系统的零故障运行；

第二，联想将通过实实在在的努力和付出，为北京奥运会的成功举办，作出独特贡献，从而激发国人的民族自豪感，振奋民族精神；

第三，在全球推广北京奥运，让世界了解中国；

第四，在全球范围内提升品牌形象，达成品牌目标和商业目标。

作为奥运战略重要的组成部分，联想同时制定了周密的奥运品牌策略。在推主品牌还是子品牌的问题上，联想讨论了很久。参考三星等全球领先企业的经验，联想最终决定以承载“诚信、创新有活力、优质专业服务和容易”这四大顶尖品牌特性的Lenovo为主品牌，辅之ThinkPad和ThinkCentre这两个在全球具有很高知名度的子品牌，针对不同的市场区域，并行推广，各有侧重。

从联想奥运战略中不难看出，借助奥运会的东风，联想除了要把“Lenovo”品牌打造成能和三星、松下、IBM相媲美的全球知名品牌外，也想向全世界呈现一个实力雄厚、认真负责、志在做百年老店的企业。

事实证明，并购IBM个人电脑业务和奥运战略的实施，让联想从一家中国领先的IT企业，跃升为一家年收入近170亿美元、在全球拥有23 000余名员工、在60多个国家和地区设立分支机构、在160多个国家和地区开展业务的国际化公司。

就在2008年北京奥运开幕前不久，联想作为非垄断行业中唯一一家中国企业，进入了世界500强名单。短短4年的时间，联想的营业额从不到30亿美元增长到168亿美元，并购IBM个人电脑事业部是重要因素之一，奥运战略同样功不可没。

除了财富的急速增长，联想Lenovo品牌的含金量也得到显著提升。根据美国《商业周刊》的调查显示，全球有53%的受访者认为，联想是新兴国际品牌中的佼佼者；英国《金融时报》公布的第二届“FT中国十大世界级品牌调查”中，联想也名列榜首。而在中国市场，2004—2007年，联想的品牌价值也从307亿元上升到607亿元，几乎翻了一倍。

“因为奥运，中国更加开放。参加奥运和加入WTO一样，对中国而言，都是进一步了解国际规则和按照国际规则办事。只有遵守规则，才能既得到别人的理解，又显示自己的力量，才能被大家认可。”在总结奥运战略成果的时候，柳传志这样说。

花巨资加入奥运“TOP计划”，在当时看来是存在不小的风险，但是，由于这笔费用是分阶段投入的，况且在2007—2008财年，联想集团盈利接近5亿美元，所以柳传志认为，“与联想所取得的成果相比，奥运赞助性价比很合适”。

（选自《柳传志的领导智慧》）

思考题

1. 联想花巨资加入奥运“TOP计划”公益性明显，这取得了怎样的效果？
2. 案例中联想品牌抓住了几次时机展开公益活动？其追求的最终目的是什么？

（五）征询型公共关系

所谓征询型公共关系，是以提供信息服务为主的公共关系模式。它通过新闻监测、民意测验、社会调查等方式了解掌握信息和社会动态，掌握社会发展趋势，为组织决策提供参考。

1. 征询型公共关系的特点

征询型公共关系具有长期性、复杂性、艰巨性的特点。

在一般情况下，必须设立专门的信息渠道，由专人负责，如厂长信箱、市长专用电话、人民来信来访办公室等。只有坚持长期广泛搜集、综合处理，才能收到理想的效果。

例如：著名的美国通用汽车公司雪佛兰的车主关系部专门建立了特别用户名册，它任意抽选雪佛兰车用户共1 200名，聘为用户顾问，分客车和卡车两部分，公司以定期函件联系，征询他们对雪佛兰的产品及服务的意见，并将这些意见提供给公司的业务部门，作为改进与车主关系的指导。

2. 征询型公共关系的目的

（1）通过信息采集、舆论调查、民意测验等工作，加强双向沟通，使组织了解社会舆论、民意民情、消费趋势，为组织的经营管理决策提供背景信息服务，使组织行为尽可能地与国家的总体利益、市场发展趋势以及民情民意一致；

（2）向公众传播或暗示组织意图，使公众印象更加深刻。

3. 征询型公共关系活动实施的方式

（1）在日常工作中发现公众意向，即直接通过与公众的接触，了解和观察到众多的公众意向信息。

（2）利用专门调查了解公众意向，如产品试销调查；产品销售调查；市场调查，访问重要用户，访问供应商，访问经销商等。

（3）设立信息渠道，广泛搜集信息。利用大众传播媒介了解公众意向。大众传播媒介往往反映一种公共意见，同时，众多的信息，如政府的决策信息、立法信息、社会舆论信息及竞争对手信息等，往往是用大众传播媒介进行传播的。所以，通过大众传播媒介来获取公众意向信息，具有省时快速、简便易行的特点。

（4）企业内部公众意见的征询。征询内部员工意见的主要方法有走访、座谈、信访等，设立意见箱、举报电话、内部员工合理建议奖等，都是了解公众意见的好形式。

（5）开展各种咨询业务，建立信访制度和相应的接待机构，设立监督电话，处理举报和投诉等。当组织进行一项工作后就要设法了解社会公众对这项工作的反应。经过征询，将了解到的公众意见进行分类整理并加以分析研究，然后提出改进工作的方案，直至满足公众的愿望为止。

案例分析

南通一医院护士罢工

据“南通微报”微信号爆料，2017年9月3日上午，江苏南通海门人民医院部分护士手举“同工同酬”的牌子抗议集会。本次护士“罢工”，护士们主要诉求并不是工资涨幅，而是要求同工同酬。

9月1日，海门市政府下发《海门市机关、事业单位政府购买服务岗位工作人员薪酬方案的通知》（海政办发〔2017〕84号），其中提到护理补贴：对在医疗卫生系统直接从事护理工作的专业技术人员，可按照本人岗位工资的10%发放护理补贴。最近，该院开始实施此政策，护士们本以为终于可以加工资了，但是却听说如果加了，奖金会减少。有人算总账反而少了，所以就出现了这个情况。

早在今年2月24日，江苏省盐城市盐都区某中心卫生院的12名编外聘用护理人员集体向院方辞职，理由是工资待遇低，同工不同酬。

2008年，保护护士的法规《护士条例》就已经正式施行，要求依法保护执业护士同工同酬的权益，明确合同制护士应享有与正式编制护士同等的工资、社会保险、休假等福利待遇。

国家卫生计生委编制印发的《“十三五”全国卫生计生人才发展规划》，再次提到给医护人员“涨薪”“减负”，建立符合行业特点的医务人员薪酬制度，体现医务人员技术劳务价值。允许医疗卫生机构突破现行事业单位工资调控水平，允许医疗服务收入扣除成本并按规定提取各项基金后主要用于人员奖励，同时实现同岗同薪同待遇。

做着同样的工作，置身同样的环境，享受的却是不一样的福利待遇，这种不公平的待遇使得这些护士们工作不舒心，在心理失衡的状态下工作，没有干劲，对护理工作缺乏激情，很难对患者付出真情，提供的护理服务也会存有较大的安全隐患。同工不同酬不管对护士自身、对患者还是对医院，都有害无益，弊端颇多。

对于该事件的发生，网友众说不一，有的认为医护人员压力大，要求调整薪资、同工同酬是合理的；有的认为，医护工作有特殊性和崇高性，在任何时候，都应该以挽救病人的生命和健康为最高宗旨，而罢工会将患者置于危难的境地。

有关人士联系到该院护理部了解情况，党办一名姓李的负责人告知，事态发展较为严重，市政府、市卫计委已经介入，正在协商处理中。当问及这些护士的罢工是否影响正常的护理工作，这位负责人说并未受到较大影响，医院运转正常，秩序井然。当被问及有多少护士参与此次罢工时，这位负责人称不方便透露。

（来源：整理自《护士笔记》南通微报、海门哈特虎等）

思考题

1. 造成事态严重的罢工事件，江苏南通海门人民医院在日常工作中有无发现公众意向？

2. 当组织进行一项工作后，是否需要了解社会公众对这项工作的反应？案例中医院应采取怎样的公关类型以满足公众的愿望？

思考提示：

1. 医院可以通过舆论调查、民意测验等工作，加强双向沟通，以了解民意民情。

2. 征询型公共关系活动实施要求经过征询，将了解到的公众意见进行分类整理并加以分析研究，然后提出改进工作的方案，直至满足公众的愿望为止。

（六）建设型公共关系

所谓建设型公共关系，就是指社会组织为开创新局面而在公共关系上不断努力，使有关公众对该组织及其产品、服务产生一种新的兴趣，以直接推动本组织事业的发展。

1. 建设型公共关系的特点

一般说来，建设型公共关系适用于社会组织初创时或新产品首次推出时，其特点在于创新开拓，能大大提高本组织的知名度。

2. 建设型公共关系的主要做法

建设型公共关系在运作时的主要做法有开业庆典、新产品促销、赠送宣传品等。

案例分析

“桃花源”饭店的节日促销

山东“桃花源”饭店通过节日促销建立知名度。

一、圣诞节（温馨桃花源，浪漫圣诞夜）

圣诞节作为西方最重要的节日之一，对中国人来说更多的是时尚，是放松，是狂欢。

也正因如此，桃花源每年的圣诞席位早早便被预订一空，很多客人不惜在角落的加桌上就餐或是排队等待，共同在温馨的烛光、浪漫的氛围中享受节日的快乐。

环境装饰：这是桃花源圣诞活动的第一步，11 月底之前，运用圣诞贴画、彩灯、松枝等装饰物对酒店的重点区域：广场、门头、大堂、点菜区、零点大厅、走廊等处做节日氛围装饰。同时，圣诞背景音乐开始在店内及广场播放，提前烘托节日氛围，为顾客创造一份好心情。

营销宣传：由该酒店负责人组织专题营销会议，各部门分工协作：12 月 5 日前，厨房部推出圣诞特价菜和圣诞套餐，前厅部负责提醒老顾客提前预订圣诞餐位，筹划餐厅氛围布置，服务人员问候语、祝福语培训，营销部门负责宣传册的印制、祝福短信发送、电话祝福及圣诞礼物的准备。12 月中旬，门童化妆圣诞老人迎宾，服务人员戴圣诞帽，问候圣诞快乐并赠送节日小礼物。

活动务求让客人能得到实惠，推出特惠套餐、圣诞特价菜、赠送小礼物和大礼包等活动，晚会注重客人的参与性，推出画圣诞老人比赛、给圣诞老人贴胡子、圣诞趣味抢答、小朋友才艺表演、化装舞会、圣诞大抽奖等互动型活动，尽量让客人乐在其中，乘兴而来高兴而归。

二、元旦（新年新春新祝福，家圆人圆桃花源）

在年首岁末的季节，人皆含笑的元旦，每一个人都充满着憧憬和喜悦。“桃花源”饭店门前高挂的红灯笼、异光流彩的灯串、亲和可爱的生肖吉祥物、新年音乐等，无不在提示着人们喜庆的新年即将到来。

“新年新春新祝福，家圆人圆桃花源”是桃花源的新年宣传用语，一句意思简单明了又朗朗上口的宣传用语十分重要，既能加深顾客对企业的印象，还能提升企业的文化内涵。

桃花源饭店举行的新年活动，一般在 12 月中旬即由饭店负责人牵头开会筹划，装饰物、活动内容、宣传品、活动礼品等提前备好，圣诞活动结束即开始撤换部分装饰物，及时在广场、门头、大堂、走廊、餐厅区域更换新年主题的装饰物，此期间，厨房布置新年菜品及礼品展台，前厅部门通过餐间敬酒、短信、电话祝福等形式营销新年活动。

新年活动主要包含：新年套餐、特价菜品、新年晚会、新年抽奖等。桃花源新年假期的餐位基本提前预订满座，有利于厨房菜品的提前预制和高客流量的翻台准备。而晚会中的趣味问答、猜属相、爆竹声声送祝福、幸运“踏福”（踩气球）等活动能让就餐的客人感受到新年气氛，在杯影交错中聆听新年的钟声，共享天伦之乐。

三、腊八（寒冷冬季里，一碗粥暖人心）

腊八期间，桃花源根据中国传统，向每位食客赠送一碗腊八粥和一碟腊八蒜。这种方式投入小，收效高，在寒冷的冬季，一碗小小的腊八粥很可能温暖了顾客的心，以此提升了对企业的印象。

思考题

“桃花源”饭店使用了什么公关手段成功促销?

案例分析提示:

1. 环境监测可以找准公关活动着力点。文化习俗中节日是不可忽略的点。

2. 建设型公关也需要持续推出新产品。

(七) 矫正型公共关系

所谓矫正型公共关系，就是采取措施来纠正因主客观原因给本组织带来的不良影响(风险等)，恢复本组织被损害的良好形象和信誉的公共关系方式。

1. 矫正型公共关系的特点

(1) 及时发现，及时采取应付措施;

(2) 妥善处理，以挽回损失，重新确立起组织的形象和声誉。

案例分析

35次紧急电话

一次，一位名叫基泰丝的美国记者，来到日本东京的奥达克余百货公司。她买了一台“索尼”牌唱机，准备作为见面礼，送给东京的婆家。售货员彬彬有礼，特地为她挑了一台未启封包装的机子。

回到任所，基泰丝开机试用时，却发现该机没有装内件，因而根本无法使用。她不由得火冒三丈，准备第二天一早就去“奥达克余”交涉，并迅速写好了一篇新闻稿，题目是《笑脸背后的真面目》。

第二天一早，基泰丝在动身之前，忽然收到“奥达克余”打来的道歉电话。50分钟以后，一辆汽车赶到她的住处。从车上跳下“奥达克余”的副经理和提着大皮箱的职员。两人一进客厅便俯首鞠躬，表示特来道歉。除了送来一台新的合格的唱机外，又加送蛋糕一盒、毛巾一套和著名唱片一张。接着。副经理又打开记事簿，宣读了一份备忘录。上面记载着公司通宵达旦地纠正这一失误的全部经过。

原来，前一天下午4点30分清点商品时，售货员发现错将一个空心货样卖给了顾客。她立即报告公司警卫迅速寻找，但为时已迟。此事非同小可。经理接到报告后，马上召集有关人员商议。当时只有两条线索可循，即顾客的名字和她留下的一张“美国快递公司”的名片。据此，奥达克余公司连夜开始了一连串无异于大海捞针的行动:打了32次紧急电话，向东京各大宾馆查询，没有结果。再打电话问纽约“美国快递公司”总部，深夜接到回电，得知顾客在美国父母的电话号码。接着又打电话去美国，得知顾客在东京婆家的电话号码。终于弄清了这位顾客在东京期间的住址和电话，这期间的紧急电话，合计35次！

这一切使基泰丝深受感动。她立即重写了新闻稿，题目叫作《35次紧急电话》。

（选自《公共关系案例精选精析》张岩松，王艳洁，郭兆平编著）

思考题

1. 试为“奥达克余”的副经理拟定一份与顾客基泰丝见面的工作计划。

2. 通过阅读这个案例，你得到什么启发？

案例分析提示：

1. “奥达克余”在不到20小时的时间内，能够将一起由于自身失误而引发的风波妥善地平息下去，应当说是得力于强烈的公关危机意识和及时的公关举措。

2. 企业在极其复杂的现实环境中运行，很难对运行中可能发生的各种情况做出完全准确的预见，难免会有失误的地方，这难免会使组织形象受到不同程度的损害。事情一旦发生，应当如何对待？“奥达克余”的做法是值得企业学习的，他们对待自身的失误，树立了正确的态度：亡羊补牢，向公众表明解决问题的诚意，求得公众的谅解和合作，使失误对组织形象产生的损坏减少到最低限度，并由被动变为主动。

3. 纠正失误的公共关系要有强烈的“救火”意识，及时发现，及时纠正，及时改善。其中“及时”二字最为关键。“奥达克余”为解决问题付出的努力是非常及时的。问题发现后，他们立即行动，意在公众知晓之前解决问题。假如“奥达克余”被动地等待顾客上门交涉，坐失良机，《笑脸背后的真面目》一经见报，“奥达克余”的日子就难过了。可见，任何企业必须明确这样的公关道理：纠正失误如同“救火”。

2. 组织的形象与声誉遭受损害的情况

组织的形象受损，一种是由于外界的某种误解，甚至是人为的破坏。另一种是由于组织内部不完善或过失所致。对前者，公关部门应迅速查清原因，公布真相，澄清事实，采取措施来消除损害组织形象的因素。对后者，应迅速采取行动，与新闻界联系，控制影响面，平息风波。只有内部及时纠正、弥补，才能尽快恢复公众信任，重新树立良好形象。

案例分析

高露洁牙膏致癌事件

近日，新西兰消费者组织向社会警告：我们每天都在使用的高露洁牙膏中含有强致癌物！新西兰消费组织同时还向其他国家警告：尽快限制使用这种含有致癌物的高露洁全效

(Colgate Total) 牙膏!

据报道称，这种最近被发现在高露洁牙膏中的致癌物名叫 triclosan（三氯生），这种物质在2016年9月被美国食品和药物管理局（FDA）禁止使用，原因是“安全成分不明”。但作为一种工业化合物，三氯生以其抗菌的特性，常年被添加于各种皂类、清洁剂和玩具中；而高露洁则以该物质能够帮助人体抵抗牙龈炎等疾病为由，将这种物质作为抗菌剂添加到牙膏中。

一名供职于新西兰消费者协会的专家 Jessica Wilson 宣称：三氯生并不需要添加于牙膏中。“三氯生是一种广泛有效的抗菌剂，从包括牙膏及油漆等产品中我们都会发现它的踪迹。在这项结果公布之前我们为此已经考虑了很久，因为我们不希望它们用于人们日常经常使用的产品中。”“我们现在看到的是，由于这种东西累积使用的危害，这种东西需要被限制使用。”她还表示，除了水和肥皂之外，所有含有三氯生的洗手液或牙膏等身体清洁用品，添加三氯生不仅没有显著效果，还有可能造成长期的伤害。

目前，澳洲与新西兰依照欧盟对三氯生的限制标准，要求牙膏中的三氯生的含量不超过0.3%；然而据来自 Cawthron Institute 的环境毒理学家 Louis Tremblay 博士称，尽管澳新两地的高露洁全效牙膏严格遵照0.3%的三氯生控制量，也不代表其副作用可以控制在一个好的范围之内，更不应该被投入大量使用。“这确实对一些有牙龈疾病的患者有效，但这并不是对所有人都有好处。”他说。

不止一位专家质疑：高露洁全效牙膏号称适用于所有客户群体，但其中所蕴含的三氯生成分固然对一些有牙龈疾病的人们有利，对于一天至少要刷两次牙的普通人来说，用这种牙膏就会吸入更多可能致癌的三氯生，可谓是“弊大于利”。

然而，高露洁对此只是发表了一段简短的声明：“高露洁全效牙膏可以被完全放心地使用于日常生活中，而且这种产品一直都被认定为安全、有效，通过了美国食品药监局以及欧盟、澳洲、加拿大及新西兰的产品审核。”

在另一份声明中，高露洁公司又称，市面上的高露洁 Pams 和高露洁 Value 装的牙膏是不含有三氯生的；他们会争取在2017年10月更换配方，届时配方中将会不含三氯生。

高露洁这样有些矛盾的表态，却引发了更多的质疑和不满。

目前，澳洲及新西兰境内的许多工厂都已经在他们的产品中移除了三氯生的使用，然而高露洁－棕榄公司却仍然“一意孤行”，仅仅因为三氯生可以治疗牙龈疾病，不仅继续在其旗下的高露洁全效牙膏中使用三氯生，并且向大众一再强调这种物质对人体无害。

高露洁这样一意孤行的做法，也引起了澳新两地许多专家的愤怒。“我们无法决定这种商品在我们的货架上消失，因为消费者们还在积极购买这种牙膏。”一位专家在接受采访时称。

事实上，在2016年各国要求禁止使用三氯生之后，高露洁全效牙膏曾短暂地“消失”在大众眼前，但它们很快就“重出江湖”，而不知真相的消费者们还在继续购买。

目前，针对此事，专家除了呼吁消费者们尽快意识到这种牙膏的坏处之外，也在同时呼吁零售方尽快就三氯生的问题给出意见。

消费者普遍担忧，表示“没想到刷个牙也能致癌!”

有媒体搜索发现，早在2005年，高露洁就曾被披露“致癌”。

此次事件，迅速在网上传开，中国消费者也加入质疑行列。高露洁牙膏销售直线下滑。

（材料来源：法制日报　　2017-07-27）

思考题

如果你是“高露洁”驻中国分公司公关部负责人，你怎样解决此次事件?

案例分析提示：

1. 展开矫正型公共关系活动，统一口径。宣布产品符合多国国家标准论证依据。

2. 紧急召开新闻发布会。对相关技术指标做客观公布。表明自己的态度。

(八) 维系型公共关系

维系型公共关系是指社会组织在稳定发展之际用来巩固良好形象的公共关系模式。其做法是通过各种渠道和采用各种方式持续不断地向社会公众传递组织的各种信息，使社会组织在长时期中对有关公众起到潜移默化、熏陶渐染的作用，使公众在不断接受组织的服务和友好情谊中，增强对组织的好感，把组织的美好形象深藏在心中，做组织的顺意公众。

1. 维系型公共关系的形式

维系型公共关系是针对公众心理特征而精心设计的，具体可分为“硬维系”和“软维系”两种形式。

（1）硬维系。“硬维系”是指那些“维系目的”明确，主客双方都能理解意图的维系活动，维系型公共关系主要用于稳定、巩固原有的良好关系。其特点是通过显露的优惠服务和感情联络来维系同公众的关系，不求大的突进，但也不中断，通过不间断的宣传和工作，维持良好关系。

（2）软维系。“软维系”是指那些活动目的虽然明确，但表现形式却比较超脱、隐蔽的公共关系活动，其目的是在不知不觉中让公众不忘记组织。一般是对广泛的公众开展的公共关系活动。

2. 维系型公共关系的实施方式

（1）硬维系型公共关系实施的具体方式灵活多样：①可以实行会员制、提供累计消费折扣等；②可以让长期顾客享有低价优惠或奖励；③可以在节假日向老主顾赠送小礼品；④可以邀请参加活动以加强感情联络，如邀请用户联谊等；⑤可以经常派发企业小型纪念品或礼品。

（2）软维系型公共关系的具体做法也可以灵活多样，但要以低姿态宣传为主：①可以利用各种传媒进行一般的宣传，如定期刊发有关组织情况的新闻、播出广告、提供组织的新闻图片，又如定期广告、组织报道、印发有组织名称的交通旅游图等；②可以保持一定的媒体曝光率，使公众在不知不觉中了解组织的情况，加深对组织的印象。

（九）防御型公共关系

所谓防御型公共关系，就是在社会组织出现潜在危机（或不协调）时，为防止自身公共关系失调而采取的一种公共关系模式。

1. 防御型公共关系的特点

防御型公共关系的特点是：采取防御和引导相结合、以防御为主的策略，敏锐地发现本组织公共关系失调的前兆或症状，及时采取措施调整自身的政策和行为，促使其向有利于良好公共关系的方面转化。

2. 防御型公共关系的方法

防御型公共关系的方法是：采用调查、预测手段，了解潜在危机，提出改进方案。

（十）进攻型公共关系

所谓进攻型公共关系，就是在社会组织及外部环境发生某种冲突时，以守为攻，改变旧环境，创造新局面。

进攻型公共关系的特点是：内容形式新颖，能迅速吸引有关公众的注意和兴趣，可迅速提高本组织的信誉度与知名度。

案例分析

死给你看

1985年夏天的某日，当读者拿到《羊城晚报》时，头版上的一条醒目标题“死给你看”，不禁令人在暑热中陡生寒意，想要了解真相的读者迫不及待地读下去，随后由担心变为释然。原来这篇报道是介绍广州一家街道小厂——广州佳丽日用化妆品厂及其产品的。1985年，这家小厂向市场投放了一种产品，定名为“神奇药笔”。这是一种形似粉笔的灭蟑螂药。为了打开销路，该在报纸、电视上都做了不少广告，但收效不大。原因何在呢？其中奥秘在于消费者的不信任心理。一家从未听说的小厂生产的这么一种形似粉笔的东西，果真能有厂家广告里“吹的”神奇效果吗？

为了打开市场，该厂决定寻求新闻界的支持。厂家的人带上产品，到了羊城晚报编辑部。当场放出一群蟑螂，又用“神奇药笔”画了包围圈，几小时害虫尽数死亡。这次“死给你看”的举动、效果，激发了新闻编辑的灵感，报上的新闻又引起了轰动效应。于是，不但在境内的销量得以提高，还在香港卖出170万港元的销售额，公司扭亏为盈。

思考题

1. “神奇药笔”广告推销的效果如何？为什么？

2. “佳丽日化厂”走出困境的途径是什么？

3. 以此案例为例说出您对公共关系功能的一点体会。

案例分析提示：

1. 广告是一种重要推销手段，但属主观自我宣传，易产生“自吹自擂”的效果；“神奇药笔”的广告会使消费者产生不信任心理，未见其实，不可轻信。

2. 新闻媒介作为大众传播的重要手段和权威机构，给宣传的信息特殊的重要意义；《羊城晚报》见报，无形中提高了该厂、该产品的认知深度和广度；公共关系活动的实践证明了产品效果的真实性，新闻媒体报道具有客观性，标题具有轰动性，从而扩大了宣传效果。

3. 公共关系意识决定企业生死存亡的重要因素之一；善于运用公共关系活动与新闻媒介，会产生出奇的效果；公关与推销不同，却有超越推销的效果。

思考题

1. 公共关系是传播还是管理？是工作手段还是技能？

2. 公共关系的10种表现形式有无交叉与相似？

3. 开展公关工作，如何处理“创新”与“借鉴”的关系？

4. 每天都有媒体爆出各类组织的各种事件，试举一例分析其成败得失，并从公关角度为其拾遗补缺。

第二章 公共关系的要素与特征

公共关系是社会关系的一种表现形态，科学形态的公共关系与其他任何关系都不同，有其独特的性质，了解这些特征有助于我们加深对公共关系概念的理解。

第一节 公共关系的要素

公共关系的结构是由组织、公众、传播三要素构成的。公共关系的主体是社会组织，客体是社会公众，联结主体与客体的中介环节是信息传播。这三个要素构成了公共关系的基本范畴，公共关系的理论研究、实际操作都是围绕着这三者的关系层层展开的。

一、公共关系主体——社会组织

公共关系是一种组织活动，而不是个人行为，因此，组织是公共关系活动的主体，是公共关系的实施者、承担者。我们在理解公共关系时，特别要注意这一点，不要把一些个人的行为也说成是公共关系。尽管有些个人，如在竞选中的候选人、国家公务员、社会名流等，为了某种特殊利益也举办公关活动，但他们在从事公共关系活动时，不是以自然人的身份，而是以法人的面目出现的。全面研究组织是社会学的课题，而公共关系学主要是从公共关系活动的角度，对组织相关的性质进行一些必要的分析。

在人类社会生活中，人与人之间会发生各种各样的联系和交往，在这些交往活动中，人们发现单个人的活动往往会受到种种限制，因而逐渐产生了各种社会组织。我们这个社会之所以会丰富多彩、不断发展，就是因为各种组织之间在不停地相互影响和作用，新的组织不断地产生并努力壮大，已有的组织竭力维护自己的利益以实现扩张。

（一）社会组织的含义

在国际上，由于各国在文化传统和语言习惯方面存在着不同，社会组织在不同的国家和地区有多种不同的称谓，如非政府组织、非营利组织、公民社会、第三部门或独立部门、志愿者组织、慈善组织、免税组织等。这些叫法在内涵上区别不大。与政府、企业相区别，社会组织具有非营利性、非政府性、独立性、志愿性、公益性等基本特征。

2007 年，我国开始正式用“社会组织”代替“民间组织”。“民间组织”的“民间”是与“政府”“官方”相对应的，反映了传统社会政治秩序中“官”与“民”相对应的角色关系，容易让人误解民间组织是与政府相对应甚至是相对立的。因此在新的形势下，党的十六届六中全会和十七大把民间组织纳入到社会建设与管理、构建和谐社会的工作大局，对传统的提法进行改造，提出了“社会组织”这一称谓。

（二）社会组织的分类

我国将社会组织分为三类，即社会团体、基金会和民办非企业单位。

社会团体是由公民或企事业单位自愿组成、按章程开展活动的社会组织，包括行业性社团、学术性社团、专业性社团和联合性社团。

基金会是利用捐赠财产从事公益事业的社会组织，包括公募基金会和非公募基金会。

民办非企业单位是由企业事业单位、社会团体和其他社会力量以及公民个人利用非国有资产举办的、从事社会服务活动的社会组织，分为教育、卫生、科技、文化、劳动、民政、体育、中介服务和法律服务等十大类。

（三）公共关系组织类型

公共关系主体所指的社会组织，涵盖了更大的范围，政府、企业也包含其中。我们这个社会之所以会丰富多彩、不断发展，就是因为各种组织之间在不停地相互影响和作用，新的组织不断地产生并努力壮大，已有的组织竭力维护自己的利益以实现扩张。人们组合成为组织必定是为了完成某种共同目标，但目标的存在方式又各不相同，这就决定了社会组织必然具有多种类型。

为了使公共关系活动的针对性更强，公共关系学一般把组织分成六种类型。

1. 营利性组织

这些组织是以营利为目的，追求经济利益的最大化，承担经济职能的组织，如工商企业、旅游服务业、保险公司、金融机构等。

2. 科教文卫组织

这类组织不以营利为目的，而以满足人们文化生活等精神需要为目标，包括学校、医院、慈善机构、社会公用事业机构等。如学校的首要公众是学生，其目的是教书育人；慈善基金会的宗旨就是更好地为社会弱势群体或那些需要帮助的特定公众提供服务。

3. 政权性组织

这通常是指为整个社会服务的、具有政治职能和权力职能的组织，如政府、军队、消防部门、治安机关等。这类组织的目标是保证社会安定，不受内部不良因素和外来干涉的影响。

4. 公众性组织

这是一种以组织内部成员间互获利益为目标的组织，这类组织追求的是组织内部成员之间的互惠互利，如工会组织、职业团体（学会、协会、研究会等）。

5. 宗教性组织

其是由具有共同的宗教信仰的人群组成的组织，如中国佛教协会、中国道教协会、中国伊斯兰教协会、中国天主教爱国会、中国天主教教务委员会、中国天主教主教团、中国基督教“三自”爱国运动委员会和中国基督教协会。

6. 社区性组织

其是指政权组织之外具有区划性特征、行使服务性管理的组织，以协调为工作方针，如居民委员会、业主委员会。

（四）公共关系组织的特点

在现代社会生活中，组织是人们按照一定的目的、任务和形式编制起来的社会集团。

社会组织是一个开放的系统，就每一个社会组织来说，它不仅自身要与周围环境进行物质、人员、信息的交换，而且还根据与其他组织的关系，组成不同的组织体系，在更大的范围内和更高的水平上与外界环境进行各种形式的交换。因此，组织具有群体性、导向性、系统性、协作性、变动性、稳定性的特点。

案例分析

IBM公司的经营理念

有一次IBM公司开行政会议，一位行销总监迟到了，并且直到开完会都没出现。董事会觉得奇怪，按这位行销总监的行事风格，应该不会迟到的，一定有什么重要的事情耽误了。后经调查，开会当时，有一位客户打电话说是他所买的 IBM 电脑出了问题，这位行销总监二话没说就到客户所在地，及时为客户解决了问题。

会议缺席，过错可不小，但董事会不仅没有责备这位行销总监，反而嘉奖了他。说他分清了事情的轻重缓急，客户服务永远是最重要的。董事会的决定充分体现了 IBM 公司的三个经营理念：①提供最棒的服务；②尊重个人；③凡事追求卓越。

前 IBM 总裁沃森先生出席了一次会议，会议的主要目的是探讨客户服务问题。桌前摆着十来摞包括生产制造问题、技术问题等各种问题的资料报告。讨论告一段落时，高大魁梧的沃森走到会议室前方，用手朝桌子上一挥，只见摆在桌前的资料报告飞得满屋都是。他说："这些问题实在没有什么好分类的。问题只有一个，就是我们对客户的关心程度根本不够。"

从那以后，IBM 专门选用表现优异的业务人员担任三年的主管助理。在整整三年中，他们只负责一项工作，就是对任何客户的抱怨或疑难问题务必须在 24 小时内解决。

IBM 并非专业的搬家公司，当一个大客户决定搬迁时，它的服务人员总是尽心尽力地帮助客户。当麦道自动化公司把其设在圣路易斯的总部搬进一座 7 层楼的学校里时，为了重新安装麦道自动化公司的电脑系统，IBM 的 24 名服务人员共分三组。一天 24 小时连续工作，用 1 700 多个工时完成了这项巨大的系统连接工作。而这一切工作全都是免费的。

IBM 拥有 40 多万雇员、500 多亿美元的年销售额，年利润超过 50 亿美元，在世界上几乎每个国家都设有办事机构，其宏大的规模和显著的成就举世瞩目。

思考题

提到公关组织的典型，我们很容易就想到 IBM 公司，为什么？分析这个案例，说明原因。

案例分析提示：

IBM 几十年如一日地为客户提供优质服务，奠定了公司繁荣兴旺的基础。

二、公共关系客体——公众

"公众"在公共关系工作中是一个特殊的范畴，具有特定的含义。一个社会组织的公共关系工作并非针对全社会的公众，而是针对在社会公众中与组织直接或间接相关的某些特定组织、群体和个人。任何一个社会组织都存在于一定的物质与文化环境之中，每个组织又都是社会环境的产物。社会环境是政治环境、经济环境、文化环境和技术环境的总和。社会环境是由人组成的，因此，社会环境在公共关系学中又可以是公众的代名词。

公众就是公共关系的对象。公共关系也称作公众关系，因为公共关系的工作对象就是各类公众。要做好公共关系工作，就必须了解和研究公众。

组织的生存和发展与很多因素有关，自身的实力、良好的管理、适宜的环境是组织成功的基础，公共关系作为一种管理职能，则是从如何建立和维护组织与公众之间的互利互惠关系、树立组织良好形象的角度来促进组织的发展。

正如前面定义所说的那样，公共关系是一种特定关系；而当我们谈到关系时，必然要涉及双方。对于公共关系而言，这个相互影响、相互作用的双方便是组织与公众。因此，从这个角度说，公共关系就是公众与组织的关系。

任何组织都有其特定公众，而公共关系工作便是组织主动地去与公众建立和维护良好关系的过程。但这并不意味着作为客体和对象的公众是完全被动的、可随意摆布的，公众随时都可以表达自己的意志和要求，主动地对公关主体的政策和行为做出积极反应，从而对公关主体形成舆论压力和外部动力。公众还有一个最有效的权力——用脚投票。当公众因为不满意而使用这一权力时，他们可能不会当面抗议，也不会大吵大闹，但他们会抛售股票，不再光顾某一商店、某一银行、某一饭店、某一旅游点。因此，组织在计划和实施自己的公关工作时，必须认清自己的公众对象，分析研究自己的公众对象，并根据公众对象的特点及变化趋势去制定和调整公关政策和行动。

（一）公众的定义

公共关系公众，是指与特定的公共关系主体相互联系、相互作用的个人 、群体或组织的总和，是公共关系传播沟通对象的总称。

在公共关系学里，公众与“大众”“群众”是有区别的。它不是泛指社会生活中的所有人或大多数人，也不是泛指社会生活中的某一方面、某一领域的部分人，而应具体地称为“组织的公众”。公众与组织之间必须存在着相互影响和相互作用。这个概念包涵四个基本含义。

（1）公众是公关主体传播沟通对象的总称；

（2）公众是相对特定组织而存在的；

（3）公众是因共同的利益、问题等联结起来并与特定组织发生联系或相互作用的个人、群体或组织的总和；

（4）公众是客观存在的。

（二）公众的特点

1. 广泛性

广泛性，也叫整体性。公众不是单一的群体，而是与某个组织运行有关的整体环境，涉及组织内部和外部，社会的方方面面，而且相互关联，构成复杂。公共关系工作不能只是注意其中某一类公众，而忽略其他公众。因此，首先应该将组织面对的公众视作一个完整的环境，要用全面、系统的观点来分析自己面临的公众。

2. 同质性

同质性，也叫共同性。公众不是一盘散沙，而是具有某种内在共同性的群体。当某一群人，某一社会阶层，某些社会团体因为某种共同性而发生内在联系时，便成为一类公众。

3. 变化性

公众不是封闭僵化，一成不变的，它是一个开放的系统，处于不断变化发展的过程之中，任何组织面临的公众，其性质、形式、数量、范围等均会随着主体条件、客观环境的变化，或产生、或消失、或不断扩大、或缩小、或稳固、或动荡；公众性质也会发生变化，或竞争变协作，或友好变敌对；对公众环境的变化，必将导致公共关系目标、方针、策略、手段的变化，反之亦然。

4. 多样性

公众的存在形式不是单一的，而是复杂多样的。日常的公共关系工作对象包括个人关系、群体关系、团体关系、组织关系等。即使是同一类的公众，也可以有不同的存在形式，公众的形式的多样性，决定了沟通方式和传播媒介的多样性。

5. 相关性

公众不是抽象的、各组织“通用”的，而是具体的、与特定的组织相关的。每一个社会组织都有属于自己的公众群体，他们的意见、观点、态度和行为对该组织的目标和发展，具有实际或潜在的影响力、制约力，甚至决定组织的成败。同样，该组织的决策和行为也对这些公众具有实际或潜在的影响力、作用力，制约着他们利益的实现、需求的满足和问题的解决等。注重相关性是组织与公众形成公共关系的关键。寻找公众，确定公众很重要的一点就是寻找和确定这种相关性，并把它们具体地揭示出来，分析清楚，从而确定自己的工作目标。

（三）常见的公众分类

同一类型公众有不同标准的分类。

1. 内部公众和外部公众

根据公众与组织的所属关系分类，可将公众分为内部公众与外部公众。

内部公众是组织内部沟通、传播的对象，包括组织内部全体成员构成的公众群体。外部公众是组织的外部沟通对象群体。

（1）内部公众即员工，指组织内部沟通、传播的对象。员工是组织直接面对而最接近的公众，是组织赖以生存与发展的细胞，是组织内部公众的主体。

（2）外部公众指组织的外部沟通对象群体。其包括消费者公众、传播媒介公众、社区公众、政府公众等，他们对组织的发展影响巨大。

2. 非公众、潜在公众、知晓公众和行动公众

根据公众与组织发生关系的过程中的不同特点，可把公众分为非公众、潜在公众、知晓公众、行动公众。

组织机构的公众关系，经历了一个从彼此没有联系到产生联系，由互不往来到十分熟悉的演化过程。美国当代著名公关学着詹姆斯·格鲁尼格将这个演化过程分为四个阶段，由此产生了四种不同类型的公众：非公众、潜在公众、知晓公众和行动公众。

（1）非公众是指处在与组织相关的范围内，但又与特定的事件、问题不相关的社会群体。

（2）潜在公众是指由于潜在的问题而形成的潜伏公众、隐患公众、隐蔽公众或未来公众。

（3）知晓公众是指已经知晓、意识到问题与组织的关系，迫切需要进一步了解有关信息，甚至开始提出权益要求的公众，是潜在公众在公众逻辑上发展的结果。知晓公众明确意识到自己的权益与特定组织有关，并已考虑与该组织联系，但暂时还未付诸行动，这部分公众对象已构成组织的舆论压力。

如果说潜在公众尚处于蒙昧状态的话，而此时的知晓公众已然是大梦方醒，即公众已经知晓自己的处境，明确意识到自己面临的问题与特定的组织有关，迫切需要进一步了解与该问题有关的所有信息，甚至开始向组织提出有关的权益要求。这时，潜在的公众已经发展成现实的公众，构成组织不可能回避的沟通对象。因此，对组织来说采取积极主动的公共关系的姿态，及时沟通，主动传播，满足公众要求被告知的心情，使公众对组织产生信赖感，这对于主动控制舆论局势非常重要。因为知晓公众如果不能从有关组织那里获得必要的信息，便会转向其他渠道，各种不准确的小道消息将会流传开来，局势的演变将难以控制，事后的解释也将只是事倍功半而已。

（4）行动公众是指不仅表达意见，而且采取行动的公众。

2008 年 6 月 28 日，位于兰州市的解放军第一医院收治了首例患“肾结

石”病症的婴幼儿，据家长们反映，孩子从出生起就一直食用河北石家庄三鹿集团所产的三鹿婴幼儿奶粉。7 月中旬，甘肃省卫生厅接到医院婴儿泌尿结石病例报告后，随即展开了调查，并报告卫生部。随后短短两个多月，该医院收治的患婴人数就迅速扩大到 14 名。

此后，全国陆续报道因食用三鹿乳制品而发生不良反应的病例一度达几百例，事态之严重，令人震惊。2008 年 9 月 13 日，党中央、国务院对严肃处理三鹿牌婴幼儿奶粉事件作出部署，立即启动国家重大食品安全事故一级响应，并成立应急处置领导小组。2008 年 9 月 15 日，甘肃省政府新闻办召开了新闻发布会称，甘谷、临洮两名婴幼儿死亡，确认与三鹿奶粉有关。

随着问题奶粉事件的调查不断深入，奶源作为添加三聚氰胺最主要的环节越来越被各界所关注。另据医学专家介绍，三聚氰胺是一种低毒性化工产品，婴幼儿大量摄入可引起泌尿系统疾患。目前患泌尿系统结石的婴幼儿，主要是由于食用了含有大量三聚氰胺的三鹿牌婴幼儿配方奶粉引起的，多数患儿通过多饮水、勤排尿等方法，结石可自行排出。如出现尿液混浊、排尿困难等症状时，需要及时到医院就诊。发生急性肾功能衰竭时，如及时治疗，患儿也可以恢复。

三鹿奶粉事件中，很明确地体现出这四个不同类型的公众。“非公众”是既不接受组织行为的影响，又不对组织产生影响。三鹿奶粉事件发展最初，那些从来不购买、食用奶粉的社会群体是三鹿集团的非公众。

“潜在公众”已经面临由组织行为所引起的某个共同问题，他们本身尚未意识到，而组织却意识到了。那些买了三鹿奶粉却还不知情的顾客，三鹿集团应该十分清楚：这些顾客就是他们的潜在公众。

“知晓公众”是由潜在公众发展而来的。顾客发现自己的孩子食用了三鹿奶粉后身体状况不好，或者他们从各种渠道知道有人因为食用三鹿奶粉而死亡，这些知晓公众已经清楚问题的存在但尚未采取实际行动。

“行动公众”就是这样由知晓公众发展而来的。他们是那些了解了全部情况，已经或者正在采取行动的社会群体。花了钱买了三鹿奶粉，本来希望让孩子健康成长，到头来竟让孩子进了医院甚至离开的人世，谁还会无动于衷呢？受害者开始行动，要求退货并且赔偿，等等。

案例分析

无锡面包新语茂业店现活老鼠 已停业整顿

近日，无锡面包新语茂业店惊现活老鼠的视频在朋友圈流传。目前，该店已停业整顿。

从视频中可以看到，一只灰黑色的老鼠旁若无人，在摆放“脆皮蛋卷”的玻璃柜里来回爬行，而一旁则是各类待售的蛋糕和面包。这一幕引得众人围观拍照，周边却没有工作人员的身影。整个视频持续11秒，直到画面最后出现了“面包新语”四个字。眼尖的网友表示，该店正是面包新语清扬路茂业店。

面包新语无锡区域经理石伟民表示，老鼠进店是因为近期茂业百货地下室正在改造，动工过程可能影响了老鼠的生存环境。

8月1日，上海新语面包食品有限公司发布官方声明称，面包新语总部已在第一时间责令无锡茂业加盟店将相关产品全部下架，对全场加工间进行消毒，同时督促涉事门店进行调查、整改。面包新语已启动全市场全面自查，每天对设备设施进行清洗消毒，对虫鼠害控制涉事进行定期检查并及时清理，执行更加严格的食品防护制度，并加强监督，确保为消费者提供安心的消费体验。

梁溪区市场监督管理局表示，他们通过舆情获悉该事件后，于7月31日晚上8时连夜组织执法人员赶赴现场进行核查。经与面包新语工作人员核实，该视频确实是市民当天下午5时许拍摄于该店。执法人员现场约谈了面包店负责人，要求店方对当天店内在售的食品及食品原料全部进行了销毁，对食品柜体清洁消毒。在问题调查清楚前停止经营活动，并责令该店进行整改。根据初步检查，没有发现其他食品违法情况，工作人员也都领取了健康证，具体原因将会同公安部门根据现场监控查清老鼠来源等情况后作进一步调查，待情况调查结束后再作处置。后续调查中，如果一旦确认是店方自身原因导致，店家还将面临处罚。

（金陵热线网 www. jlonline. com 发布时间：2017. 8. 5）

案例分析

遇到律师和记者

某律师在食用当地一家颇有影响的食品企业所生产的食品时，发现产品存在严重的质量问题。于是，他与企业进行了交涉。企业接待人员同意研究后给其一个答复，但此后便没了下文。无奈，律师将有质量问题的食品拿到当地一家颇有影响的报社，将情况反映给了记者。该报社遂派记者到企业进行现场采访调查。记者们在企业拍摄到了很多违反国家食品生产规定的现场画面。企业领导发现后强行索要记者所拍资料，不成后，将记者扣留。在当地公安人员的解救下，记者们在被困一个多小时后得以安全返回。事后，该报以系列报道的形式将消费者反映的有关该企业的问题，以及记者在企业中所拍摄的材料、经历公之于众，企业经营一时陷入困境。

思考题

1. 案例一与案例二有无共性？

2. “停业整顿”与“经营陷入困境”的原因是什么？

3. 案例中公众起了什么作用？

4. 从非公众到行动公众，组织机构应该如何把握时机做好公关工作呢？

案例分析提示：

1. 企业经营陷入困境的根本原因当然是企业经营行为不当，导致所生产的食品违反国家的有关规定，引起消费者不满。直接原因则在于企业没有很好地处理消费者的质量投诉，导致危机出现。更严重的是对前来采访的记者采取了非法的手段，加重了危机程度，从而使企业陷入经营困境。

2. 在承诺给律师答复方面企图拖延时间以求息事宁人，没有积极主动采取行动满足律师要求被告知的心情，迫使律师在万般无奈的情况下通过另一种渠道来求得补偿，自此该企业在这场危机中便处在了不利的位置；报社记者到场发现事实真相后，该企业妄图通过强行手段扣留记者和资料，这种做法当然是违法的，不仅不利于澄清此前的事实，反而为把该企业置身在更加不利的地位，可以说缺乏最基本的公关意识。

3. “知晓公众”绝不是蛮不讲理就可以安抚的，他们的消费利益或多或少地受到了侵犯，追求答复获得补偿是天经地义的事情，企业的隐瞒导致他们另寻解决渠道，如此一来只会使得事态恶化，对企业有百害而无一利，而采取暴力手段处理知晓公众则只是给企业在走向万劫不复过程中施加了一个助力而已。

4. 在事发后，要求企业中负责处理此类事情的人员认真对待消费者的质量投诉，与消费者协商，根据国家有关规定和消费者意愿，求得问题的妥善解决，以防止事态的扩大。在此过程中，如有记者前来采访，在尊重记者的采访权的前提下，力争客观地表达企业对问题的处理意见，以及企业的整改措施，求得媒体的客观报道而不至于大肆渲染。在此基础上，查找企业管理中的漏洞，严格企业管理制度，杜绝类似问题的再度发生，从根本上杜绝危机源。

5. 最关键的是如何处理好与受害消费者的关系，企业应该积极主动地向该类消费者问询情况，给予心理上乃至物质上的适当补偿，有效避免该类消费者通过极端手段解决问题，另一方面也可以最大限度地避免事态扩大所导致的更多形象损害的发生。

3. 首要公众、次要公众和边缘公众

根据公众对组织的重要性程度分类，可以把公众划分为首要公众、次要公众和边缘公众。

（1）首要公众与组织的关系密切，对一个组织的生存和发展具有影响力和决定性作用，并且还是影响和制约其他公众的公众。即关系到组织生死存亡、决定组织成败的公众对象，如酒店宾客关系中的 VIP（要人，Very Important Person）、单位的员工与股东、商家的顾客、企业的用户、学校的教师等都是首要公众。首要公众是组织生存发展的生命线，是公共关系对象中最关键的工作，公关工作应该投入最多的人力、财力和物力来维持和改善同这类公众的关系。

（2）次要公众是对组织的发展有一定的影响，但不具有决定性作用的公众，如社区公众、新闻界公众。由于组织的人力、物力、财力等总资源有限，因此对此类公众的公共关系工作应该放在次要地位，但要注意不能完全忽略这类公众存在，以防造成组织公共关系的恶化。

（3）边缘公众是与组织有一定的联系，但不影响组织的生存发展的公众，如商店之于学校、宗教团体之于生产企业、路边摊贩之于科研机构等。

对于一个企业而言，目标客户群体和目标客户的客户群体都是首要公众，次要的则是潜在客户群体，边缘客户则是渠道和商业合作群体。

对于组织来说，首要公众、次要公众、边缘公众不是恒定的，在不同时期可以互相转化，此一时的首要公众，彼一时可以变成次要公众或边缘公众，反之亦然。

4. 顺意公众、逆意公众和独立公众

根据公众对组织的态度不同分类，可将其分为顺意公众、逆意公众和独立公众。

（1）顺意公众又称为支持公众，是指那些对组织的政策、行为和产品持赞赏、支持和认同态度的公众。他们既可能在组织之中，也可能在组织之外。他们对组织的方针、政策、行动持积极赞同、支持的态度，并在行动上热情宣传、主动配合。

顺意公众是推动组织发展的基本工作对象，队伍越壮大，对组织的发展越有利。他们不仅可以在行动上支持组织的发展，而且还可以通过他们的传播来扩大组织的知名度和美誉度。

社会组织的公共关系工作的首要目标就是要保持和扩大顺意公众的队伍，经常与他们沟通联系，应该把这类公众作为组织宝贵的财富，悉心维护，不使他们的态度逆转，不让他们被竞争对手争取过去。

（2）逆意公众是指对组织的政策、行为持否定态度或抱有偏见甚至敌意的公众。他们可能是由于误解，也可能是组织错误行动的受害者。

（3）独立公众是指介于上述两类之间的公众，他们对组织既不支持也不反对，或态度不明朗、不表态。独立公众存在着向上述两类公众转化的可能性。对于公共关系工作人员来说，顺意公众是组织的基本依靠对象，逆意公众是组织急需转化对象，独立公众是组织值得争取的对象。

案例分析

蒙牛撞上了舆论的壁垒

对于蒙牛而言，2008 年到 2009 年，实在不是好的年份。先是被“三聚氰胺”事件波及，以至于巨亏 9 亿元，接着又被 OMP 事件伤得不轻，其最赚钱的特仑苏奶粉几乎遭到了致命的打击。蒙牛为了挽救消费者的信心，在销售严重下滑的情况下，在电视、广播中大做产品及形象广告，报纸上有关特仑苏品质卓越、质控严格的软文也连篇累牍，成效如何呢？看看各个活跃的论坛就可以知道了。“黑”“恶心”“崩塌”“惊人”这样的关键词随处可见。甚至出现了媒体记者在个人博客中揭露蒙牛雇用公关公司行贿未果的传闻。这不禁让人感慨那个喊出“向伊利学习，做内蒙乳业第二品牌”“每天一斤奶，强壮中国人”的口号，策划“超级女声”，赞助“神五”飞天等经典案例的蒙牛哪里去了？

思考题

1. 为何蒙牛常态的公关传播会失效？蒙牛的公关宣传费用花了不少，为什么消费者不买账？

2、研究公共关系，为什么要研究舆论壁垒？什么是舆论的壁垒？舆论壁垒是如何形成的？

3. 谁是蒙牛的顺意公众、逆意公众、边缘公众？哪类公众是蒙牛的主体公众？

案例分析提示：

1. 以公共关系的视角来看，这些都是传播遇到舆论的壁垒。

2. 为何蒙牛常态的公关传播会失效，看看当时的舆论环境就知道了。三鹿毒奶粉事件揭开了乳业集体添加三聚氰胺的黑幕，中国乳业厂家几乎全军覆没。“苏丹红”“人造蜂蜜”“大头娃娃”等骇人听闻的事件不绝于耳，而乳品中添加三聚氰胺事发之后，包括德国、美国的众多知名奶粉品牌相继传闻含有毒或致癌物质的报道一次又一次地触动了公众关于食品安全问题敏感而又脆弱的神经。公众舆论不断地质问人们应该吃什么，还敢吃什么？在如此的舆论环境下，蒙牛特仑苏奶粉的 OMP 事件，中国质检部门与美国食品和药物管理局声音相互矛盾，更让普通百姓莫衷一是。试想在这样疑云未解的情况下，蒙牛的公关说辞能不显得苍白无力吗？

3. 关于舆论，有许多定义，比较通俗的说法就是众人的议论，也就是各种意见的集合。意见是个性某一行为的反应，而态度则是更基本的总体倾向。而舆论则是更多体现了社会主体的态度倾向。当某种意见成为你自身的环境的主体态度倾向时，你的言论与行为就必须考虑是否要与这种倾向相一致。如果你和这种主体倾向相一致的时候，你的意见很容易被持有相近观点的公众所接受，反之，则可引起激烈的冲突、抵制甚至对抗。这就是舆论环境的力量。

4. 任何的舆论倾向都是有边界的。换言之，我们的每一条言论必须处于某种舆论环境之中。一种言论的出现，受众之中必然会支持者、反对者和不置可否者。支持者我们称之为顺意公众，反对者称之为逆意公众，而中立者我们则视为边缘公众。当你的受众绝大多数为逆意公众，你必然要撞上舆论的壁垒。

5. 舆论壁垒的形成，大体可能有三个方面的成因。一个原因是言论主体自身存在一定的缺陷，并非无懈可击。如蒙牛添加 OMP 的特仑苏牛奶即使无害，但其未经主管部门批准是不争的事实，且有夸大功能虚假宣传之嫌。第二个原因是受众的惯性思维。如西方媒体每每提到中国，先扣上几顶“威胁”“扩张”的帽子，其中许多西方人并不真正了解中国。第三个原因在于宏观环境的影响。

6. 蒙牛多数的内部员工、经销商、那些参加过蒙牛赞助举办的超级女声的歌手以及部分蒙牛公益事业的受捐助者，都有可能成为他们的顺意公众；而因三聚氰胺等事件出离愤怒的消费者，则构成了庞大的逆意公众群体；其边缘公众则很有可能具有一定的专业背景，如医生、律师、咨询行业从业人员，具有较强的独立思考能力。

7. 对于蒙牛而言，逆意公众几乎占据了舆论环境的主体。

5. 个体公众和组织公众

根据组织结构组成，可以分为个体公众和组织公众。

个体公众是以个体形式与公关主体发生联系的对象。

组织公众是以组织或团体形式与公关主体交往的公众对象集团。

6. 受欢迎的、不受欢迎的和组织追求的公众

根据组织对公众的不同态度，可以分为受欢迎的公众、不受欢迎的公众、组织追求的公众。

受欢迎的公众指主动对组织表示兴趣和沟通意向的公众，包括投资者、赞助商等。

不受欢迎的公众指对组织构成潜在或额外压力和负担的工作，包括一味向组织提出无理要求的个人或团体、索取赞助的个人或团体等。

组织追求的公众指符合组织的需要、令组织感兴趣并努力接近，但其对组织不感兴趣的公众，包括社会名流、权威新闻媒体等。

三、公共关系中介——传播

在分析目标受众时，我们往往从他们年龄、性别、职业、收入、地域以

及媒体接触习惯等因素入手，却忽略了受众对传播信息的态度，而这一点直接关系到传播活动的成败。

“谁是我们的敌人？谁是我们的朋友？”这是毛泽东在1925年所写的《中国社会各阶级的分析》中开篇即提出的问题。抛开具体的时代与事件不说，对受众的分析从态度层面入手，可以帮助我们真实评估传播可能遇到的问题。

谁是我们传播活动的顺意公众，他们为什么要拥护你？谁是传播活动的逆意公众，他们为什么要反对你，哪些人是边缘公众，如何成为他们的朋友，而不至于使他们成为你的逆意公众，这也是我们进行公关传播所必须思考的课题。

当组织明确了公共关系目标，确定了目标公众，并有了公共关系活动的设想之后，便要考虑如何运用媒介把目标和设想变成行动。媒介即传播，传播是连接社会组织和公众的桥梁，是完成沟通的工程，也是实现公共关系目标的唯一手段。

公共关系中的传播是指组织传播媒介向公众进行信息或观点的传递和交流。这是对于受众的再认知，是一个观念、知识或信息的共享过程，其目的是通过双向的交流和沟通，促进公共关系的主体和客体——组织和公众——之间的了解、共识、好感和合作；其手段主要有人际传播、组织传播和大众传播等。

我们把公共关系作为一个整体、一个系统来考察，发现传播和公众、组织一样，都只是公共关系这个大系统的一个要素，传播只是使组织和公众之间建立关系的一种手段，传播媒介则是实现这种手段的工具。只有这两者有机结合、共同作用，才能产生整体大于部分之和的协同效应，才能使组织的公共关系活动得以顺利开展，使组织得以在公众面前建立和维持良好的公共关系形象。

（一）传播的含义

传播是指个人间、群体间或群体与个人之间交换、传递新闻、事实、意见、感情的信息传递过程。这种传播是双向性的信息交流与分享。公共关系的主体与客体之间正是通过这种双向信息交流而建立起相互信任、相互理解关系的。

（二）传播的要素

传播作为信息交流活动，有其特定的结构，它是由信源、信宿、信息符号、信息通道有机组成的动态过程。

（三）公共关系传播媒介及传播活动的作用

公共关系传播可以分为自发传播与自觉传播两种。为此，自觉传播必须对媒介进行有效的运用，以提高传播效果。公共关系的传播媒介既有大众媒介（广播、电视、报纸、杂志等），又有群体媒介（联谊会、新闻发布会、茶话会等）和人际媒介（具体的个人）；既有符号媒介（掌声、姿态、图画等），也有实体媒介（公共关系礼品、象征物、购物袋等）和人体媒介（社会名流、新闻人物、舆论领袖等）。由于是在有意识、有计划地开展各种信息传播活动，因此这种自觉的传播活动比自发传播要高效得多。

（四）网络公关媒介的表现形式

1. 网上新闻发布（网络媒体新闻）

其主要平台是网络门户或网络媒体，一般有以下三种类型。

（1）综合性门户网站，比如搜狐、新浪、网易、TOM 等。这类媒体网站的特征是知名度高、网站各类信息比较全面、访问量大，覆盖面广；缺点是专业性不够突出。其比较适合目标客群比较广泛的企业和产品，如手机、电脑、汽车、数码产品、快速消费品、保险等。

（2）行业性门户网站或媒体，比如太平洋电脑网、中国仪器网、中国美容网等。这些媒体或门户网站锁定某一行业，具备较强的专业性，在同行业中具有较大的影响力，访问人群比较集中，比较适合专业性要求比较高的企业或产品，如仪器仪表、医疗器械等。

（3）网络出版物，比如数码杂志、电子书籍、网络音、视频节目等，这类出版物带有明显的网络特征，娱乐性、互动性比较强、传播快速、受众面宽，也是比较好的网络媒体。

2. BBS 论坛或社区公关

其主要平台是门户网站、专业 BBS 论坛及专业社区网站等，一般有以下两种典型的情况。

（1）门户网站或行业门户的专业 BBS 论坛，如新浪、搜狐、TOM、QQ 等综合门户网站均开设有不同专业角度的论坛。这些论坛一般具有较集中的人气。

（2）网络媒体开设的论坛，如人民网的强国社区、千龙网的千龙社区、大洋论坛等。

这些论坛有些颇具特色，具有较高的知名度，如强国社区、中青在线的中青论坛等。

3. 网上公关活动

与线下的公关活动相对应，网上的网络公关活动主要是指企业在网络上开展或组织的企业公关活动。其主要平台是重要媒体网站、门户网站、SNS社区等。

例如主题访谈。通常在电视或者广播节目里的访谈节目，也可以在网上进行，比如针对网友普遍关心的某企业的大事件对该企业的管理层进行访谈，或者就某一时段的社会热点，对相关人士的访问等。

四、公关要素之间的关系

（1）社会组织是公共关系活动的发起者，是公共关系活动的主体，没有社会组织就没有公共关系。

（2）传播沟通是公共关系活动的手段和媒体，没有传播也就没有公共关系。

（3）公众是公共关系的对象，公共关系是针对对象来做的，没有对象也就没有公共关系。

（4）在以上三个要素之中，社会组织具有主导性，传播具有效能性，公众具有权威性。协调三要素之间的关系，是公共关系活动的基本规律。

（5）主体与客体利害相关，利害一致，这是公关活动开展的基础。

（6）公关的内容是三要素之间的关系，公关的核心是塑造主体形象，感染影响客体，达到共鸣的目的。

（7）公关是一种软性的“外施”艺术，是管理科学人事管理的艺术化。组织的外施以传播手段影响工作，完成管理。

案例分析

中国移动的公关

2002年10月6日上午9时36分，一艘载有128名中国游客的越南籍游船从越南海防驶向芒街时，因为船长酒后驾船失误，在下龙湾偏离航道2 000米后触礁。沉船随时可能发生，游客生命危在旦夕，梁先生和他的朋友邓先生依靠全球通手机信号向外界呼救，5个多小时后128名乘客获救。

10月10下午，梁先生应邀来到北京移动通信有限责任公司。沙跃家总经理向梁先生颁发了全球通俱乐部钻石卡和会员证书，赠送了一部Motorola388手机，并表示北京移动将承担全球通手机向外界呼救产生的漫游话费。

沙跃家总经理说：“在危机时刻，全球通手机挽救了128位游客的生命。作为移动通信运营商我们愿为此承担漫游话费。为客户提供关怀与帮助，为客户创造更大价值是我们不懈的追求。保证客户随时随地能与外界保持联系是我们的职责与义务。中国移动通信“全球通”网络是成功人士的选择，128 个人能够化险为夷、转危为安的事实充分证明了这一点。移动电话的价值就在于客户最需要的时候要能够打得出去。我们希望在未来给您和所有客户提供更好的服务，创造更大的价值。中国移动和客户互惠互利、共同发展”。

“如果没有这部全球通手机，‘泰坦尼克号’的悲剧或许就会在我们身上重演。”梁先生从兜里掏出有些磨旧的手机说，“我是中国移动的一个老客户，通过这次事件，更加坚定了我对‘全球通’的信赖”。

思考题

1. 对照所学的知识，分析中国移动公关用的是什么方法？成功的经验是什么？闪光点是什么？

2. 是否还存在不足，今后应当如何避免？

第二节　公共关系的特征

公共关系所涉及和处理的是组织与公众之间的关系，组织是公共关系中的主体。从这个意义上说，公共关系的实质就是一种组织行为。从性质上看，公共关系具有客观性和公众性，即公共关系作为现代管理艺术和公众行为是客观存在的，它已被广泛运用于组织活动中，并发挥了极其重要的作用。从功能上看，公共关系具有交流性与传播性，即公共关系具有交流感情与传播信息的功能。从目的上看，公共关系具有协调性与服务性，即公共关系的主要目的是协调组织与公众间的关系使其达到平衡，从而为实现组织目标服务。

不同的组织，其公共关系特征有不同的细节体现，但作为公共关系概念，大体又比较相似。我们可以从政府与企业两个大的方面，对公共关系特征做出分析。

一、政府公共关系特征

政府也属于社会组织，但它并不等同于一般的社会组织，这就决定了一方面它具有一般组织公共关系的基本属性，另一方面又具有自身独有的特点。我们可以从下面的三个方面来解析。

（一）主体的特殊性

政府公共关系的主体就是各级各地政府组织，政府的显著特殊性表现在以下三个方面。

（1）唯一性。同一个国家或地区，不可能有几个政府并存，政府是唯一的，处于独一无二的特殊地位。

（2）权威性。政府的权利是国家宪法和法律赋予的，具有至高无上的权威，不容随意挑战。

（3）强制性。任何社会组织、群体和个人都必须服从政府的领导和管理，一旦违背政府意志，就一定会受到政府的制裁。

这些特殊性代表了政府所居的特殊地位，使其在开展公共关系活动时，具有其他社会主体所不具备的优势。但同时，由于缺少竞争力，使得官僚思想、命令式、主观主义比较严重，所以，我们必须深刻理解政府作为特殊公共关系主体的特点。

（二）客体的复杂性

政府公共关系的客体就是公众，它是政府公关的对象，与企业或其他社会组织相比，政府公共关系的框架更为广泛和复杂，其复杂性主要表现在以下三点。

（1）结构的复杂性。公众包括社会的各个阶层、各个民族、各个党派、各种社会组织、各种利益团体等，而且，政府不仅仅只是面对社会公众，还包括国际公众。

（2）状况的复杂性。不同群体的经济状况、政治地位、文化素质、生活方式、价值观念、民族思想等差异极大，这些因素成为公众对政府的不同看法、不同态度的重要基础，状况的复杂性决定了政府公关的复杂性。

（3）利益的复杂性。各自利益的追求是公众对政府意见和态度的出发点，特别是与公众切身利益密切相关的问题，如物价、住房、医疗、教育、劳动保障等。

（三）目标的公益性

任何组织开展公共关系活动，都是为了在社会环境中更好地生存和发展，更好地实现自身的利益。如企业公关活动的目标，就是追求更高的经济效益，实现利益最大化；而政府作为公共部门，在开展公共关系活动时，就不能单纯追求自身利益和经济利益，而是把公共利益和社会效益放在首位。

1. 公共利益

政府公共关系要实现和维护的是绝大多数人的合理正当利益，而不是少数人的利益。对公共利益的追求，符合人民群众的根本利益和长远利益，这是政府公共关系的基本着眼点。

2. 社会效益

政府开展公共关系活动的目标众多，促进经济发展、实现和维护经济利益只是其中之一，更重要的在于协调社会关系，稳定社会环境，促进整个社会的文明、进步和发展，因此，我们必须在政府公关服务的过程当中，极度注重社会效益。

二、企业公共关系特征

企业公共关系与一般公共关系的特征相关联，概括起来有六个方面：

（1）以社会公众为工作对象；

（2）以塑造形象为工作目标；

（3）以传播沟通为工作方式；

（4）以互惠互利为工作原则；

（5）以真实诚恳为工作信条；

（6）以注重长远为工作方针。

三、公共关系的基本特性

公共关系的基本特征是体现公共关系特点的象征和标志。认识并把握了它的基本特征，也就把握了公共关系的关键与核心。公共关系主要有以下五点特征。

（一）情感性

公共关系是一种创造美好形象的艺术，它强调的是成功的人和环境、和谐的人事气氛、最佳的社会舆论，以赢得社会各界的了解、信任、好感与合作。我国古人办事讲究“天时、地利、人和”，把“人和”作为事业成功的重要条件。公共关系就是要追求“人和”的境界，以公众为对象、以建立良好关系为宗旨、以塑造形象为目标，为组织的生存、发展或个人的活动创造最佳的软环境。

（二）双向性

公共关系是以真实为基础的双向沟通，而不是单向的公众传达或对公众舆论进行调查、监控，它是主体与公众之间的双向信息系统，以真诚为信条，以互惠为原则。组织一方面要吸取人情民意以调整决策，改善自身；另一方面又要对外传播，使公众认识和了解自己，达成有效的双向意见沟通。

（三）广泛性

公共关系的广泛性包含两层意思：一层意思是公共关系存在于主体的任何行为和过程中，即公共关系无处不在，无时不在，贯穿于主体的整个生存和发展的过程中；另一层意思指的是其公众的广泛性。因为公共关系的对象可以是任何个人、群体和组织，既可以是已经与主体发生关系的任何公众，也可以是将要或有可能发生关系的任何暂时无关的人们。

（四）整体性

公共关系的宗旨是使公众全面地了解自己，从而建立起自己的声誉和知名度。它侧重于一个组织机构或个人在社会中的竞争地位和整体形象，以使人们对自己产生整体性的认识。它并不是要单纯地传递信息，宣传自己的地位和社会威望，而是要使人们对自己各方面都要有所了解。

（五）长期性

公共关系的实践告诉我们，不能把公共关系人员当作“救火队”，而应把他们当作“常备军”。公共关系的管理职能应该是经常性与计划性的，这就是说公共关系不是水龙头，想开就开，想关就关，它是一种长期性的工作，应以持久为方针。

四、现代秘书公关特征

秘书公共关系的基本特征概括起来有以下六个方面。

（1）以公众为对象。公共关系是一定的社会组织与其相关的社会公众之间的相互关系。社会组织必须着眼于自己的公众，才能生存和发展。公共关系活动的策划者和实施者必须始终坚持以公众利益为导向。

（2）以美誉为目的。塑造形象是公共关系的核心问题。组织形象的基本目标有两个，即知名度和美誉度。所谓知名度是指一个组织被公众知道、了解的程度，以及社会影响的广度和深度。所谓美誉度是指一个组织获得公众信任、赞美的程度，以及社会影响的美、丑、好、坏。在公众中树立组织的美好形象是公共关系活动的根本目的。

（3）以互惠为原则。公共关系是以一定的利益关系为基础的。一个社会组织在发展过程中要得到相关组织和公众的长久支持与合作，就要奉行互惠原则，既要实现本组织的目标，又要让公众得益。

(4) 以长远为方针。一个社会组织要想给公众留下不可磨灭的组织形象，不是一朝一夕之功所能及的，必须经过长期、有计划、有目的的艰苦努力。

(5) 以真诚为信条。以事实为基础是公共关系活动必须切实遵循的基本原则之一。社会组织必须为自己塑造一个诚实的形象，才能取信于公众。精诚所至，金石为开，唯有真诚，才能赢得合作。

(6) 以沟通为手段。没有沟通，主客体之间的关系就不会存在，社会组织的良好形象也无从产生，互惠互利也不可能实现。要将公共关系目标和计划付诸实施，只有双向沟通的过程，才是公共关系的完整过程 。

五、现代秘书公关活动的特征

公共关系活动是社会组织为了塑造自身的良好组织形象而从事的传播、协调、沟通等实务活动。秘书公关活动主要包括以下三个方面的特征：

（一）自觉性特征

自觉的公共关系活动区别于自发的公共关系活动。

自觉的公共关系活动是有直接明确的目的，在一定的公共关系理论指导下，经过周密计划和科学组织所进行的公共关系活动。

自发的公共关系活动则是目的比较模糊，缺乏明确的公共关系理论指导，没有科学组织和系统计划的公共关系行为。

秘书公关活动是自觉的活动。

（二）兼及性特征

兼及性的公共关系活动区别于专门的公共关系活动。

兼及的公共关系活动并非是由公共关系部门和公共关系从业人员所从事的，只是在组织日常事务中，兼顾了公共关系活动。

专门的公共关系活动是由专门的公共关系机构和公共关系专业人员所策划、从事的公共关系活动。

秘书公关活动是秘书人员具备公关意识而开展的日常与专项公关活动，是正常秘书工作中兼顾的公关活动。

（三）单一性特征

单一的公共关系活动区别于系列的公共关系活动。

单一的公共关系活动指目标单一、运作方法独立、规模较小的公共关系活动，一般由组织内部的公共关系部门来完成。

系列的公共关系活动指一组系统的公共关系活动，它们往往由几个部门甚至几家公共关系公司互相配合，进行组织和实施。

秘书公关活动属于单一性公关活动。

知识补充

美国企业公共关系特征

美国《公共关系》季刊详细罗列了公共关系的14个特征：

1. 公共关系是一个完整的职能，目的在于增进公司利益和达成其他整体的目标。

2. 公共关系并不制定政策，但可以帮助管理当局表明公司的政策。

3. 对于受公司措施影响的人们，公共关系人员也在时刻注意他们的印象和可能的反应，因此，重大的措施虽然表面上与公共关系无关，也应先向公共关系部门咨询。

4. 行动比空言有力，所有信誉都建立在行动而非语言文字之上，但如果要让他人知悉并了解公司的行动，就得借助于语言文字。

5. 公共关系虽然是管理部门的职责，却仍然有其明确的责任范围，如果要实行这种责任，就必须配备适当的预算及人员，至于所担负的任务必须限于公司公共关系范围以内的工作。

6. 公共关系人人有责，公共关系部门的最终目标是使人人了解传播对于良好的管理是必要而不可分割的。

7. 对于公司形象的看法是相对的，要依据某种公众对于公司的具体要求和兴趣而定，例如，股东、金融界、政府、教育家和舆论界，都会有各自的看法。

8. 人们经常根据不完全的证据形成对公司的印象，例如公司的名称，与某一位员工通信或偶然的会晤，虽然这些都是小事，但应尽力注意去为公司争取良好的形象。

9. 因为公司是在舆论所形成的环境下运营发展的，因此任何人士所具有的访问权利均应尊重。

10. 人们通常对于了解最少的事物感到厌恶，恐惧或猜疑，如果不加以解释，人们就会自行想象，因此透露、传播信息不要吝惜。

11. 不可歪曲或夸大事实，公共关系的主旨在于陈述事实，以便他人能对公司作出公平评估，引起公众兴趣，进而对他们发生影响。

12. 少做做得好，比多做做不好要强。

13. 要特别注意的是，在观念的领域中，竞争非常激烈，公共关系的一项基本任务就是要引起别人对公司的好感和兴趣。

14. 公共关系艺术成分多于科学成分，这种艺术一定要以社会科学的崭新知识为基础，对于公众对象的组成及态度要作科学的评估，对于公司本身要有透彻的认识。

思考题

1. 如何理解“公共关系是组织的无形资产”？
2. 公共关系有哪些表现类型？
3. 什么是公关三要素？三要素之间是什么关系？
4. 如何给“公众”分类？
5. 从非公众到行动公众，组织机构应该如何把握时机做好公关工作？
6. 什么情况下应加速非公众到行动公众的变化，什么情况下应设法延缓这一进程？
7. 舆论环境对公关效果有何影响？如何克服舆论壁垒？

第三章 现代秘书公关意识与原则

现代秘书公关是由一定的公关目标和任务，以及为实现这种目标和任务所应用的一整套工作方法构成的一个有机系统。这个系统大体包括树立公关意识、明确目标公众、公关形象建设、掌握公关程序、守住公关原则、培养公关能力、运用公关技巧、处理日常公关事务、安排专项公关活动和危机公关处理。

第一节　现代秘书公关意识

公关是社会组织为塑造组织形象，运用传播手段，与公众进行双向交流和沟通，以达到相互了解、信任和支持合作的管理活动。在现代组织策划中，越来越离不开公关手段的使用与配合，而公关也以提高组织的形象和信誉为主要内容。秘书的“公关”在日常工作和人际交往中发挥着越来越重要的作用。秘书的工作已经不仅仅是传统意义上的“写”“传”“送”等表面化的工作。现代秘书在组织中发挥着信息的汇总和传播作用，上传下达、联系内外、协调左右。在现代社会中，秘书是各种人际关系处理的最好的中介者，是树立本单位形象、联系对外业务的重要的中转者。秘书的公关工作对于组织的发展至关重要。

一、秘书公关的含义

所谓的秘书公关就是组织中的秘书必须树立公共关系意识，通过自身的言行、工作、态度和仪容取得尽可能多的公众的信赖和好感，为本组织树立良好的形象和信誉，从而取得公众的关心和支持，最终达到一个比较理想的状态，即：当组织出现负面信息或处于低谷时，公众愿意雪中送炭而不落井下石；当组织发展良好或有好消息时，公众愿意锦上添花而不冷眼旁观。

（一）公关工作与秘书工作的天然联系

1. 公关和秘书工作性质基本一致

公共关系职业的产生是为了解决矛盾，因而与管理有缘。可以说，公共关系是传播管理、形象管理、企业无形资产管理的集合。一个组织中，公关部门要随时向领导提供社会公众对单位的评价、意见、要求，为领导决策充当参谋、助手、制订有利于提高单位知名度，树立美誉度的计划。

而秘书是领导的“左右手”，要为领导决策提供参谋咨询服务，使组织工作充满生机，蓬勃向上，提高组织在社会上的知名度。因此，公共关系工作与秘书工作，两者都属于辅助管理工作。

2. 公共关系与秘书实务为同类课程

“公共关系”、“秘书实务”与其他有关课程一起，并列为同类课程。可见公共关系与秘书实务的学科性质和定位，都属于综合管理类。

3. 公共关系部门和秘书部门的功能存在着共通性

一个组织机构的功能，是指这一组织机构所具有的能力和作用的总和，是其所能发挥的全部效能与作用的概括。功能是由组织机构的内在素质及其结构所决定的。当某一组织机构建立的时候，它的功能基本上也就确定了，而且一般不随意变动。

公共关系部作为一个职能部门，在组织中扮演着一种中介角色，并接近决策层。由于公关工作关系到组织的信誉和形象，关系到组织上下、内外信息的沟通与交流，关系到企业战略目标的实现和社会整体利益的协调，因而在组织中的地位比较重要。在某种意义上说，公关部门，一具有决策参谋部的功能，二具有社会情报部的功能，三具有企业外交部的功能。

秘书部门的地位通常居于领导机关的中枢，是领导与外界接触的中介，其功能表现在两个方面，一是为领导服务的功能，二是当好领导参谋和助手的辅助功能。

4. 公共关系部门和秘书部门所发挥的作用有相同之处

公共关系部门起着信息收集、处理、储存、发布的喉舌作用，环境监测中心作用，公众接待中心作用。

秘书部门起着联系上下、沟通内外的枢纽作用，协助领导工作的助手作用，辅助决策的参谋作用，沟通合作的协调作用和调查研究、收集信息的耳目作用。

因此，两者都具有耳目、参谋、协调作用。秘书工作始终渗透着公共关系的要素，或多或少地包含着一些公关的工作。

5. 从现状来看，秘书人员客观上承担着公关工作

目前仍有相当一部分组织没有设立公关部或者未确定专职公关人员。组织面对激烈的市场竞争，要处理多方面的社会关系，搞好信息传播，进行战略策划，需要展开大量的公共关系工作。组织内的秘书人员既承担着秘书工作，又承担着实际公关工作。

公关工作需要组织专家、专业公关人员和每个员工共同参与才能成功。秘书人员如果不主动承担公关工作，就不能适应职场的需要。秘书人员快速整理文件，快速输入文字或是比较安静地守住办公电话，已经不能称为出色的秘书了。现代秘书最重要的是看能否协调上下左右之间的关系，能否融于集体，以及是否善于团结其他人员。

（二）公关工作与秘书工作的区别

虽然有诸多共同点，但公共关系工作与秘书工作之间不能划等号。公关工作与秘书工作各有自己的特点。秘书部门不能等同于公关部门，秘书人员也不能等同于公关先生、公关小姐。

1. 工作目的不同

公关工作的目的是追求组织的高美誉度，以利于组织的生存和发展，秘书工作的目的是为领导工作服务，保证领导及领导机关工作的顺利进行。

2. 工作特点不同

公关工作讲究创新，主动性突出；秘书工作具有被动性、从属性的特点，不能脱离决策层的意图肆意妄为，只能在限定的框架内发挥主观能动性。

3. 工作职能不同

公关工作“内求团结，外求发展”，既对内也对外，外部公众相对于内部公众数量更多，是公共关系的重点。公关侧重于组织与社会之间沟通，与社会公众打交道，为本组织在公众中赢得地位和名誉。通过直接效力于组织业务的拓展而为组织生存发展的总目标服务。秘书工作侧重于事务性工作，人们通俗地把它概括为“三办”，即办事、办文、办会。通过直接为领导服务而实现为组织的总目标服务；即使有大量的外部沟通工作，也是为促进组织内工作的顺畅发展而做的协调。

有的单位既设秘书部门，又设公关部门，各有分工，各司其职。秘书人员公关意识再强，一言一行，仍应以秘书工作宗旨为出发点，不能把自己等同于公关人员。同理，公关人员能力再大，也不能越俎代庖担负起秘书人员的职责。

二、公共关系意识

公共关系意识，是一种影响和制约组织的行为和价值取向的管理理念，是组织建立良好公共关系的必要前提。公关意识的核心是：社会组织必须与自己的公众对象共同发展。

公共关系意识也可以理解为公共关系观念、公共关系思想，这是一种现代化经营管理和行政管理的思想、观念和原则，是一种开明的经营和管理观念，是一种全新的思维方式和交往方式的体现。

公共关系观念或意识的核心实质上是一种以人为中心、以人为根本、以公众利益为出发点的公众导向的观念或意识。

公众导向的观念或意识的建立，标志着公共关系从不自觉到自觉、从经验型到科学型的进一步转化。

公关意识和现代市场经济的发展相联系，与管理科学的进展相吻合。在未来的岁月中，公共关系的观念或意识将从三个层面上波及人类的社会经济生活。

宏观层面：公共关系有利于推进社会文明的进程；

中观层面：公共关系有利于塑造组织或企业的形象；

微观层面：公共关系有利于优化个人行为。

现代公共关系意识体现在一定的文化氛围和文化环境之中，起着一种“文化构建”或“文化塑形”的功能，这就要求我们在思想观念上具有一种洞察社会文化的战略眼光和文化继承、文化吸收、文化重建的全新意识，从而把组织的一切公关活动和公关策划都纳入社会文化的战略高度和全新视角去审视、去营造、去运行。这样，公共关系才具有强大的生命力，公共关系意识才能对公共关系实践产生较大的推动作用。这是公关意识的文化蕴涵所在。

（一）公共关系意识的综合性特征

观念和意识是一种体系，或称观念群、观念链。作为一种整体性构架，观念是由物质观念、制度观念、精神观念组合而成的。公关意识带有综合性。

纵观人类意识的发展过程，不同历史时代的思维方式都有不同的特点。古代的思维方式以理论性、猜测性、朴素性、整体性和直观性为特色；近代的思维方式是以机械性、静态性、分析性和单一性为特点；现代思维方式则是以综合性、动态性、创造性等特点见长。

综合性是现代思维方式最显著的特点之一，也是公共关系观念或公共关系意识的最显著的特征。公共意识是形象意识、公众意识、沟通意识、信誉意识、服务意识、责任意识、合作意识、创新意识、时效意识、战略意识、审美意识和信息意识的总和。

（二）现代公关意识的构成要件

1. 形象意识

形象意识要求社会组织或企业及其决策者、执行者以塑造组织形象为重要的目标，注意建立与维护良好形象，并能经常自觉地意识到组织的举动与成员的一言一行都代表、展现、影响组织的形象，从而懂得用良好的形象为自身发展创造最佳的社会关系环境，赢得公众的信任和支持，获得发展机会。

2. 公众意识

公众意识要求社会组织或企业把自己看作公众的产物，把公众看成是自己生存和发展的前提条件，把能否处理好公众关系看作自身事业是否成功的标志，时时刻刻以公众的利益为出发点来安排自己的行为。

3. 沟通意识

沟通意识要求社会组织或企业的活动或运行始终自觉地处在一种开放系统、动态系统、反馈系统中，让组织清醒地认识到，封闭、隔离状态都会使组织处于窒息、束缚的绝境中，从而使得组织不断调整自己的行动姿态，适应变动着的社会环境，并努力使组织的生存和发展适应环境的要求。

4. 信誉意识

信誉意识要求社会组织或企业以信誉至上，把自身的组织信誉、产品信誉、服务信誉看得比什么都重要，把信誉看作组织或企业的生命。

5. 服务意识

服务意识要求组织或企业以自己实实在在的行动获得公众信任，把一切经营活动和工作都看作为自己的公众对象提供服务的机会，而非攫取利益的途径。

6. 责任意识

公共关系中的责任意识是指社会组织或企业有高度的社会责任感，不仅考虑到本组织的利益，而且能够承担起自己的社会责任，顾及和服从于社会公众的利益的一种意识。

7. 合作意识

公共关系是一门“人和”艺术。它强调在社会组织之间、社会组织的内部成员之间建立最佳的社会关系和人际关系。

8. 创新意识

创新意识要求当代社会组织或企业把追求卓越、追求风格、追求独创和追求新颖作为自己的奋斗目标，并体现在组织的公共关系行为中。

9. 时效意识

时效意识要求当代社会组织或企业追求动感、追求节奏、追求效率，把时间观念、速度观念、效益观念贯穿在自身的各项工作或活动之中。

10. 战略意识

战略意识要求当代社会组织或企业能够从发展战略角度策划其公关工作，着眼于未来，着眼于世界。这是组织的一种现代视角、现代眼光、现代洞察力。

11. 审美意识

审美意识要求当代社会组织或企业从美的角度规范组织行为，按照美的规律塑造自身形象，按照美的原则指导组织的公关活动和日常工作。

12. 信息意识

信息意识要求当代社会组织或企业在复杂多变的市场环境中，始终保持清醒的头脑，始终使自身处在一种开放性的信息通道之中，使得组织耳聪目明，适应各种各样的环境变化。

三、秘书公关意识

秘书在公关方面必须具有以下几种意识：

（一）树立和保持组织良好形象的意识

形象，是内外公众对一个组织的印象和评价。公共关系的具体目标，是为本组织树立良好形象。树立形象意识是公关意识的核心。对于一个企业来说，良好的形象是最重要的无形资产，是企业在激烈的竞争中立于不败之地的基础。它可以为企业的产品和服务创造出一种消费信心，也可以为企业吸引人才创造优越条件，增加投资者的信心。

秘书人员要把自己的言行举止同树立、维护企业良好形象联系起来。当企业的形象比较模糊时，秘书要开展调查研究，通过分析论证，明晰企业的形象定位；要热情地向公众推荐优质产品和提供良好的服务，严格遵守和执行各项管理制度；公众出于误解而导致组织形象受损时，秘书人员应协助组织查明真相，澄清误解，加强宣传，树立和维护组织的形象。

秘书工作要取得成功，必须时刻注意树立和保持良好的形象、良好的信誉，并贯彻于从制定工作目标、方针到采取各种管理措施的全过程。

组织的良好形象包括两个标准：一方面是对外部公众而言，要使他们对组织留下良好的形象，让他们感到组织对公众、社会是可靠的和负责的；另一方面是内部公众对组织有好感，他们具有主人翁责任感，人人关心组织，珍视组织信誉，为组织努力工作。一旦组织形象、信誉受到损害，就必须消除破坏因素，通过公关活动设法改善形象，挽回信誉。良好形象能使组织获得公众广泛的信任、支持，受到爱戴。秘书必须在工作中注意树立和保持组织的良好形象，并像爱护自己的眼睛一样，珍惜和维护组织的良好形象。

（二）具有较强的双向沟通的意识

所谓双向沟通是指一个组织既要让公众“听到”自己的“声音”，又要了解广大公众的意见和要求。交流思想，才能建立理解和信任，保持和谐的关系。

双向沟通是包含在秘书业务中的工作。它分为两类：

一为领导部门和内部员工之间的信息交流。一方面，秘书人员要经常向领导反映下级员工的情绪、意见和要求，并提出如何根据实际调动他们积极性的建议，从而使上级领导不断地了解下级员工，及时地调整自己与员工之间的关系；另一方面，秘书人员要做好上情下达的工作，及时向员工宣讲组织的目标和管理方针政策，传达领导层的意见和决定，以消除可能产生的误会，使组织上下成员团结协作，共同朝着组织的目标迈进。

二为组织与外部公众之间的信息交流。秘书要协助领导将组织的真实情况，包括制定的政策和措施、制定的依据以及政策和措施对组织和公众双方的好处等情况坦诚、准确、及时地传播给公众，并进行解释、疏通，让公众理解和接受；同时秘书人员要通过各种渠道收集公众对已推行政策和实施措施的意见，搜集外部公众对组织领导、经营理念、设施、产品的意见、评论，监测外部环境的变化，进行科学预警，并回馈给组织，以便发现问题，纠正偏差，为组织的管理部门决策提供依据，进而修正和完善政策、措施。

（三）要有互惠互利的意识

公共关系的实质是一种利益关系，是一种组织与公众均得利益关系。秘书在与各类公众交往中，既要维护组织的利益，也要兼顾公众的利益。只顾组织的利益，势必违反和损害社会和公众的利益，使组织声名狼藉，难以在社会中立足。当然，也不能只顾公众利益而损害组织利益。所以秘书必须具有双方得益的意识，强调组织和公众利益的平衡协调，根据双方利益的共同点，建立平等互利的友好关系。

（四）要有广结善缘的意识

秘书人员的协调工作，就是对内对外广结人缘的工作。这里的人缘，主要指组织在公众中的人缘，即本单位与社会公众友好相处，处于和谐状态。组织要更好地生存和发展，除了良好的形象，还必须有一个尽可能广泛的横向联系网，以争取尽可能多的帮助和支持。在现代社会，企业必须与股东、员工、社区、消费者、竞争者、原料供应商、批发商、代销商、经销商、金融机构、新闻媒体、计划、物价、土地、建设、工商、税务、环保、技监、电力、公安、自来水、海关等各个方面的公众打交道。哪一个方面工作有失误，都会给企业带来不利影响甚至严重后果。

秘书部门处于联系上下、内外的中枢位置，秘书人员要与各方人士打交道，正是广结人缘的大好时机。要想公众之所想，急公众之所急，时时关心企业周边环境的变化，以宽广的胸怀、和善的态度，创造融洽的交际气氛，为单位找到越来越多的朋友。秘书人员不仅同本单位领导、同事要搞好关系，创造内部的“人和”环境，也要创造外部的“人和”环境。一个单位在公众中有个好人缘，必须从领导到每个工作人员，齐心合力，以共同汗水浇灌和谐之花。

第二节　现代秘书公关原则

公关原则即公关的基本思想、理念，这是公关的本质、灵魂。是公关实践的准则，对公关的操作具有指导作用。学习这些原则能帮助我们从真正意义上深入理解公关的本质、内涵，并自觉地用来指导公关实践。否则，会对公关产生模糊的理解乃至庸俗化的认识，并导致公关实务操作的偏差。

秘书在公关活动中发挥着重要的作用，其中最重要的作用是建立组织内部和谐的人际关系。

一、人际关系的含义

生产关系以及建立在生产关系基础之上并由生产关系决定其性质的政治、法律、道德、宗教和艺术等各方面的关系之和，我们统称为社会关系。

社会关系，归根结底都是人与人之间的关系，即人际关系。人际关系是社会关系的载体，各种社会关系只有通过复杂而又具体的人际关系才能形成并得到体现。

人际关系，指人们在为满足自己的各种需要而采取的自觉自主的活动过程中与他人形成的关系。

二、人际关系的功能

（一）合力功能

如果把 1+1=2 这个算式放到一个团体中来看，由于人际关系的结构和人际关系的状况不同，可能存在三种结果：1+1=2，1+1>2，1+1<2。

许多人协作，许多力量融合为一个总的力量，就造成一个新的力量，这种力量和它的一个个力量的总和有本质的差别。这就是人际关系所具有的合力功能。

在一个团体中，由于人们的结合方式和结合程度不同，即团体内部的人际关系状况不同，团体的整体效应也就是组织的“合力”也就完全不同。

小艾尔弗雷德·D. 钱德勒在他的《战略与结构》一书中说：“战略性的增长来自于更加有利可图地利用现存或者扩张中的资源。如果要有效率地经营一个被扩大了的企业，新的战略要求一个新的或至少是重新调整过的结构。”“没有结构调整的增长只能导致无效率。”“只要企业负责人不能创造出把若干行政职责有效地结合成一个统一的整体所必要的行政职能和结构，他们就不能履行其基本的经济职能。”

案例分析

拿破仑笔下的神话——马木留克骑兵

18 世纪末，法国远征军在拿破仑（Napoleon Bonaparte）的率领下入侵处于马木留克军事封建集团统治之下的埃及。7 月，在尼罗河西岸大金字塔群附近的开阔地上，法军和马木留克骑兵展开了历史上著名的金字塔战役。马木留克骑兵损失惨重，法军大获全胜。战后，拿破仑把这两只军队进行对比，留下著名的论断：“两个马木留克骑兵绝对能打赢三个法国骑兵，100 个法国骑兵能抗衡 100 个马木留克骑兵，300 个法国骑兵基本能战胜 300 个马木留克骑兵，1000 个法国骑兵完全能打败 1 500 个马木留克骑兵。”由此可见，马木留克骑兵给一代名将拿破仑留下的印象是非常深刻的。

思考题

1. 影响团队战斗力的重要因素有哪些？组织的竞争力由什么决定？人际关系起什么作用？

2. 法国远征军与马木留克骑兵互有长短，试说明合力的优势。

案例分析提示：

1. 军队纪律的因素，固然是影响团队战斗力的一个重要因素，但军队的组织结构、作战方法的部署，才是真正起决定作用的因素。有一个老生常谈的问题是：组织的竞争能力，比如企业组织，是由组织的规模决定的？还是由组织技术创新能力决定的？不同的案例可能提供不同的答案。但如果做一个假定：规模和技术相当的前提下，是什么决定了一个组织的竞争能力？毫无疑问，是组织结构的设计，以及组织资源组合的方式。

2. 马木留克兵虽然骑术精良，但却纪律涣散，团队的战斗力非常有限。而法国兵虽然骑术一般，但在拿破仑的严格训练下，纪律严明，团队战斗力非常强。

（二）互补功能

互补功能是指在一个团体中，具有不同知识结构、不同性格和不同工作作风的成员有机地组合在一起，并建立起良好的人际关系，从而弥补各自的不足，以顺利实现团体的目标。比如“三人行，必有我师焉”就是最好的证明。

（三）激励功能

激励离不开制度，制度可以保障一个组织的持续发展，建立一个良好的企业文化，也可以确保组织基业长青。激励功能可以对人际关系产生正面影响。

激励功能是指在一个群体中，成员间通过相互了解、比较、刺激和影响而产生彼此互相鼓舞、互相激励的作用，该功能使群体中的成员能够积极进取，提高生活、学习和工作的活力，达到提高质量、效率和效益的目的。

人际关系之所以具有激励功能，是因为人际交往中存在着群体压力、人际比较、竞赛和竞争以及情感激励等相互激励的因素。

英特尔中国区总裁陈伟锭（Wee Theng Tan）经常应员工要求进行一对一的交流，而且交流的主题由员工确定。对此，陈伟锭很少拒绝，他估计自己有40%的时间都用在了这类沟通上。事实上，“一对一”沟通是英特尔文化的一部分，也是激励员工的一种方式。作为《财富》美国100家卓越雇主之一，英特尔在《财富》调查“吸引人才能力”单项指标上的排名为第七。陈伟锭接受《财富》（中文版）的采访时说：

“我们是非常希望员工能够做到最好，因此激励至关重要。在英特尔，有一些比较基本的激励方式。第一，我们相信，给员工提供非常具有挑战性的职位，是一种很好的激励。给员工极具挑战性的工作，让他去尝试、去完成，使之感受到自己在公司的价值，员工会产生高度的成就感。

第二，及时认可员工的成绩。认可的形式可以多种多样，有时是即时的、随机的。比如，一个团队成员做了一个非常成功的项目，这个团队的每一个人都可以及时地给他一种鼓励、认可、表扬。当然，我们还有国家、地区或者全球层面的表彰。举个例子，我们中国公司有一个教育创新部门，该部门的工作是推动教育创新项目，而不是卖芯片，以便体现出英特尔作为一个企业有着长远的教育使命和战略。这个团队与公司其他部门很不相同，他们是从企业的高度进行工作，也非常需要激励。他们在前不久刚刚获得了我们亚太区和全球的表彰，中国教育部也给英特尔颁发了一项对中国教育的杰出贡献奖。在英特尔全球的内部网上也列出了该团队所取得的业绩，如我们的未来教育计划、培训教师的项目、为中学生举办的科学竞赛活动以及与大学的合作，等等。因此，这个团队的成员在我们公司变得越来越有名，与其他员工见面时都不需要做自我介绍，大家都知道他们。

第三，英特尔作为一家技术领先的公司，我们的员工认为给他们提供最好的技术、最好的工具，也是一种很好的激励方式。比如，我们的工程师可以利用最先进的技术、最先进的方法来创造、创新。

第四，我们的员工都能够非常及时地了解到公司各个层面业务的进展，这也是一种很好的激励。员工可以通过我们定期的季度业务汇报会，或者通过‘一对一’的方式很方便地获取这些信息。‘一对一’方式也是英特尔比较独特的沟通方式，是由员工向主管或者经理要求一对一的交流，谈话的主题也由员工确定，它不是自上而下，而是自下而上的沟通方式。我本人每天至少收到四个‘一对一’沟通的请求，并基本都会满足这种要求，而我40%的工作时间都用在和员工的‘一对一’交流上。”

案例分析

最伟大的抉择：福特将工人工资翻番

当1914年亨利·福特（Henry Ford）决定将工人的日工资由2.5美元上涨至5美元时，他在与传统智慧背道而驰。毕竟在那时，劳工被看作无赖，他们的工资越低越好。然而，福特最终相信，工人是重要的资产。把他们的工资翻番将提高士气和降低流动率，工人们反过来也可以买得起他们制造的产品。这触发了一场消费革命，推动美国成为世界上最富裕的国家。时间过去了100年，中国和印度的公司正面临着同样的问题。苹果公司（Apple）的中国工厂在过去三年将工人的工资增加了一倍。一些专家认为，这让苹果公司拥有了竞争优势：吸引最佳员工的能力。苹果的这些举动也是中国加强向消费驱动型经济转变的早期迹象。

当时，亨利·福特遇到了难题——他太成功了。T型车（Model T）越来越热销让他开始重新审视对大规模制造的看法。1913年，他将流动组装线带进了他在密歇根州海兰园（Highland Park）的工厂，效果远远超过他的想象。在组装线安装前的一年，他要将工人数量增长一倍才能让T型车的产量翻番。在安装后的一年，他几乎又将产量翻番，但这次工人数量没变。组装线让工厂变得极为高效，甚至让海兰园工厂发放的工资额下降了。

麻烦在于，员工在以让人担心的速率加快流失。生产线的工作消磨精神，令人头脑迟钝，造成工人们大批辞职。这些男人（当时还都是男工）以离职来应对他们内容单调、不断重复而且消耗体力的工作。

根据忠实下属詹姆斯·卡曾斯（James Couzens）的建议，福特决定采取激进的行动。史蒂文·沃茨（Steven Watts）在其2005年出版的传记作品《人民的大亨：亨利·福特和美国世纪》（The People's Tycoon: Henry Ford and the American Century）中提到，福特的决定引起了轰动。1914年1月5日，福特和卡曾斯将报纸记者们召集到工厂，宣传他们在海兰园工厂的雇佣政策的变化。他们希望，这一措施能有助于留住工人。第一，公司将工作时间由每天9小时减少到8小时；第二，工作由一天两班倒变为三班倒，这将带来大量新的工作岗位。但第三条公告才是大新闻：根据当下形势，福特将基本工资提高到一倍以上，至5美元一天。这家仅有11年历史的公司愿意每年额外支出1 000万美元，用以提高劳动生产率和改善工人们的生活。

第二天，《底特律自由新闻报》（Detroit Free Press）就宣称："亨利·福特把1914年利润当中的1 000万美元送给工人。"消息在密歇根州东南部之外迅速传开。《纽约晚邮报》（New York Evening Post）称这是"伟大的慷慨行为"。第二天，成群的求职者出现在工厂大门口，数量总共达到12 000名，他们在冰冻的天气时挤在一起取暖。现场发生打架，底特律警察被召来化解马上要爆发的骚乱。不到一周，福特收到了14 000多封求职信件。这是工业史上一起引人注目的事件。

福特想给工人提供足以维持生计的工资。他后来解释说："他们有钱花了，就可以刺激经济。"在其后的几年，福特曾粗暴干涉工人生活，与被人组织起来的劳工发生流血冲突，这些让他"工人阶级朋友"的名声稍稍受损。但我们不能否认他在一开始取得的成就：实施5美元日薪是一个大手笔，给公司带来了巨大红利，并将"说话口无遮拦"的商人亨利·福特变成了美国最重要的改革思想家。沃茨写道："通过这一政策，福特颠覆了美国商人原先的'强盗加大亨'的形象。他以新型商业领袖的面目出现，努力与人分享他的企业所创造的财富与繁荣。"

另一种观点认为提高工资会导致价格走高，改善不了生活水平。持此种观点的主要的反对方是《华尔街日报》（Wall Street Journal），它发表社论说："向一家公司的工厂投入1 000万美元，无论工龄多长，都将最低工资增长一倍，这是将《圣经》或宗教的教条应用在了不该应用的地方。""（福特）在社会事务上犯了经济学上的错误，他甚至可能犯罪。"汽车业的竞争对手被福特的这一举措吓到了，同声谴责。它们抱怨，劳工市场将出现混乱，它们可能会破产。通用汽车公司（General Motors）仅仅略微上调了工资，多年以后才达到5 美元的水平。

事后证明，这些指控毫无根据。预计的通货膨胀根本没有出现。5 美元日工资显然是一笔出色的投资。梅耶尔认为，钱根本不是问题。头一年的开支在1 000 万美元左右，低于给股东的1 120 万美元分红。工人们投桃报李：不到一年，年员工流动率由370% 跌到了16%，劳动生产率上涨了40% ~70%。招募的预备工人数量由53 000 名降到2 000 名。在1914 年到1916 年间，福特公司的利润实现翻番，由3 000 万美元增长至6 000 万美元。福特后来说："每日8 小时工作制和支付5 美元日薪是我们做出的最漂亮的削减成本措施。"在1910 年至1919 年间，他将T 型车的价格由大约800 美元降到350 美元，巩固了他作为世界最大的汽车制造商的地位，也让他成为亿万富翁。

福特的试验取得了效果，T 型车的整体市场不断扩张。在1 月的公告会上，他对记者说："我们相信，让20 000 人变得富裕和快乐要好过在我们公司制造少数几名百万富豪奴隶主的计划。"在随后几年，他又扩展了这个思想。在1922 年与萨缪尔·克劳瑟（Samuel Crowther）合著的《我的生活与工作》（My Life and Work）中，福特认为："除了其他因素，我们自己的销售额还取决于我们的工资水平。如果我们能发放高工资，而且这些钱被花出去，将使商店老板、销售商、制造商和其他行业的工人更加富裕，他们的富裕将反映在我们的销售额上。全体美国人都拿高工资，就意味着全体美国人都将富裕起来。"

亨利·福特对自己行为价值的态度从未动摇过。到了20 世纪30 年代初，福特继续推行他的政策，在大萧条时代仍将日工资提高到7 美元一天。

在1944 年9 月的一次采访中，他宣布，"只要政府允许他这么做"，他就打算给工人加薪。

"只要我还活着，我就打算提供汽车行业的最高薪水。只要我们工厂的员工拿着一整天的工资，干满一整天的工作，我们就没有理由不一直这样做下去。每个人都应当挣到足够的钱，去买一幢房子、一块土地和一辆车。"两年半后，福特去世，但他的高尚情怀保留了下来。5 美元日工资与他的移动组装线和T 型车一起，成为他最伟大的成就之一。

（改写自财富中文网 原标题：《史上最伟大的一项抉择：亨利·福特将工人的工资翻番》）

思考题

1. 反对者的声音是"提高工资会导致价格走高，改善不了生活水平"，有没有道理？
2. 激励与效益之间有怎样的关系？

案例分析提示：

1. 经济学上有个概念叫“高薪原理”：如果一家公司的利润与当地的消费挂钩，消费将随着工资和财富的增长而增长。福特在整个20世纪20年代都坚持了这项政策，将他的工人的工资提高到6美元一天，他看到了他的政策与20世纪20年代经济繁荣之间的联系。“一个简单的事实是，从你那里购买商品的群众并非来自其他地方……公司自己的员工应该是公司最好的客户。(通过支付高工资）我们增加了自己人的购买力，他们增加了别人的购买力，以此类推。正是这种通过支付高工资、销售低价产品以增加购买力的思想推动了美国的经济繁荣。”

2. 激励功能使群体中的成员能够积极进取，提高生活、学习和工作的活力，达到提高质量、效率和效益的目的。

（四）沟通感情功能

人的感情需要交流沟通，需要宣泄，这样才能疏解压力，维持身心的健康。而且通过情感的沟通交流，会加强人与人之间的感情，产生一种亲密感，更加有利于在人际交往中发挥人际关系的合力、互补和激励功能。

公共关系活动是情感色彩非常浓厚的活动。以企业为主体的公共关系更不例外，企业为了增进相关的内外公众的理解、信任和支持，塑造企业良好形象，为与公众建立良好关系而开展公共关系活动，需要扩大影响、获得好感。企业公关活动成功与否，很大程度上取决于能否“以情感人”，用真情来感染公众，感化公众，这是开展公共关系活动的要旨。

1. 情感沟通内涵

沟通是个体与个体、个体与群体之间思想、感情、认知的传递与反馈的过程，这一过程的目的是达到思想的认同和感情交流的通畅。

2. 情感沟通在企业内部公关中的作用

通过情感沟通建立良好的员工关系是公共关系的起点，可以增强企业向心力和凝聚力，降低企业内耗，提升企业的核心竞争力。

案例分析

韦尔奇的顺畅沟通

沟通的关键是选择一个适合的渠道。通用电气的前首席执行官杰克·韦尔奇的沟通方式值得借鉴。在韦尔奇带领通用电气走出困境，重塑辉煌的过程中，有效沟通发挥了重要作用。

韦尔奇将一半的时间用在他称作的“人的问题”上。他在通用电气公司这样庞大的公司中创造了一种少有的非正式沟通和共享的感觉。他从来没有给任何人发过正式的信件、备忘录，几乎所有的信息都是依靠个人便条、电话或面对面直接沟通传递的。

韦尔奇每年都要为公司设置年度议程和为通用电气新诞生的英雄进行庆贺活动，为来自不同事业部的经理和他们的同行创造交换思想的机会。这些非正式的聊天会通常持续到午夜两三点钟，每次这种会晤韦尔奇都会亲自参加。在会议将结束时，他会发表一个精心策划的讲话，讲话被摄制下来，翻译成八种语言，然后发送给世界各地通用电气的分公司。在那里，通用的经理们用这段录像，与自己所属的团队来商讨通用来年所要应对的问题。

其他正式的沟通还有每季度召开的企业执行官理事会，在那里通用公司的30名高级官员相互交换意见。执行官们把这种会议誉为利益共享、人人有份，因为不管是好的还是坏的信息都是公开共享的。

韦尔奇的最重要的沟通形式之一是非正式，他时刻与下属保持着高效的沟通状态。每周韦尔奇都要对工厂或办公室进行突击访问，和通用公司的各个层次的人员进行交谈。他定期地和那些比自己低好几级的经理们共进他们想都想不到的正式午餐。在进餐间隙，他可以吸收他们的观点和看法。

韦尔奇平均每年要会见通用公司的几千名员工并与之交谈。韦尔奇的沟通技巧，帮助他在通用电气这样的公司内施加了强有力的影响。

韦尔奇通过个人便条、电话以及面对面会议来与员工进行交流。这种沟通方式使韦尔奇获得真实的第一手资料，为其作出正确的决策打下基础。

思考题

1. 杰克·韦尔奇有什么沟通技巧？
2. 从本案例中你得到什么有益的启示？

案例分析提示：

沟通的关键是选择一个适合的渠道。顺畅的沟通内含情感。

（五）交流信息功能

人际间的信息交流永远不能为其他传媒手段所替代。因为，几乎所有传播的信息首先都来源于人际的信息交流。人际的信息交流具有其他传媒手段和途径所不能替代的特点，既信息传播的特定性、可信性和直接双向性。

《吕氏春秋》记载有这样一个小故事：

孔子穷乎陈蔡之间，藜羹不斟。七日不尝粒。昼寝，颜回索米，得而爨之，几熟。孔子望见颜回攫其甑中而食之。选间食熟，谒孔子而进食。孔子佯为不见之。孔子起曰："今者梦见先君，食洁而后馈。"颜回对曰："不可，向者煤炱入甑中，弃食不祥，回攫而饮之。"孔子曰："所信者目也。而目犹不可信。所恃者心也，而心犹不足恃。弟子记之，知人固不易矣。"（《诸子集

成》第6册，中华书局1986年版，203－205）

如果孔子不故意说那番话，颜回也不会把吃饭的真相说出来，因为实在没有那个必要。那样，孔子恐怕就会终生怀疑颜回曾经偷吃了一口饭，虽非大问题，但也不太光彩。可见人太容易被误会了。

人际信息交流让收发信息的双方直接对话，是所有交流手段中最直接发现真实情况的方式，这种方式可以避免表面信息引起的误导。

三、秘书处理人际关系应遵循的原则

要建立良好的人际关系，就应该遵循以下的原则。

（一）平等原则

平等原则是现代秘书在处理人际关系时应遵循的根本原则。领导、同事之间虽然职务高低不同，但在人格上是完全平等的。在交往活动中要平等待人。只有做到不卑不亢，不媚上欺下，尊重每一个同自己交往的人，才能获得别人同样的尊重。现代秘书在人际交往中，不管自己服务的对象职位多高、权力多大，都不能以此作为自己的身价。在行使自己的职责与他人交往中，要找准角色的心理定位，不能居高临下、盛气凌人，也不能指手画脚，强加于人。这样，才能消除对方的戒备心理，增强彼此间的亲近感，从而形成和谐融洽的平等关系。

当然，所谓平等都是相对的，不是绝对的。讲平等必须符合现实情况，在处理人际关系时不能超越现实去追求绝对的平等。

在实际交往活动中运用平等原则主要体现在三个方面：

（1）秘书在公务活动中处理人际关系时，多数采用的是地位对等法。如接待工作规格，一般根据主陪人的身份，往往采用平格接待。

（2）在以物质交往为主的活动中，一般采用的是价值对等法，即等价交换的原则，如你赠送给我一定的礼物，我也要想办法在适当的时机再回送一定的礼物。

（3）在以私人交往为主的活动中，主要采用的是情感对等法，如互敬互让、互相尊重等。

对等交往是在处理人际关系时平等原则的具体运用，是交往礼节的一种基本要求，也是维持长期人际关系的基本要求。如果交往双方长期处在一种不对等的地位上，一方总是要比另一方付出的多，这种人际关系一般就难以维持较长时间。长时间的关系不对等，会引起人们心理上的不平衡，所以平等原则是秘书人员处理人际关系必须遵守的第一原则。

公共关系活动的基本原则是平等互利，共同发展。因此，在相互交往中，为达到本组织利益而不顾信誉，不顾形象，不惜损害公众的利益，就毫无公共关系可言。

（二）目标原则

当好助手和参谋是秘书工作的目标，现代秘书的一切工作都要服从这一目标的要求。

现代秘书的人际交往一般都具有目的性，即以实际工作目标为前提，协调服务对象之间的关系，形成感情上的共识，然后取得真诚的支持。秘书一定要明确自己的角色地位，做到出力而不“越位”，准确认识自己的社会角色，摆正自己的社会位置。

（三）规范原则

秘书工作具有高度的机密性和政策性。公关不是儿戏，是专业化程度较高的技术工作，是一门科学，要树立科学的意识，要掌握科学的工作方法。因此，现代秘书在人际交往中，要时刻注意规范自己的言行，严守企业的机密，严格执行各项政策法规，这是现代秘书正确处理人际关系的基本原则。不论与谁交往，都不能以个人情感代替工作关系，更不能丧失角色的准则。具体地说：

（1）要守法守纪，要将个人的情感交流约束在国家法律法规和党的现行政策范围之内；

（2）要秉公办事，不能为达到个人目的而损害群众利益和整体利益，更不能打着组织和领导的招牌与他人搞不正当的权钱交易；

（3）要对错误做法和无理要求不遵从、不听之任之、不一味迁就，而要敢于劝阻和抵制，敢于进行说服、批评和教育。

（四）相容原则

心理学研究表明，自信心越高的人，相容度就越高。人际交往中往往会产生误解和矛盾，这就要求秘书人员在交往中不要计较个人利益的得失，对上对下豁达谦让；同级之间自信容人。不因小而失大、不因眼前而失长远。相容的人并不懦弱，相反，它是一个人有自信心的表现。只有充满自信心，才能具有宽广的胸怀，才能对人豁达谦让。能相容别人的人，不是没有力量反击别人，而是主动地容纳忍让。当然，相容也不是随波逐流、不讲原则，而是心中有主见、目标明确、原则性强。容人正是为了把原则性与灵活性相结合，以便更好地达到自己的远大目标。

（五）诚信原则

以诚感人者，人亦以诚而应。美国总统林肯说：“真诚是我待人的美学原则。”

秘书工作本身要求很高的信用度，信用度的高低，直接影响单位的形象。当前经济迅猛发展，而与之相应的社会信用体系的建设则有些滞后，社会信用度在滑坡。秘书人员应坚守诚实守信这条道德原则，发挥窗口作用。具体来说，

（1）待人接物要诚实。一是一，二是二；能讲的就讲，不能讲的不讲；能办的积极去办，办出效果，不能办的说明原因；切忌对别人的请求漫不经心、应付了事。

（2）说话做事要有根据，要顾及后果。没有搞清楚的问题，不要轻易表态，不要人云亦云。办事要牢靠，凡应该办能够办的事，积极去办。没有把握的事，不要轻易许愿。答应别人的事，一旦办不成会造成难以挽回的后果。

良好的信用，是人际交往的财富。一个人在社会上一旦获得较高信用，就获得了无数个支持者，为工作和生活的顺利进行铺就了道路。信用难以获得却容易丧失，要像珍惜生命一样珍惜它。一言一行都要为它增添光辉，一着不慎，影响信用，很难弥补。秘书人员要处理人际关系，取信于人，就必须牢记这个原则。

（六）顾全大局的原则

秘书人员如何处理个人与集体、局部与全局的关系，是建立良好人际关系的重要问题。个人利益服从集体利益，局部利益服从全局利益。这是秘书人员为人处事的一条基本准则，也是政府倡导的集体主义、爱国主义的基本内容。

秘书人员对本单位的情况应当全面了解，把本职工作放在单位的全局当中，才能做好工作。顾全大局要冒一定风险，甚至作出一定牺牲。单位和部门的利益，涉及全体工作人员，牵扯一种无形力量。利益当前，如果出现意见分歧，在没有形成统一的认识之前，谁要触动它，就会被群起而攻之，必定会被孤立，在群体中难以立足。

秘书工作中，信息的搜集反馈、工作的督查落实、矛盾的协调处理，都牵扯到各方利益。有些工作本身就是对利益格局的直接的调整。要顾全大局，就会有所牺牲，这种牺牲是光荣的，是为长远利益和根本利益作出的一种奉献，一定会被认可和赞赏，必然会被历史所肯定。多数情况下，可能只是暂时受委屈。一定要忍耐，并坦荡地接受，顾全大局。

（七）遵纪保密的原则

秘书是机要人员，遵守纪律、保守秘密是必须坚守的原则。纪律是工作的保障，没有纪律的队伍是打不了胜仗的。秘书人员的纪律，最重要就是保守秘密。

（1）凡涉密之事，与自己无关的不打听，与自己有关的不传播。即使是别人传来的，也要把自己作为最后一道关口，绝不扩散。

（2）凡涉密的文件信息，要按制度规定严格传递保管。使用计算机和撰写公开发表的文章，要十分注意审查把关，防止机密外泄。

（3）凡涉及决策层的核心信息，未公开发布之前，绝不泄露。秘书人员接近组织权力中心，重要会议多有列席或记录，知晓重大事件商讨、决策过程。没有领导指令，对任何人不得提前扩散，即使组织公布，也要注意把握公布范围。

四、秘书处理人际关系应遵循的方法

第一，注重感情投资。与人为善、真诚待人，平时与各方交往对象多联络，切忌临时抱佛脚和事后过河拆桥。

第二，提高自身修养，培养良好工作情绪 。秘书职业素养的一个重要方面就是德行修养，其中心理修养至关重要。成熟的职场秘书表现理性、沉稳，好事甘之如饴，坏事不乱阵脚，任何时候都宠辱不惊。工作中情绪积极饱满，充满自信。

第三，大事讲原则，小事讲风格，做到宽容有度。

第四，与人为善，学会赞美。对同事特别是下属，肯定精神与尊严的激励较之物质激励有异曲同工之妙，有时更甚。秘书人员要善于赞美，发自内心地释放善意。

第五，藏巧守拙，换位思考 。秘书人员是具有综合素养与能力的群体，职业素养到位的秘书，深知成大事者不可锋芒毕露，特别理解大智若愚、大音希声的内涵。做事踏实不浮夸，完事低调不张扬，才能容人和被容。

五、秘书公关原则

（一）公众至上原则

公众至上原则即公众利益第一原则。

公众是组织赖以生存发展的基础，是“衣食父母”。丧失公众，就丧失生存发展的合理性；反之，就拥有良好的社会环境。所谓“得人心者得天下”“水可载舟，亦可覆舟”。

公众利益第一原则，并不是组织完全牺牲自我，而是要始终把公众利益放在首位。公关体现在工作过程中，组织能认真听取公众意见，为公众提供优质服务，维护消费者权益，以公众需求为导向。

这一原则的含义及具体要求是：

（1）树立公众意识，竭尽全力地为公众提供优质的服务；

（2）注重对公众的研究，了解公众的意愿、兴趣、爱好、性别、年龄、文化背景、信仰等信息；

（3）掌握公众的动态，以此作为决策的依据及公关工作的出发点。

（二）真实公开原则

公共关系活动的实质是组织与公众之间双向的信息传播管理。要使这种管理卓有成效，一个重要的前提是传播的信息必须准确、真实。公开与真实紧密相连，不公开谈不上真实，不真实公开也就没有意义。

强调真实公开原则，就是要求秘书在开展公关活动中要讲真求实，实事求是地传播信息，该公开的信息一定要公开，通过与公众之间的双向信息交流来建立和维持相互信任和理解的关系，树立组织在内外公众中的良好信誉和形象。

秘书公关活动中坚持真实公开原则：

（1）要做到组织向公众传播信息的内容要真实，过程要公开。过程公开既包括向公众传播信息的过程要公开，也包括组织的有关情况如工作性质、方式、程序、制度、机构设置和人员配置等的公开；

（2）要做到在收集、了解公众的意见要求、愿望时，获取的信息力求真实、准确和全面，并公开反馈意见，公开解决问题的计划，在真实、公开中求效率、求形象。

（三）科学指导原则

科学指导原则是指秘书在开展公关活动中，必须接受科学理论和方法论的指导，研究公共关系运作的特殊规律，从而提高公共关系活动的效率和质量。

强调科学理论和方法论对秘书公共关系的指导作用，是现代秘书公共关系与传统秘书公共关系的重要区别之一。传统公共关系具有一个共同特征，即它们都主要依据直接的感性认识而活动，而这些认识是十分零碎、不系统的，因而这些公关活动处于原始的、不自觉的状态，基本上是凭经验和直觉行事，谈不上理论性和科学性；而现代秘书公关活动是在科学理论和方法的指导下自觉进行的。

在现代政治、经济、文化和科技发展的基础上，公共关系已形成了比较系统、完整的思想理论和实务方法。特别是现代社会，随着管理事务日益广泛和复杂多变，组织所面临的公众关系也越来越广泛复杂，要及时准确了解社会环境变化，全面把握公众脉搏，正确选用大众传播媒介进行传播沟通，采用适当的公关模式，拟定切实可行的传播计划、程序和步骤，都需要借助现代科学的理论和方法作指导。

（四）整体统一原则

整体统一原则是指进行公共关系活动时，要从组织的整体系统、整体利益和整体效应出发，使公共关系所涉及的各方面组织的人员，彼此协调、相互配合，从而使组织在公众心目中形成具有整体性和统一性的良好形象。

1. 整体统一原则的主要内容：

（1）组织所涉及的一切与社会公众的关系，都是组织公共关系整体的有机组成部分，所以在处理与具体公众的关系时，不能就事论事，而要从整个社会公众的整体关系和整体利益出发，把局部关系和利益放到全局关系和利益的范围内加以考虑；

（2）公共关系并不仅仅是公关职能部门的事情，它需要组织内部各职能部门、上下级部门之间的密切配合，靠组织全体成员的共同、自觉的努力，统一行动，相互协作，有效发挥组织的整体系统效应，共同树立组织的整体形象。

2. 如何坚持整体统一原则

（1）必须在思想观念上确立整体形象意识，充分认识到组织形象是作为一个整体出现在公众面前的，从而在组织内部提高公关形象意识，发挥全员公关效应。

组织公关形象并不是单靠舆论宣传人为地树立起来的，更重要的是要靠全体工作人员的实际行动和效果，这些仅凭专职公关人员的活动是无法达到的，需要各部门全体人员共同努力，才能塑造良好统一的组织形象。

（2）在各项具体工作中坚持一切从整体形象出发，制定统一的公共关系政策，统一行动和步调，密切协作，共同维护组织公关的整体目标。

（3）要正确处理好公共关系中个人与组织、下级与上级、局部与全局的关系，注重大局和整体目标，这是坚持整体统一原则的关键。

案例分析

IBM 公司的“金环庆典”

美国 IBM 公司每年都要举行一次规模隆重的庆功会，对那些在一年中做出过突出贡献的销售人员进行表彰。这种表彰活动被称作“金环庆典”。这种活动常常选在风光旖旎的地点，如在百幕大群岛或马霍卡岛等地进行。在庆典中，IBM 公司的高层管理人员始终在场，并主持盛大而庄重的颁奖酒宴，然后放映由公司自己制作的表现那些做出了突出贡献的销售人员工作情况、家庭生活乃至业务爱好的影片。在被邀请参加庆典的人员中，不仅有股东代表，工人代表，社会名流，还有那些做出了突出贡献的销售人员的家属和亲友。

在庆典活动中，公司主管会同那些常年忙碌，难得一见的销售人员聚集在一起，彼此无拘束地谈天说地。在这种交流中，无形地加深了彼此心灵的沟通，增强了销售人员对企业的“亲密感”和责任感。IBM 公司的“金环庆典”活动属于企业内部的公共关系活动，它对企业公共关系的发展有着极其重要的现实意义。

思考题

1. 通过分析我们不难得到结论：IBM 公司的“金环庆典”活动属于企业内部的公共关系活动。它对企业公共关系的发展有着怎样的现实意义？

2. 如何借鉴 IBM 的做法，更多地开展企业内部的公共关系活动，创造出良好的内部公共关系氛围？

3. 人们认定，拥有良好形象的企业，一定会生产出优质的产品和提供优质的服务，进而愿意购买这样企业的产品。为什么？

案例分析提示：

1. 它可以增强企业内部的凝聚力与向心力，显现企业文化的氛围。通过“庆典”活动，让对企业有功的人员亲身感受到企业高层主管对他们工作，学习，家庭及个人发展的关心，感受到大家庭的温暖。这是一种企业文化的氛围，是企业发展的基石。它可以使公司内部更多地联络感情，增进友情，协调企业内部的人际关系。

2. 它可以使员工家庭和睦，健康。为企业做出突出贡献的销售人员的家属，亲友也被企业邀请参加庆典活动，这会使这些受表彰者的家属更多地了解自己的亲人在工作中的表现，使其家属在以后的工作中更多地支持亲人们的工作，使之多一份理解与关爱，从而保证这些家庭的和谐。

3. 它可以使企业员工的积极性更高，使企业形象更好。在这样的庆典活动中，接受表扬者会产生一种继续奋发向上，为企业多做贡献的决心。同时也会鼓励更多的员工努力工作。在这种企业氛围中，员工们会处处为企业着想，在工作中表现出良好的员工形象，进而展示出企业的风格。

4. 它可以使企业的社会效益和经济效益得到同步增长。企业员工热爱自己的企业，以企业为荣，会自觉地为企业树立良好的形象。这样会使企业在社会公众心目中拥有良好的形象，如人们会认定IBM公司是一个有文化的公司、关爱社会的公司等。社会效益的提高会最终转化为企业经济效益的提高。人们认定，拥有良好形象的企业，一定会生产出优质的产品和提供优质的服务，进而愿意购买这样企业的产品。

5. 联络感情，增进友情，除了可以举办像IBM公司这样的庆典活动之外，还可以采用其他活动形式。例如，组织全体职工开展文体活动，利用各种有意义的事件（如厂庆日、新产品投产和新设施的剪彩等）和有意义的节日（如新年、元旦、国庆节、五一节以及职工的生日等）举办各种形式的工作聚餐会。另外还有周末文化沙龙、知识竞赛以及其他联谊活动等。

6. 我们会认定IBM公司是一个有文化的公司，关爱社会的公司的社会效益的提高会最终转化为企业经济效益的提高。

知识补充

公关十大误区

1. 企业公关可有可无；

2. 认为公关就是接待、文秘，公关行政一锅端，实际公关应该是熟悉企业，了解行业发展，把握社会发展的现代化企业管理人才；

3. 公关光图热闹，只花钱，不赚钱，成功的企业公关既能赚钱，而且能为企业增值；

4. 公关无所不能，包治百病，公关只是在传播方面起一定作用；

5. 公关就是包装，其实公关是以事实为依据的，不能改变事实；

6. 公关就是媒介关系，实际上媒介关系只是公关的一种战略手段；

7. 对媒体投入了，就应该有报道，否则就不算成功，这种观点在很多企业的公关人员当中是很普遍的，但事实上新闻报道应该以事实为基础，以新闻价值为依据，所以，发通稿已经不是非常时兴的做法，应该根据不同的需要做出相应的行为；

8. 认为公关是公关部的工作，公关并不意味着孤军奋战，公关部需要全公司的协助；

9. 认为公关就是宣传；

10. 广告比公关更加有效。

思考题

1. 秘书工作与公关工作有着怎样的联系？

2. 秘书工作与公关工作有着怎样的区别？

3. 秘书公关意识是否涵盖基本公关意识？

4. 现代秘书的公关原则有哪些？

5. 举例说明人们容易产生哪些公关误区？

第四章 现代秘书首要公关对象——领导

领导是秘书工作服务的首要对象，秘书与领导的关系是秘书工作中最重要的关系之一。

所谓秘书公关对象就是指秘书在整个公关过程中所要面对的交往对象，对内主要包括单位领导和同事，对外包括客户、新闻界等公众群体。

从具体的目标公众角度分析，秘书公关对象分为内部公众、社区公众、顾客公众、媒介公众、政府公众、名流公众和国际公众。

秘书公关对象的内部公众指秘书在组织内部沟通、传播的对象，包括组织内部全体成员构成的公众群体，如秘书职业首要辅助的领导、企业内的员工、股东以及政府部门内部的同事等。

本书从公众与组织的所属关系不同，具体分析秘书内部公众与外部公众的公共关系。下面首先分析组织的内部公众。

第一节　现代秘书与领导的权力关系特征

一、领导和秘书的矛盾关系

（一）领导和秘书是矛盾关系

他们互为矛盾的对立面，互为依存，互为条件。秘书以领导活动作为自己存在和发展的条件，没有领导，秘书也失去了存在和发展的依据，而如果没有秘书的辅助，领导也将无法摆脱大量事务性工作而集中精力进行决策和控制。

（二）领导和秘书是主从关系

他们互为主从，表现为领导的支配和秘书的被支配。领导者是根据一定的法律、法规或组织内部规章通过民主选举或上级任命产生的，领导一旦产生就有法定权利和权威，对外代表整个组织的利益，对内运用权力实施管理，其根本职能是决策，并通过计划、组织、指挥、协调等手段将决策付诸实施，完成决策目标，从而推动组织发展。而秘书是伴随领导活动而产生，秘书的服务范围、服务方向随着领导活动的变化而不断调整，离开了领导，秘书也就失去了方向和核心。秘书的职能表现为辅助决策、处理信息、协调关系和办理事务，处于为领导服务的从属地位。所以领导和秘书工作的法定地位、职责决定了领导和秘书的主从关系，领导总是处于主导和支配地位，而秘书总是处于从属和被动地位。领导者敢于从大处着眼，高瞻远瞩，敢当风险，秘书则应缜密、细致、周到、采取逆向思维。所以领导和秘书互相渗透、互相补充，谁也离不开谁。

二、领导和秘书的权力特征

领导从上级任命的那一刻起，就取得了一种法定的权力，他就是一个组织的代表，对组织发展有决策权和管理权。

而秘书资格的取得是通过人事部门的考核，并征得领导同意取得的，秘书的权力来源于两方面，一是领导权的延伸或辐射，是领导权力的假借；二是来自于秘书职位的权力，包括组织内部的事务管理权，执行权。

秘书拥有机会性权力，秘书工作贴近领导，参谋咨询是秘书的职能，秘书可以适时、适当地抓住机会提出建议让领导采纳。

秘书的另一头是群众，也很有机会和周围的部门和人员建立起良好的人际关系，这些关系有时会成为一种办事权，所以秘书的权力不像领导权是强制的、硬性的和支配性的，而是弹性的、软弱的和广泛的。

秘书的弹性权与领导权力的大小有关，秘书服务的领导的地位越高，秘书的影响越大；还与领导授权、领导者的领导风格有关，遇上办事豁达、心胸开阔的领导，秘书权力就大一些，遇到事必躬亲、谨小慎微的领导，秘书权力则小一些。

秘书的根本职能是辅助管理，秘书活动的最大特点是辅助性，由此决定了秘书权力的软弱性，它虽然是领导权的延伸，但不具备领导权，如果秘书强行用权，一来会造成越权，违反组织分工，二来易工作碰壁，无法取得别人的理解和支持，从而不能完成任务，影响领导工作的部署。

秘书的权力在强度上很软弱，但从广度上看，秘书的权力辐射到整个组织系统，秘书辅助领导实施综合管理，领导工作到哪，秘书服务到哪，确保全方位服务。

三、现代秘书与领导关系的特征

秘书是领导者的参谋与助手，是领导身边的辅助人员，其主要服务对象是领导者或领导班子，秘书与领导者的关系是人际交往中较为特殊的一种关系。

秘书为领导服务，秘书在领导身边工作，从物理空间看，两者的距离很小，在精神空间上看，两者的距离也很接近。

（一）组织上

秘书与领导者是被领导与领导的关系，是下级与上级的关系。服从领导，严格按领导意图办事；尊重领导，时刻维护领导人的权威，这是秘书职业的基本素质之一。

（二）工作上

秘书与领导是同志关系。秘书与领导的工作目标是一致的，秘书服从领导安排，做好各项工作，是秘书工作的职责。这并不意味着秘书工作的卑微，在人格上，两者没有高低优劣的区别，两者完全平等。秘书应以良好的职业素养，在工作中主动献计献策，帮助领导分担事务，拾遗补缺，与领导齐心协力。

（三）职能上

秘书与领导是辅佐关系。秘书辅助领导工作，其职责之一是当好领导的助手。秘书人员应把大量的具体事务承担起来，以节约领导的时间，使领导有更多的时间与精力掌管全局，主抓大事。

秘书要当好助手，而不是主力。日常工作中，许多事情需要秘书人员去牵头、把关、协调，这是领导助手的具体体现。秘书人员要摆正位置，不能超越职权，不能越俎代庖，要甘居从属地位，不逾矩，不揽权，做到脑清、心诚、言慎。真正做到参谋不决策，参与不干预，分忧不分权，防止有意无意地以“二领导”的名义发号施令。

（四）生活上

秘书与领导是诤友关系。秘书常在领导身边，对其性格中的长处与弱点大多了如指掌。秘书对于领导决策、工作方法与作风在基层引起的反映，要及时、客观又恰如其分地加以提醒。切忌为博取领导欢心而报喜不报忧，更忌不分是非地恭维使领导误把自己的缺点认作优点。

一个出色的秘书应该贴近领导，熟悉领导，成为领导的诤友。

第二节　秘书协调领导关系的艺术

正确协调与领导的关系，有效与领导交流沟通，是秘书与领导双方工作和谐、配合默契、互相信任、做出成效的基本公关要求。

秘书是领导的左右手，承担着上传下达、沟通内外的职能，称职的秘书应该全心全意协助领导，并能心领神会地配合领导应对各方工作对象，得心应手地处理各项事务。要达到配合默契的程度，秘书必须在工作中努力了解领导的管理风格，以适应领导工作节奏和习惯。这就进一步要求秘书了解领导的性格、为人处事特征，通过各种方法与领导有效沟通。

一、了解领导性格、适应领导管理风格

领导性格各种各样，领导之所以成为领导，总有其特别之处，很多领导个性鲜明，但并非不可捉摸。

(一) 与不同个性特征领导相处

个性特征是指领导性格的个体化表现，了解领导性格的独特表现，有利于秘书与领导和谐相处，为双方顺利开展工作做好铺垫。大体上看，领导性格特征通常有八种表现。

1. 稳重大方、细心踏实

性格稳重的领导往往有大将风范，能把握全局，事无巨细全在内心一盘棋中，胸中有蓝图，所以做事踏实，步步为营。这样的领导有明确目标，实施目标过程很注重细节完美，因此既看重过程，也看重结果，考虑问题细心周到，观察问题仔细认真。

性格稳重的领导喜欢稳重的下属，不喜欢没有把握而一味冒险的下属。

面对稳重细心的领导，秘书应表现出稳重老练的一面，在大方向上应该跟紧领导，对阶段性工作任务，要有成熟的方案才可向领导汇报，任何建议，尚不成熟时不可随便提出。

2. 豪爽干脆、坦荡磊落

性格豪爽的领导办事果断，对人对事灵活机变，看重主线条，坚持大目标，不拘泥于小节。这样的领导对待下属心胸敞亮、光明磊落，能够包容下属的无心之过或执行指令时出现的枝节错误。这样的领导讲义气、重感情、爱护下属。

性格豪爽的领导善于抓重点，但有时办事可能出现疏漏。

面对性格豪爽的领导，秘书人员应该抛开书生气，与领导打成一片，依照领导吩咐的思路和指令办事，同样办事果断，同样直奔主题，重视主要目标，当为达成主流目标而不可避免地出现不和谐时，可以义无反顾。而对于领导的疏漏之处，秘书要拾遗补缺，周到细致地督办、催办、协办。

3. 自信果断、高瞻远瞩

性格上表现自信的领导对自己充满信心，不单对自己的办事能力充满信心，而且对自己把握事态的能力也充满信心。这样的领导不怕失败，做事有胆量、有冲劲，遇挫折不言放弃，会不屈不挠、勇往直前。这样的领导的工作热情与坚韧不拔对下属的影响巨大，能带动下属的信心。

性格上表现自信的领导也有其性格弱点，当过度自信时，容易自负，这时如果出现决策错误，比较不容易主动调整。

面对性格上表现自信的领导，秘书人员必须充分重视领导布置的工作，在领导的计划框架内发挥工作热情，对领导布置的各项工作都要按时保质完成。如果领导计划好或布置好的工作不能如期完成，或与领导预期目标打了折扣，秘书会面临比较大的压力。

如领导过度自信的决策有失误，秘书人员应该努力调整心态，适度行使辅佐职能，向领导提出修正建议。但如果一个领导始终自负，从不接受别人的正确建议，秘书人员可以考虑新的平台。

4. 优柔寡断、首鼠两端

性格上表现优柔寡断的领导，做事思考多于行动，凡事都要三思而行。对事情的前因后果、成败得失多方考虑，不到万无一失不会下决断；并且常常患得患失，做了决定也容易推翻重来，导致错失良机，影响工作成效。

对事考虑周全是必要的，但限于周全而无法推进工作进展则是不可取的；办事三思而行是考虑周全、逻辑严密的表现，值得坚持，但思虑过头会产生焦虑。优柔寡断的领导害怕失败、害怕承担风险、害怕失误，办事犹疑不决、不敢拍板。

面对这样的领导，秘书人员在处理事务时会有困难，要么去适应领导、要么去影响领导。工作中，秘书应尽量做好科学的可行性分析，周全考虑利弊得失，并准备多套不同方案，充分说明每套方案的得失，供领导取舍定夺。

5. 轻佻浮夸、好高骛远

性格轻佻浮夸的领导，往往好高骛远，流于自我世界的夸大想象，却无实际行动。大多喜欢弄虚作假、欺上瞒下，办事并无切合实际的目标，而是追求上级的关注，特别喜欢面上的表扬，对工作过程特别在意外在形式，喜欢表现、表演、作秀。表面上，维持着尽心尽责、潜心工作的印象，实际上则醉心于“领导”的位置和权力。这样的领导为一纸虚空的名头可以违规违纪，甚至要尽手段。

面对这样的领导，秘书最好的公关方法是不断提醒、坚持实事求是。但一般来说，敢于提醒与坚持原则的秘书，如果不与领导同流合污，基本没有出路，而这样的领导总有一天会东窗事发。为避免城门失火殃及池鱼，秘书人员应早作打算，另谋高就。

6. 狐疑猜忌、耳目众多

性格狐疑的领导疑心重，不容易相信任何人，对下属也不相信，常常怀疑下属的为人与办事能力。表现在工作中，分配任何工作，或指令专门事项，总喜欢设 AB 角，让 AB 两方背对背行事，无端造成两方对立，而狐疑性格的领导随时以一方进展对比另一方，自以为是地判断哪一方更真实、更忠心、更可靠、更努力。为此，狐疑性格的领导还会设置很多耳目，以便监视下属。

这样的领导心理上负面能量多于正面能量，自觉聪明，对人处处设防。

秘书人员面对狐疑性格的领导，公关的关键点在于如何取得其信任。具体做法有 ：不在领导背后评价领导高下、随意说三道四；不搞背后动作、一切听从领导安排；绝不欺上瞒下、把个人感受放在末位；办事有板有眼、讲究证据。只有这样，才能顺利开展工作。

7. 说一不二、霸气外露

性格专制霸道的领导，比较自我，往往“独裁”，很专制、很霸气。工作中由其决定一切，要求下属绝对服从，对其绝对忠诚，绝不允许背叛和否定。

这样性格的领导对决策的事情，只要求下属执行，不需要参谋。

秘书人员与这样的领导相处，其实很轻松。一就是一、二就是二，直来直去，不用拐弯抹角，不用花时间与精力去揣摩心思或应酬，只需要一丝不苟地执行领导意图。阶段性工作或出现情况的变动，都必须事先请示，不宜发挥主观能动性，不宜自我决断。

8. 唯唯诺诺、毫无主见

性格唯唯诺诺的领导往往脑袋空空、能力平平、没有见识、没有魄力。这样的领导一般不太胜任领导岗位，对下属没有权威，喜欢人云亦云，容易把决策权放手他人，自己得过且过、顺其自然，不负责任。

这样的领导办事拖沓，能推则推、能躲则躲。自己没有野心，容易滋长属下野心，造成属下各自为政、各立山头、目无上级，管理松散。

对此，秘书人员应该尽心尽责辅助领导，给出最合乎组织发展的建议，以简练的文字表述让领导一目了然，以便明确指令，让领导顺利开展工作。

（二）与不同管理风格领导相处

除了了解领导性格，秘书人员还要了解领导的管理风格，以便进一步贴近领导、把握领导意图，更好地开展工作。

1. 民主管理型

民主型领导是最能使下属放松的领导，这样的领导办事民主，乐于接受秘书提供的决策方案，其做出决策时，会要求下属参与讨论，会允许秘书一起商议。这样的领导周围，工作气氛上下融洽、内外协调、齐心协力。

遇上这样的领导，对秘书而言是幸运之事。秘书可以尽情施展才华，提建议、做劝告都可以。但切记时刻维护领导的威信，不可随意批评已成定局的决策。

2. 专制霸道型

与民主管理型领导正相反，面对专制霸道型管理风格的领导，是秘书的不幸。秘书除了服从还是服从，绝不要试图改变现状，更不可自作主张。

3. 散养放任型

散养放任型管理风格是一种特色管理，实际工作中存在真、假两种情况。一种是表面放任不管，实际暗中观察，对秘书的能力、水平、职业素养全方位考核；另一种是真正的放任自流、疏于管理，这会造成秘书拉大旗作虎皮，借助领导威风弄权。

面对领导的放任，秘书不要掉以轻心，表面放任的领导外松内紧，秘书应明确自己的职业定位，切实做好本职工作。而对疏于管理的领导，长此以往，必然造成欺上瞒下、越权弄权，最终败坏组织，秘书应该激流勇退，远离是非，谋求自身的发展。

4. 科学激励型

管理中能够科学激励的领导，在现实中比较常见。在制度下奖罚分明，一切有章可循，这种管理重结果轻过程。领导对待下属的工作，以成败来论，如果事情办坏了，即使秘书工作过程付出再大的努力，也无济于事。

面对这种管理风格的领导，秘书要重视自身能力培养，以实力服人，完全不需走旁门左道去谋求晋升。

二、尊重领导，与领导有效沟通

(一) 尊重领导的具体做法

(1) 听从领导指挥，不搞小动作。最重要的是要对领导忠心，有时忠心可以弥补某些能力方面的缺失。

(2) 重视领导布置的工作，要能够及时完成领导交代的各项工作，最好在限定的时间里完成。这是跟领导搞好关系的根本；做不好本职工作，不要试图找任何理由，不可强词夺理、诿过他人，否则，一切解释都只会让领导产生反感，最终影响相互关系的和谐。

(3) 关心领导，除了公事辅佐领导以外，适度为领导排忧解难。但是要掌握分寸，保持适当的距离，尊重领导的隐私。

(4) 尊重领导，时刻注意维护领导的形象，正确对待领导的错误。平时工作中，在领导面前，保持谦虚的态度；在领导背后，不非议领导；要做“幕后英雄”，必要时要给领导“背黑锅”。要关注领导的为人，特殊情况下，如果领导本身是正人君子，其所造成的失误非人力可控或难以避免、亦或为非主观工作失误，那么，从大局出发，秘书代为受过亦有合理之处。

(5) 时刻注意自己的身份和地位，不越权处理事务。不管与领导关系多好，不要自作决定，不能越职代权，即使出现紧急状态，仍必须请示后再执行。注意等级差别，认识到领导的权威与地位，从内心予以认可。对领导不直呼其名、不随便开玩笑，公开场合不直抒不满，任何时候不忘乎所以。

(6) 提建议讲究方法。给领导提建议时，不要急于否定领导原来的想法，应先肯定其大方向，再有理有据地提出修正意见，同时，关注领导个性特点，有针对性地采取不同的建议方式。

(二) 与领导有效沟通的方法

领导跟秘书的沟通十分重要。有道是：秘书是领导的影子。秘书跟领导朝夕相处，形影不离，领导的思维、情绪常融于秘书的笔端，而秘书的进谏、直言又对领导的决策起着积极的作用。

有效的沟通包括两方面，内容和形式。

1. 沟通的内容

(1) 思想沟通。领导的思维方式、观点立场是秘书起草文稿的重要依据。一个称职的秘书常把领导的思想火花自然地熔铸于文稿之中，体现领导的个性，不做官样文章，不唱陈词滥调，成一家之言，让人看不出秘书捉刀代笔的痕迹，有利于提高领导的威望。领导与秘书的思想沟通主要靠领导的言传身教，靠秘书的揣摩体会。领导平常应向秘书打开心扉，敞开思想，对重大问题有明确的观点，不能望之像一团雾，下达指示模棱两可，飘忽不定，动辄甩出“你看着办吧”这类叫人难以捉摸、无所适从的话。而秘书要善于捕捉领导思维中深邃灿烂的一瞬，一句警言，一段妙语，都有深刻的思想内涵，要靠秘书去挖掘。常言道：近朱者赤。长期跟着某一领导的秘书，耳濡目染，日积月累，也会形成类似该领导的思维方式，看问题跟领导不谋而合，如出一辙，可谓心有灵犀一点通。

（2）工作沟通。领导与秘书各司其职，秘书谋划，领导决策，工作的着力点相互不能代替，但领导与秘书的工作动态要经常沟通，要形成共振，这样才能提高效率。领导一个时期的工作重点，应向秘书交待，秘书必须围绕领导的工作重点调研、收集反馈信息。遇有重大问题，秘书必须向领导及时报告，不能私自做主，或拖延时日，贻误大事。领导层的重大决策会议要让秘书班子参加，便于会后秘书具体部署安排。领导与秘书的工作沟通应建立在高度信任的基础上，用人不疑，无所隐讳。秘书对领导大事不能瞒，小事不能缠。

（3）信息沟通。领导与秘书之间的信息传递有利于科学决策。领导只有大量地占有第一手资料，经过去粗取精，去伪存真，从中找出症结，才能进行科学决策。这第一手资料除去领导亲自调研的部分以外，大量的还是通过秘书来收集。因此，领导要广开言路，让秘书们畅所欲言，既报喜又报忧，从中筛选出重要信息，为自己的运筹谋划作佐证。领导对秘书也应不失时机地通报一些高层动向、重大信息，便于秘书提前调研，草拟一些高水平、高层次的参阅文稿，便于领导超前决策。秘书向领导传递信息应坚持“实、全、精”的原则，即信息要实在，不能传递道听途说、子虚乌有的信息；信息要全面，不能以偏概全，以小充大，不能只报花好月圆、莺歌燕舞，不报民怨民愁、社会阴暗面；信息要精，要精选信息，让信息有代表性、典型性。值得一提的是，秘书要敢于向领导提供有关领导形象的议论，便于领导调整自己的角色，廉洁自律，勤政自勉。那些专门在领导面前拍马逢迎、心术不正的秘书，不适合留在领导身边工作。

（4）情感沟通。领导跟秘书接触频繁，关系十分密切，但往往可能缺乏情感交流。有的领导只顾用秘书，却不关心秘书的工作、学习、生活和进步。有的领导在秘书面前整天板着面孔，不苟言笑，让人望而生畏，有一种压抑感，造成秘书在领导面前，整天唯唯诺诺，噤若寒蝉，不敢多说半句话。这些都是缺乏情感交流所致。当然也有些领导跟秘书关系太过随便。领导与秘书情感沟通的基础是互相尊重、互相理解，领导要体恤秘书的难处，一声问候、一张贺卡都能让秘书激情满怀；秘书也应体谅领导的苦衷，情急之下的发火、大庭广众下的批评都是为了工作，即使委屈点也要理解。只有相互尊重，才能建立亲密的友谊，工作上是主从关系，生活中是朋友关系。领导与秘书情感交流的最佳渠道是聊天，海阔天空的闲聊往往能打破领导与秘书之间的职务界限，彼此陶醉于古今中外、天南海北的逸闻趣事中，感情距离无形中缩短了许多。领导与秘书家庭之间交往是情感沟通的润滑剂，适当的家庭聚会能给领导与秘书的关系增添一些人情味。

2. 沟通的形式

（1）正面参谋。秘书为人行事要正派，参谋重大事件要起积极作用，不要利用自己的特殊地位乱参谋、瞎建议。

（2）大胆建言。向领导提建议时，秘书人员不必担心说错话或与领导想法不一致而影响相互关系，只有大胆提出建议，才能真正交流思想，真正触及问题本质，这是领导倚重秘书、并与秘书真正沟通的前提之一。

（3）切忌奴性。公关为了和谐关系，秘书对领导公关，不能为了良好关系而不管是非、丧失自我，甚至不惜触犯党纪国法。一味地盲从领导的所有看法并一味地随声附和，不是无能之辈就是别有用心。秘书要做有思想的人才，不做奴性十足的附属。头脑清醒的领导也不会与这样的秘书沟通。

（4）言辞辩证。秘书为领导出谋划策，要懂得辩证法。客观分析问题，言为心声，避免偏激语言，既可传达客观意见，又可让领导乐于接受秘书的进言，沟通效果自然达成。

（5）反应敏捷。领导询问有问有答、参谋建议贵在精要、涉及人事特别慎言、机敏灵活把握分寸。

三、秘书公关意识体现

（一）职业秘书应当牢记自己的身份，上下有别

沟通中，“下”应是主体。以秘书与领导进行沟通为例，秘书经常要汇报、请示、建议，甚至犯错误以后要解释，这都属于向上沟通。在向上沟通时，秘书应该谨记“上下”观念，不可以下犯上，当然也不必奴颜婢膝。

1. 不要自作聪明

领导命令有权威，秘书不可擅自做主进行更改，更不可越过领导替领导

做主。

2. 不可越级汇报

领导下达错误的指令又不肯修正，明显违法违纪或违背公序良俗时，秘书可以行使抗辩权，与更上一级领导沟通。而其他任何时候，都必须在允许的范围内，逐级汇报。

3. 不可煽动不安定情绪

秘书为了维护与领导的良好关系，往往不便当面提反对意见，不具公关意识的秘书，会阳奉阴违，背后捣乱，煽动同事去讨“公道”，这是万万不可的。

4. 不可评价同事工作

平级同事，秘书无权当面指手画脚；而在领导面前贬损同事，等同于质疑领导的识人水平和管理水平。

最好的办法是，不卑不亢：太“亢”，会使领导的面子受损；太“卑”，领导会觉得这个下属太无能，靠赔笑脸混日子。

（二）严守上下级关系

凡事公私分明，不可熟不拘礼。

1. 讲礼貌

以秘书礼仪要求自己，举手投足、言谈举止，温良恭俭让。

2. 守规矩

不越权，不逾矩。

3. 与副职领导融洽相处

秘书不仅要服从正职领导的管理和调遣，还要与副职领导融洽相处，这也是秘书守本分的表现之一。要尊重、服从、支持、理解副职领导的权威，一样讲礼貌、守规矩。态度一视同仁，切忌区别对待。

第三节　秘书协调领导关系的技巧

秘书部门在各类组织中处于中心枢纽位置，能贯穿上下，沟通内外，联系左右。这就决定了沟通协调是秘书的重要职能，秘书的协调是一种非权力支配的公关协调。

一、秘书沟通协调的特点

（一）从属性

秘书的协调无论是领导授权或是职责范围的主动协调，都要以领导的指示、意见、要求和用意为依据，反映领导意图，协调结果要有利于领导实施管理。

（二）间接性

秘书不是领导，没有拍板定案的权力，也没有职能部门人物财方面的分配权，不能直接运用行政手段，而只是在协调过程中发挥沟通、协商、疏导和调节的作用，表现为一种认同疏导，顺势而行。

（三）服务性

秘书工作随领导活动而产生，随领导活动而发展，服务服从于领导是秘书职业的最大原则，秘书无论是上下协调，还是左右协调，都必须吃透领导意图，明确协调目标，体现为领导服务的原则。

（四）主动性

秘书的协调，特别是授权协调工作是被动的，但秘书个人是主动的，秘书在协调时要善于在被动中求主动，眼观六路，耳听八方，善于发现苗头问题和矛盾焦点，通过请示汇报搞好协调，借权而不越权，主动工作、主动服务。

二、秘书与领导的日常沟通

秘书跟领导沟通成功与否，不只影响领导对秘书的观感，有时甚至会影响秘书的工作和前途。

秘书日常与领导沟通，要避免唯唯诺诺的态度，改变诚惶诚恐的心理状态，过分胆小、拘谨、谦恭、服从不利于平等顺畅地沟通。

跟领导说话，要尊重，要慎重，但不能一味附和。“抬轿子”“吹喇叭”等态度或做法，只能有损自己的人格，得不到重视与尊敬，反而可能引起领导的反感和轻视。

在保持独立人格的前提下，秘书应采取不卑不亢的态度。在必要的场合，不必害怕表达自己的不同观点，只要从工作出发，摆事实，讲道理，领导一般是会予以考虑的。

要了解领导的个性。领导首先是一个人有他的性格、爱好，也有他的语言习惯等，如有些领导性格爽快、干脆，有些领导则沉默寡言。对此，必须了解清楚，这不是“迎合”，而是一门学问。

三、有的放矢，与领导协调讲究技巧

（一）争论问题的技巧

有些比较重大的问题或原则性问题，秘书也许会与领导发生争论，争论的结果应该是推进问题的正确解决，对组织的发展有利。如果掌握不好争论技巧，则可能会加深秘书与领导的矛盾，发生争论在所难免，为此秘书应掌握以下技巧。

1. 只争论重要问题

对非原则性小问题可以回避，但看到领导显而易见的错误而不据理力争，一旦发生严重后果，领导会责怪秘书。

2. 和气地开端

以友好的态度，平和的、商量的语气提出争论意见，用语要礼貌。

3. 客气地收尾

无论争论结果如何，意见是否达成一致，结束争论时，都应明确表态，意见仅供参考；争论中如有言语不当或态度冲撞，敬请原谅。

4. 争论对事不对人

争论不涉及问题之外的事情，如领导个性、风格、态度等，避免“你不虚心”“你霸道”之类极端对立语言的出现。

（二）诤言批评的技巧

与人为善、学会赞美，很多时候也适合领导，没有人喜欢被人诟病与批评，领导亦然。但人非圣贤孰能无过，如果领导有错，秘书如何做才能既让领导接受批评，又不损害相互关系，这里需要把握一些技巧。

1. 态度平和，善意当先

不要把批评当成情绪发泄，不要借机表达内心的不快和愤懑。在必须要批评领导时，要把批评的目的摆在第一位，而忽略自己的利益，要让领导明确感受到有益的劝导。

2. 立场一致，体谅当先

旁观者清，当局者迷。秘书人员可能会看到领导缺点与错误，不妨站到领导立场，设身处地为领导考虑，以了解领导的苦衷。

3. 方式转换，改为提醒

如果领导三番五次犯同样的错误，秘书也不要不耐烦，如领导经常遗忘待办事项等，却反过来责怪下属不尽提醒之责，这时秘书可以化批评为反复提醒，以维护领导自尊。

4. 私下批评，避开众人

当众指出领导错误，有损领导颜面，因此，有关批评的话要私下说。

（三）提出要求的技巧

秘书与领导的工作交往中，难免会出现某些问题或困难，需要请求领导帮助解决，此属人之常情。只要不是无理与非分的要求，都可大方提出，但提出要求时要把握一些技巧。

1. 把握界限

以领导对待所提要求的承担能力为界限，不可越过临界点。要求不可过高，条件不要苛刻，否则会适得其反。

2. 有的放矢

直截了当、言语清晰，简短明了地表达意愿和要求。秘书向领导提出要求，实际上是与领导进行语言交流，说服领导。因此，目标明确、开门见山、直奔主题，可以使领导快速做出反应，避免多虑导致沟通失败。

3. 兼顾双方

秘书是下属，维护自己需要的同时，要兼顾领导的需要和处境，不能只顾自己的利益，滥用领导的信任与重视，甚至居功自傲，借助领导的好感绑架领导意图。提要求时要积极正面，从建设性目的出发，切忌消极、负面，对领导出言不逊、指责强求。

（四）化解矛盾的技巧

工作中，上下级之间有可能发生一些不愉快，难免有摩擦和碰撞，甚至冲突。出现矛盾，如秘书处理不当，会加深感情鸿沟，使秘书陷入困境，导致双方关系紧张。不管谁是谁非，秘书与领导产生矛盾，从哪个角度来说都是消极行为。因此，秘书要学会改变尴尬局面、缓和气氛、疏通关系，积极化解矛盾。具体讲，有以下几个方法技巧。

1. 不要扩散范围

矛盾发生在秘书与领导之间，如果不是公开场合的冲突，就不要向他人诉说，哪怕错在领导，也不要向同事诉苦或寻求他人道德支持，知晓矛盾的人越少越好。矛盾周知，会造成态势扩大，同事出于各种考量自动站队，或被别有用心之人借机发挥，以至不利化解。

2. 找准机会沟通

尽快消除隔阂，秘书应主动出击，找准合适机会进行沟通。如果秘书犯错，要勇于认错，找出错误症结，表明改正决心，同时表达希望得到领导关心的意愿。如错在领导，秘书应找一个比较宽松的环境，以委婉的方式，用诤言批评的技巧与领导沟通。

3. 采用冷却处理

出现冲突秘书也可以把矛盾搁置起来，工作一如既往，不计较、不争论，随着时移境迁，矛盾就会冲淡，而冲突造成的副作用，也会逐渐消失。

4. 使用电话沟通

打电话可以避免冲突双方面对面的尴尬和别扭。也可借助短信等方式解释道歉，修复关系。

5. 适时登门道贺

秘书可选择良机，在领导遇到喜事时及时祝贺道喜，此时领导心情愉悦，登门道喜是对领导的尊重，一定不会遭到拒绝。

案例分析

EMC 邮件门事件

2006 年 4 月 7 日晚，EMC 大中华区总裁陆纯初回办公室取东西，到门口才发现自己没带钥匙。此时他的私人秘书 Rebecca 已经下班。陆纯初试图联系，未果。

数小时后，陆纯初依然怒火难抑，于是在凌晨 1 时 13 分通过内部电子邮件系统给 Rebecca 发了一封措词严厉且语气生硬的“谴责信”（附后），并同时抄送给公司的其它几位高管。

面对总裁的责备，这位女秘书没有按常规做法用英文写一封回信，解释当天的原委并接受总裁的要求，同时给自己的顶头上司和人力资源部的高管另去信说明，承认自己的错误并道歉；而是用中文写了封措词同样咄咄逼人的回信（附后）。

并且她回信的对象选择了“EMC（北京）、EMC（成都）、EMC（广州）和 EMC（上海）”。这样一来，EMC 中国公司的所有人都收到了这封邮件。结果毫无悬念——她被立刻解职了。

附：陆纯初写的信

Subject：Do not assume or take things for granted

Rebecca，I just told you not to assume or take things for granted on Tuesday. You locked me out of my office this evening when all my things are all still in the office because you assumed I have my office key with me. With immediate effect，you do not leave the office until you have checked with all the managers you support no matter for the Lunch hour or at the end of the day，OK?

（我星期二刚告诉过你，想东西，做东西，做事情不要想当然！结果今天晚上你就把我锁在门外，我要取的东西都还在办公室里。问题在于你自以为是地认为我随身带了钥匙。从现在起，无论是午餐时段还是晚上下班后，你要跟你服务的每一名经理都确认无事后才能离开办公室，OK?）

Rebecca 的回信：

首先，我做这件事是完全正确的，我锁门是从安全角度上考虑的，北京这里不是没有丢过东西，如果一旦丢了东西，我无法承担这个责任。

其次，你有钥匙，你自己忘了带，还要说别人不对。造成这件事的主要原因都是你自己，不要把自己的错误转移到别人的身上。

第三，你无权干涉和控制我的私人时间，我一天就 8 小时工作时间，请你记住中午和晚上下班的时间都是我的私人时间。

第四，从到 EMC 的第一天到现在为止，我工作尽职尽责，也加过很多次的班，我也没有任何怨言，但是如果你们要求我加班是为了工作以外的事情，我无法做到。

第五，虽然咱们是上下级的关系，也请你注重一下你说话的语气，这是做人的最基本的礼貌问题。

第六，我要在这强调一下，我并没有猜想或者假定什么，因为我没有这个时间也没有这个必要。

（华洁芸．现代秘书实务［M］．北京：首都师范大学出版社，2015：18）

思考题

1. 分析本案例，从 Rebecca 的回信内容看，似乎合理，回应总裁也很及时，为什么结果是她被免职？

2. 秘书对领导可否出言批评，本案例中 Rebecca 的言辞有什么问题？

3. 假如你是 Rebecca，你会怎样回信？

案例分析提示：

1. 一味地忍受确实不是很好的办法，但不顾后果地宣泄是好办法吗？

2. 批评无好话，不要情绪化。

3. 领导是秘书工作对内的首要公众。

四、秘书对领导公关的原则

（一）读懂领导信号

当领导因为某种原因不能、不便或不肯用语言来传递信息时，秘书要学会观察其一举一动，通过其肢体语言领会其真正用意。

例如，周强跳槽至一家公司担任市场部经理，老板平易近人，也很器重他。在一次公司举办的全国性渠道商会议上，有渠道商向老板提出希望公司追加费用，加大电视广告的投放，以协助渠道商推进市场销售。

老板听完沉默了几秒，说道："你的意见我赞同。加大市场投放是好事，但我们内部可能要再探讨探讨。"接着转头问周强的意见。而周强马上顺着经销商的意思将加大广告投放的好处介绍了一番。

周强说完，更多经销商附和起来，在众经销商的压力之下，老板不得不许诺第一季度追加广告投放。

会后老板黑着脸将周强训斥了半个多小时，说周强没有听懂他意思。这时周强才明白，在会上老板所谓的"赞同"是虚话，真实意思却是反对。周强没有读懂老板的"信号"。

（二）做好称职参谋

秘书的参谋工作，是为领导拾遗补缺。领导不了解的情况，秘书及时提供；领导不周全的地方，秘书立马补充；领导批评过火了，秘书帮助缓冲……秘书减轻领导工作压力的有效程度，标志着秘书参谋工作的水平高低。

（三）真诚尊重领导

秘书对领导的尊重体现在以下几个方面：

1. 维护领导威信

任何情况下都不应该损害领导的威信，只为领导补台，不可拆台，注意维护领导的自尊心。

2. 严格执行领导决策

执行领导决策要一丝不苟，假如有人反对既定决策，秘书应该站在领导一边，大胆支持，坚决执行。

3. 尊重领导职权

秘书不可越职代权，时刻守住为领导服务的界限，即使自己的意见未被采纳也不必有委屈失望的心理，重大事件应及时汇报请示。

4. 协助领导过关

领导在工作、学习与处理人际关系时，也会遇到困难，秘书应该积极协助领导过关，尽可能解除领导的后顾之忧，与领导共渡难关。

5. 正确对待领导错误

领导出现错误在所难免，秘书应该于日常工作中尽到参谋职责，帮助领导少犯错误，一旦出现错误，秘书应该及时补救，自觉承担秘书职责，领导纠错时，秘书应做好公众服务，以减少错误损失与负面影响。

（四）洞悉领导肢体语言

秘书可以多加揣摩以下四种情况。

1. 领导给你背影

秘书讲话时，领导未予回应，而是转身背对，此时秘书应放缓语气，或就此打住，或主动询问是非。

2. 边说边走

领导对秘书交代工作，边说边走，其用意有二，要么他自己处理，不用多说，要么交你处理，相信你能做好。

3. 领导表情凝重

领导讲话时，表情凝重，说明讲话内容重要，也可能要求秘书保密，不得外传。

4. 不加理会

秘书向领导汇报，领导自顾干活，眼睛不离手中材料。此时秘书应该拣紧急而重要的问题，以简短语言汇报，或另找时间汇报。

（五）领悟领导的潜台词

初入职场的秘书没有经验，如果听不懂领导说的职场“潜台词”，就会犯错。如果想要尽快破解这些“谜语”，就必须以更加积极的态度融入单位的文化氛围中，多与领导、同事交流沟通，尝试换位思考，体会对方的心态和苦衷，这样才能使自己快速进入角色，在工作和人际交往中变得游刃有余。

比如，领导称呼你“年轻人”，叫你“好好干”的潜台词是“路还长着呢，工作要有耐心和恒心”；领导说：“单位的待遇不错吧”，即使待遇不称心，你也不要反驳，那是领导的自信心；领导说：“某某同志工作很好”，潜台词是某某同志快要提拔了，哪怕这个人实际工作平平；领导说：“工作的成绩只是个人水平的一个方面”，潜台词是看得见的成绩还要有看不见的情商配套才行；领导说：“年轻人，工作不错，但要把人际关系处理好了”，潜台词是：“恭喜你，我认为你有潜力”；领导说：“群众的眼睛是雪亮的（你犯错时）”，潜台词是：“我知道有小人进谗言，但我相信他不相信你”；领导说：“要处理好和同事们的关系”，其实是提醒你：“不要太清高了，要融入单位的氛围”；领导当着你的面，对别人评价你：“这个同志很直爽”，其实是说你不会绕弯儿，太过直来直去。

对于领导的潜台词，我们要做到以下两点。

（1）根据领导说话的语气去感知其本意。肯定的话遵照执行；不确定的语气要多看现场；犹豫不定的话多半与本意相反，如：我就不必去了吧……

这话不能当真。

（2）捕捉领导的真实意图。观察领导表情，心不在焉或不耐烦的神情，做反向理解；意味深长或面含笑容，正面理解；心情愉悦，两可。

（六）解读领导暗语

领导有很多暗语，误解了后果会很严重。下面就通过两个职场故事，解析一下职场中不可避免的交际暗语。

（1）表扬你？其实是警告你。要识别领导所说的话是正话还是反话，是暗语还是明语，重要的就是要了解领导一贯以来的表述方式与习惯，从中去捕捉领导表达中是否存在暗语。

例如：王涵毕业后进入一家外企，积极肯干，年终考核时业务量遥遥领先同期入职的同事。一次开会结束领导特意叫住王涵，拍拍她的肩，说："你的个人表现很突出嘛！"

难得被严格的领导表扬，王涵欣喜不已，更加全身心投入工作。有时为了显示自己的能力，毫不犹豫包下一个组的工作。

一年以后，部门主管职位出现空缺 ，王涵以为肯定会轮到自己。然而，左等右等，却扑了一场空——领导并没有考虑她，而是提拔了一位能力明显低于她的同事。

王涵很不解，去找领导。领导很坦诚地告诉她："这个职位需要的是善于与团队合作的人，而你过于在乎自己的个人表现！"王涵这才意识到，领导过去"称赞"她个人表现突出，实则是在暗示她要注意团队合作！

经过这次挫折，王涵开始格外留意领导的一言一行，特别留心体味领导的言外之意。

有一次领导出差前跟她说："一切都交给你了！"这次王涵没有想当然地自作主张，认为领导真的把决定权交给了自己，而是电话向领导请示，最终做成业务，领导也得到嘉奖。

王涵的领导显然是婉转型的，懂得领导的表达习惯，就要多长个心眼，听出弦外音。

（2）征询你？其实是让你表态。语言表达除了看内容，更要看语境和角度。领导的立场，是安抚下属，争取最大利益。秘书人员设身处地地认真思考，就会少犯错。

职场中领导的话我们一定要听明白，大多数情况，听完领导的话后再思量揣摩一下，是否还有其他意思，慢慢总结规律经验，就会少走很多弯路。

五、特定领导主体公关艺术

（一）与年轻领导和谐相处的艺术

1. 像对待其他老板一样对待年轻老板

如果因为老板比你年轻就心有不甘或不服气，那你可就大错特错了。他之所以比你年轻却能做到更高的职位，肯定有过硬的专业技能或其他一技之长。所以，最明智的做法是尊重老板，而不是散播讨论关于老板及其年龄的八卦消息，最好集中精力全部放在工作上，这是获得老板青睐打开新局面的最佳途径。

2. 不要怀疑，聚焦在老板身上

一个年轻聪明的老板对团队来说是一笔珍贵的无形资产，如果拥有一个优秀的老板，就能训练出一支高质高效的团队。

3. 提高自己的技能

如果你的老板很年轻，在很多地方需要支持和帮助，无形中会加大秘书的工作量。但向好的方向想，这是一个难得的锻炼机会，能接触到更多的事务，对于自己职业生涯大有好处。

4. 学会主动秀出自己

要主动请缨，表现特长，否则如果担心自我表现太过你可能永远也不会引起老板的注意。但要讲究方式方法，要不卑不亢、实事求是，不能吹牛夸大事实，要让老板知道你在哪些领域有特长，在哪些方面取得过业绩，这样便于他放心交给你更多事情。

5. 注意提升个人形象

外在形象也能反映出一个人的专业和职场形象。秘书人员可根据自己的个人条件和流行趋势提升个人形象。

6. 成为一个引导者

年轻的老板可能会和你讨论一些问题，甚至向你请教。这时候你可以通过谦逊、友好、客观的态度，来表达出你的想法，既充分表明自己的意见，又给足老板面子。

（二）职场女性与领导相处的智慧

在职业生涯中，秘书人员会碰到各种领导，但不管是哪种领导，能要成功地与之相处，这是一块锻炼你思考和处理人生难题的试金石。

知识补充

处理好与领导的关系

1. 虚心求教

职业女性要懂得虚心请教。当领导取得了业绩的时候，周围有的是赞美声，你如果只懂锦上添花，不会引起上司的特别注意。因此，明智的做法是虚心请教。你可以恭恭敬敬、真心诚意地请领导分享成功经验，并指出你应该努力的弱点，使对方感受到你是一个虚心学习、很有发展前途的人。

2. 交流简洁

时间是管理者最宝贵的财富，办事简洁利落，是秘书人员应有的基本素质。

所谓“简洁”就是当领导询问时，你必须在最短时间内去芜存菁，直接了当、思路清晰地作出报告。

如果你对自己的口才或记忆没把握，可以采用备忘录，养成随手记下想法和重点的习惯，以条理清晰的形式记下，以便日后整理。如此一来，就算领导在听完口头报告后，还需要一份书面数据，你也不需浪费太多时间准备。

3. 真心尊敬

如何对上司表达尊敬是一门艺术，有些上司公事公办，在工作上却对下属一视同仁；有功绩就奖励，有过失就惩罚，决不颠倒黑白，是非不分。面对这样的上司，你的态度就要谨慎，别让他认为你是在讨好巴结。如果需要表示赞美与认同，就要拿出具体的例子让他知道你不是信口开河。

4. 适度恭维

有些领导自恃头脑聪明，交际广泛，或者背景深厚，自认是了不起的人物，所以趾高气扬，目空一切。这种领导喜欢旁人的瞩目赞美，却讨厌肤浅的恭维话。但也许他的成就正是来自于这份自信。这时，你如果想得到注意，最好透过第三者去传达恭维。

5. 进退得宜

秘书人员与领导往来甚密，但要避免涉入对方私生活。不管你的领导是男是女，是否为你的至亲或好友，在职场里要懂得拿捏和领导之间的关系，以免被人影射走后门。蜚短流长对公司是百害无一利，也不会是秘书人员所乐见的。

（本文选自博客《生活训练师的 BLOG》http：//www. sina. com. cn 2009 年 12 月 23 日 11：06　新浪教育）

知识补充

和女性主管相处的智慧

秘书人员学会和女主管相处，说不定会对你的职业生涯有所帮助。

1. 别轻易探询私生活

单纯的职场新人为了向女主管献殷勤，开口就称赞对方兼顾家庭与事业是多么难能可贵，殊不知对方根本仍是小姑独处。一个女人能做主管，绝对不是靠美貌和几根白头发所换来的，因此，她的世界也许比你想象中更孤寂，成熟的职场人，不会轻易打探个人隐私。

2. 留心自己的服装仪容

男性主管大多只着眼工作能力，但女性主管却会注意你的服装仪态。如果你的衣着太过年轻可爱，或者领口很低太过性感，都有可能引来女主管不好的印象。女人天生心思细腻，要求入微，因此你不能轻视自己的态度举止，包括那无声表态的“上班服装”，从你的衣着，精明的女主管便能猜出你下班后的去向，如果你希望被她视为专业的可用之材，就别轻易把相亲的小洋装穿出门。

3. 热切交流但不忘分寸

女人和女人之间总是有说不完的话题，无论是谈男人，谈家庭，谈时尚美容、命理甚至减肥，女人之间很容易因为话题共鸣而热乎起来。但别忘了她毕竟是你的上司，如果因为几次交谈，就把对方视为可以逛街购物的姐妹，大大咧咧地在上班时间分享起百货公司折扣讯息，这样只会让对方困扰：你到底是不是个称职的工作人员？

思考题

1. 秘书与领导的关系有何特别之处？
2. 领导风格有几大类？秘书如何应对？
3. 尊重领导的具体做法是什么？
4. 秘书如何选择对领导的公关意识？
5. 秘书与领导之间争论问题有何技巧？
6. 秘书应该怎样批评领导？怎样向领导提个人要求？
7. 与年轻领导如何相处？
8. 与异性领导如何相处？

第五章 现代秘书公关对象——内部公众

所谓秘书公关对象就是指秘书在整个公关过程中所要面对的交往对象，主要包括对内的单位领导和同事，对外的客户、新闻界等公众群体。

从具体的目标公众分析，秘书公关对象有内部公众、社区公众、顾客公众、媒介公众、政府公众、名流公众、国际公众。

秘书公关对象的内部公众指秘书在组织内部沟通、传播的对象，包括组织内部全体成员构成的公众群体，如秘书首要辅助的领导，企业的员工、股东及政府部门等。

本书从公众与组织的所属关系角度，具体分析秘书内部公众与外部公众的公共关系。第四章分析了组织的领导，本章分析同事、企业的员工和股份制企业的股东。

第一节 特殊公关对象——同事

同事既是内部公关工作的对象，又是外部公关工作的主体，是与组织自身相关性最强的一类公众对象。

工作中，秘书处于一个特殊的地位，日常，不但要与上级处理好领导关系，还要与同事处理好平级关系。同事关系是因工作而形成的社会关系，对秘书开展工作起一定的作用。处理好了，可以促进工作；处理不好，则会对工作产生负面影响，使工作变得阻碍重重。

一、秘书部门内的同级关系

（一）部门内关系

秘书部门内秘书与秘书间的关系是一种横向的人际关系，其特点是：

1. 直接性

在同一部门工作，秘书与秘书既要分工又要协作，要面对面地商讨、研究问题，交换意见和看法。相互间的关系融洽和谐，往往是从这种直接性的、首要的工作关系中形成和体现出来的。

2. 频繁性

秘书接触最多的就是同一部门内部的其他成员。朝夕相处，频繁接触，使秘书间增进了解，求大同，存小异，共同努力实现既定的工作目标。同时，由于频繁的接触，秘书之间在一些问题上产生矛盾的机会也随之增多，如果处理不妥，也容易产生隔阂，给工作带来困难。

另外，秘书之间的同级关系是平行关系，没有尊卑之分。

（二）部门间关系

同一组织内各部门人员间的同级关系。

这主要是指秘书与企业内计划、生产、营销等部门人员之间的关系。这种同级关系与部门内的同级关系不同，这里的同级关系是：分工合作的关系。这一类同级关系的特点主要有以下几个：

1. 差异性

一个组织内虽有许多平行的单位或部门，但由于部门的职责范围和性质不同，在组织内作用的重要性也是明显不同的。

2. 依存性

企业各部门的差异性是分工的结果，有分工就需要合作。为了完成既定的任务和达到统一的工作目标，秘书与各个部门在完成自己特定任务的过程中，是互相联系和互相依赖的。

二、同事性格类型解析

秘书身边同事的性格可分为以下类型：

第一，埋头苦干型。这种同事惯常劳碌，态度认真，即使不被重用，也仍然努力上进。其工作动机可能是不甘落后或期待有所成就。

第二，野心勃勃型。这种同事要么专注自我表现，追求成功；要么急功近利，浑身长刺。

第三，根深蒂固型。这种同事多为公司元老，常以老板的亲信自居，凡事好发表意见，批评指责。

第四，自卑压抑型。这种同事资质平庸、形象普通，有自卑倾向。这种同事对别人的不同意见，表面一笑置之，似乎毫不介意，实际内心充满不满，嫉妒他人成功。

第五，点头哈腰型。这种同事看起来礼貌周全、恭敬谦卑，实际要么是热情友善，要么是奸诈虚伪。

第六，长舌话多型。这种同事胸无大志，不学无术，喜欢说长道短，靠人际关系作为生存手段。

三、秘书处理与同事关系的要求

秘书要处理好与一般同事关系，必须掌握以下几个要求：

（一）真诚地关心别人

秘书必须认识到，工作要顺利进行并取得成果，上司的信赖固然重要，但同事的支持和合作也必不可少。秘书要取得同事的支持和合作，就应该主动地、真诚地关心同事。要想得到，就要付诸行动。首先要以谦虚、平等的态度对待同事，切不可以“二首长”身份自居。代表上司向同事布置任务时，尽量以商量口气，不能颐指气使，发号施令，工作上应多体谅同事的难处，尽力给予帮助解决。现代秘书人员对同事也应树立“服务”意识，多关心同事的生活和情绪，抽空多与同事接触，增加了解，消除隔阂，促进友好合作。

（二）坚持同等友好

秘书与同事之间应尽量做到同等友好，而不要对某些人特别亲密，对某些人表现疏远。即使秘书与某位同事特别情投意合，也应注意在公务场合不要表现出来，如经常同进同出，同桌吃饭，闲时聊天等，以免遭到其他同事的嫉妒或被上司怀疑搞小团体。

（三）积极维护团结

秘书作为主管上司与群众之间的中介和桥梁，应努力维护上下的团结。秘书在向下传达指令时，应注意维护上司的威信与形象；同样，在向上反映情况时，既不能隐瞒、掩饰，又要对事不对人。对于同事、员工间的矛盾，也应尽已所能加以协调、缓和。总之，维护同事间的团结，维护上下之间的融洽，归根到底是为了维护整个组织的利益。

四、与不同性格同事的相处原则

与不同性格的同事相处应该注意以下六点：

（1）与埋头苦干型同事相处，切忌锋芒毕露，应该正常表现，激发其热情，让其帮教协助，这种同事是工作的良好伙伴。

（2）与野心勃勃型同事相处，如是道德高尚者，大可模仿学习，积极向他靠拢；如是“箭型”，要注意凡有可能成为他对手的人，都会被他视如敌人。面对这种同事，要么避而远之，要么结成战友。

（3）与根深蒂固型同事相处，切忌过分亲热或冷淡，要让自己显得不起眼，需要时顺其旨意，点头应允。

（4）与自卑压抑型同事相处，不要与其有正面冲突或较量，避免成为其眼中钉肉中刺。这种同事才智欠缺，缺乏信心，一般都是失败者，对其回避是不错的选择。

（5）与点头哈腰型同事相处，少说为宜。千万不要把他当成知心朋友，否则容易惹来对方的轻视。

（6）与长舌话多型同事相处，你若平庸，他会恭敬，你若出众，他必造谣污蔑，对这种同事，应该敬而远之。

五、同级关系的处理艺术

处理矛盾的艺术在于“治人”先“治己”。出了问题，先从自身找原因，进而产生强烈的“治人效应”，化解矛盾，解决问题。同事中出现意见分歧，秘书要能客观公正、不偏不倚。同事之间出现分歧，产生矛盾，是正常现象。适时回避，能使对方头脑冷静，便于问题的解决。一个秘书应胸怀坦荡，有君子之心，即使别人做了错事，亦应以德怀之、以情感之，这是征服人心之上策。

增进同级间感情要注意主动沟通；善于选择沟通交谈的时机、场合和对方感兴趣的话题；态度谦虚诚恳；善于体察对方心理，因势利导，循循善诱地深入交流；讲究语言艺术；相逢开口笑；善于控制情绪；关键时刻送温暖；求同存异。

秘书与同事一般是合作关系和业务关系。但是由于秘书工作的地位特殊，处于领导与员工之间，且接近领导比较容易受到妒忌或猜疑，很难与员工打成一片；而秘书工作的性质又要求他们在领导与员工之间上传下达、反映情况、沟通协调，员工往往视秘书为领导的替身。如果上下关系融洽，秘书自然是左右逢源；如果上下关系紧张，秘书就成了矛盾的焦点。因此，秘书不容易处理好与同事的关系。这也是很多秘书容易受到领导的信任和器重却缺乏群众基础的重要原因。

六、秘书协调与同事关系的艺术

（一）公开竞争，权责分明

同事之间既有合作又有竞争，应明确权责，在自己的工作范围里施展才华，不去侵占同事的业务领域。工作分工不分家。每个人都有自己的职责，一般来说，我们提倡在力所能及的范围内积极地应对同事的求助，不要推诿。只有在自己确不能帮助时，才拒绝并说明理由。

（二）不与小人抢功争名

要力所能及地帮助别人，但要记住工作中有许多人喜欢偷懒，把难事推给别人做，而在有了好结果的时候来争名抢功。在这种情况下，要维持良好的工作关系就要在帮助他人的时候，不纠结，多帮助；当不能帮忙的时候，明确告诉他原因。当有人想抢功劳，要让着他。要知道这样的人基本上是个小人，对于小人，我们要敬而远之。

（三）不传播流言，不议论隐私

同事的是是非非都不要去传播。

（四）不拉帮结派

同事之间，君子之交，越淡越好。“淡”是指不要与人疏离，也不要跟人拉帮结派。同事永远是不远不近，遵守社交距离为好。

（五）经济往来一清二楚

同事之间可能会发生馈赠礼品、借钱借物等物质来往，应认真对待，切忌轻易遗忘，引起误会。在物质利益上占人便宜，无论是有意为之，还是无心之过，都会让人心生不快，降低自己在对方心目中的形象地位。

另外，要特别注意：与异性同事相处，要保持一定的空间距离。注意不要把私生活带入职场，与异性之间的情感应控制在友谊范围内。两人单独交谈时，不要对异性过多倾诉私生活，偶尔玩笑不能流于低俗，不可有不必要的肢体动作；注意语言文明，不说脏话，不嗲声嗲气。

同时，还须遵守白金原则：

（1）同事之交行为合法，不能要什么给什么，秘书做人、做事都需要底线。

（2）同事交往应以对方为中心，对方的需要我们尽量满足。

（3）对方的需要须有基本的标准，而不是说想干什么就干什么。

(4) 同事之间的平等永远是相对的，当你为别人服务时尽量做到有求必应，不厌其烦。

(5) 端正态度。我们有什么样的心态就有什么样的生活和工作，简言之，心态决定一切。善待自己，善待他人。一个人懂得善待自己，他的工作与生活才有质量，他才能得到别人的尊重。

七、破解职场“暗语”

职场暗语不仅出现在上下级之间，同事之间的交流也流行“打暗语”。

例如：小林在市场部做企划，做了一份自认为极富创意的企划案，在开会前热情地和同事交流。一位同事说：“看起来很有意思，或许你可以询问一下别人的看法。”她又兴奋地去问别的同事，另一个人给出的也是同一句话，小林读出的意思是，大家都对她很肯定。

但当她向领导汇报时，领导却是质疑和不喜欢。小林困惑地问一个好朋友，朋友说，别人说这句话是不想打击你的积极性而已，并不是真的肯定你。

有时同事间的交流，碍于面子或关系，同样会用让人摸不着头脑的暗语。最好的办法，是找真正交心的人交流，或者向和自己无利益冲突的前辈讨教，低调行事。

知识补充

影响同事关系的五种言行

同在一个单位，或者在一个办公室，搞好同事间的关系是非常重要的。以下五种言行如果平时不注意，很容易把同事间的关系搞僵。

有好事儿不通报。单位里发物品、领奖金等，你先知道了，却一声不响地像没事似的。这样几次下来，别人自然会有想法，觉得你不太合群。以后有这类好事儿，也就有可能不告诉你，如此下去，彼此的关系就不容易和谐了。

进出不互相告知。你请假不上班，或即使临时出去半个小时，也要与同事打个招呼。这样，倘若领导或熟人来找，也可以让同事有个交待。如果你什么也不愿说，进进出出神秘兮兮的，受到影响的恐怕还是自己。互相告知，表明双方互相的尊重与信任。

不说不可以说的私事。有些私事不能说，但有些私事说说也无妨。比如你的男朋友或女朋友的工作单位、学历、年龄及性格脾气等；如果你结了婚，有了孩子，关于爱人和孩子方面的话题，在工作之余，都可以顺便聊聊。这样可以增进了解，而信任是建立在相互了解的基础之上的。

有事不肯向同事求助。轻易不求人，这是对的。但有时求助别人反而能表明你对别人的信赖，能融洽关系。礼尚往来，你不愿求人家，人家也就不好意思求你；你怕人家麻烦，人家就以为你也很怕麻烦。良好的人际关系是以互相帮助为前提的。当然，求助要讲究分寸，尽量不要使人家为难。

拒绝同事的“小吃”。同事带点水果、瓜子、糖之类的零食到办公室，休息时分吃，你不要一概拒绝。有时，同事中有人获了奖或评上了职称什么的，大家高兴庆祝，对此，你应尽可能积极参与。如果你却每每冷拒，时间一长，难免给人以清高和傲慢的印象，觉得你难以相处。

第二节　企业公关对象——员工

员工是组织赖以生存和发展的细胞，是组织公共关系活动“内求团结”的首要对象。员工又是组织公共关系活动“外求发展”不可忽视的重要力量，是“兼职”的公共关系人员。员工关系会对企业的发展潜力产生强烈的影响。这种关系取决于不同的社会环境以及管理者对员工的基本看法。

管理者既要把员工看作需要通过资源投入才能够形成的一笔财富（即真正的人力资源），也可以将员工仅仅看成实现最小化支出的一项成本。

一、处理员工关系的理论

（一）人性理论

企业建立积极正向的员工关系，可以吸引且留住优良员工，提高员工生产力，增加员工对企业的忠诚度，提升工作士气，提升公司绩效。组织需要通过员工的认可和支持来增强内聚力，组织也需要通过全员公共关系来增强外张力。

（二）行为理论

1. 制定政策、规则和工作程序

企业需要制定规则，使每一个员工知道管理者对他们的期望。管理者需要不断地与员工进行沟通进而使企业制定的政策、规则和工作程序能够得到下属的支持，并且一贯地加以强化。就是说，企业要通过建立制度而不是通过人治来建立积极正向的员工关系，从而避免管理中的随意性。

2. 建立积极正向的员工关系

这样可以降低旷工、缺席发生的频率。员工缺勤率提高，会增加补充员工、培训和绩效损失带来的企业经营成本。而员工离职率提高，将增加招聘、培训和绩效损失带来的企业经营成本。

（三）双因素理论

建立和谐的员工关系，是企业文化建设的重要方面，也是良好企业形象的重要方面。

和谐的员工关系是上级与下级之间、平级同事之间、不同部门之间的润滑剂，它是激励员工、减轻工作压力的重要手段之一，有利于员工之间的沟通，也是培养和加强员工团队意识、平等合作精神的重要手段。

一些知名企业，如雅芳、IBM、宝洁等，都设有员工关系经理，专门负责做好员工关系的管理工作。

案例分析

开除患癌女教师院长不再兼任学院董事长

2016年8月14日，兰州交通大学博文学院32岁的女教师刘伶利因癌症和并发心脏病，离开人世。次日，有网络平台公号发布消息称，刘伶利在确诊癌症后被学校开除，刘伶利就此事向法院提起诉讼，2015年10月20日一审胜诉，2016年6月二审维持原判，但博文学院随后迟迟未履行法院判决。

8月22日，在媒体跟进报道后，博文学院发文恢复与刘伶利的劳务关系，补偿72 000元的工资及丧葬抚恤金，并对人事处处长江雪芸做出停职处理。

8月25日，陈玲带领30多名下属接受澎湃新闻独家专访，称在媒体曝光前并不知道刘伶利患癌，学校的决定皆为集体决定，自己并非网传的“一言堂”。她还出示北师大博士同等学力证书、北大国内访问学者证书等，称自己的学历没有问题。

随后，曾被兰州交通大学派往博文学院担任院长职务的郭同章等多位博文学院前院领导、教职工分别接受澎湃新闻专访，称陈玲在学校搞“一言堂”、逼走多位兰州交通大学派去担任领导职务的人员并自任院长，办学主要以赚钱为目的、其博士文凭有问题。北师大经济与工商管理学院办公室主任韩丽丽也告诉澎湃新闻，从没听说过陈玲出示的北师大博士同等学力证书，不清楚其是否有博士研究生同等学力证书，学院也没有办法进行核查。

8月29日，甘肃省教育厅负责宣传的梁主任告诉澎湃新闻，省教育厅也在等待兰州交通大学调查组的调查结果。

9月1日晚9点16分，甘肃省教育厅在其官方网络平台公号“甘肃教育”发布消息称，8月31日，甘肃省教育厅召开民办高校工作会议，对独立学院和民办高校办学提出了相关要求，包括民办院校董事长和院长必须分设，学校所有权和管理权相分离；省内5所独立学院必须自觉接受母体学校的领导；母体学校必须履行对各自独立学院的监管责任；民办院校要保障教师合法权益。

该消息发布之日，距兰州交通大学博文学院32岁的女教师刘伶利因癌症和并发心脏病去世刚过半个月。

兰州博文学院多名原教师反映因患病被学校开除

本报8月19日报道了《大学女教师患癌被开除事件调查》，8月20日，兰州交通大学派工作组到博文学院对此事进行调查。8月22日，博文学院发出道歉信，承认“学院草率作出了解除劳动合同的决定，实属不妥”。8月23日，博文学院院长登门道歉，家属获得赔偿。

近日，多名博文学院原教师向中国青年报（中青在线）记者反映，他们与刘伶利一样，有因为患病被学校开除的经历。谁会是下一个“刘伶利”，我们该怎么办？

劳动问题专家梁智认为，开除与解除劳动合同不是一个性质的问题，“开除”是一种行政处分，“解除劳动合同”是用人单位对劳动关系的处理。

“从这一点来说，博文学院没有做到善待员工。”他说，“学校不同于一般的企业，是给学生传道授业解惑的地方，担负的社会责任应该比其他的企业要大一些。”

他从历史的角度进行分析，在改革开放之前，学校属于事业单位，是参照国家机关的标准进行管理的。这就让一些学校延续一些自以为是的做法——把自己当作一个行政机关，觉得有权对员工进行处分。

“开除是什么行为，是过去行政机关对待干部和职工的一种行政管理手段，适用于上下级为隶属关系的一些单位，包括警告、记过和开除等处分。”梁智表示。

在他看来，学校与被聘用的老师之间属于劳动关系，在法律地位上是平等的，并不是过去的隶属关系。

他分析称：“用开除的形式处理刘伶利的问题，学校的做法在法律上就错了。学校并不是行政机关，只能参照劳动法来处理。但是社会上类似的现象有很多，往往是用人单位滥用了自己的管理权利。”

山西大学教授孙淑云多年从事劳动与社会保障法律问题研究。在她看来，与刘伶利的案例类似，现实中有很多用人单位都是以劳动合同有约定为借口，达到违法的目的。这样的合同内容就是“黑条款”，实际上这是侵害劳动者利益的规定，给用人单位带来随意解释的空间。

对于年轻人遇到类似的事情该如何维权，孙淑云教授回应称，“以后要发生类似的事情，年轻人可以直接申请劳动仲裁，如果不行的话，可以提起诉讼。”

[2016-8-25-07：11：00　来源：澎湃新闻网（上海）举报原标题：中青报：多名原兰州博文学院教师反映，因为患病被学校开除]

思考题

1. 对博文学院来讲，教师是需要通过资源投入才能够形成的一笔财富，还是实现最小化支出的一项成本？

2. 试用行为理论分析院长陈玲在处理员工关系中的成败。

案例分析提示：

1. 员工本身就是兼职的公关人员，员工的境遇也能反映组织的形象。
2. 要建立正向员工关系，维护员工资源。
3. 组织形象的树立首先要建立在合法的基础上。

二、员工关系建设目标

员工关系的建设，通常有三个重要的目标。

（一）建设和传达企业文化

组织文化是长期积累的一套准则、信仰、仪式、活动及传统习惯。一个组织的文化可比喻为一个有投入、中间过程和产出的池塘，投入就是从外面流入的活水，中间过程就是池塘中生物之间的共生关系，产出就是新形成的涌入其他系统的水流。组织有人员、思想、目标和技术等新鲜投入，中间过程和产出包括规则、角色关系、相互作用的方法、态度、价值观和信仰等。当一个新的组织成员接触到一种新文化时，他马上能感知这种文化和他熟悉的旧文化之间的差异。而在旧文化中习以为常的人们很难对所处的文化加以变革，如何将家长专制式的文化、官僚主义的文化改变为协作参与型的文化是企业文化变革的重要课题。

加利福尼亚州圣弗朗西斯科市北部的硅谷因信息技术业的活跃而闻名遐迩。人们认为，对这里取得的成功而言，其流行的文化是比经济、技术因素更重要的关键原因。这种文化的主要内容是：包容失败——对待破产就像对待一场过去战争的创伤；

追求风险——把技术问题视为一个机会；

对公司再投资——在硅谷挣的钱绝大部分都用于当地的投资；

对变化充满热情——“不让自己过时，而是参与竞争”；

论功行赏——年龄和经验无足轻重；

沉迷于产品的改进——对新思想和新产品的迷恋；

合作——职员是借来的，思想是共享的，偏爱是互换的；

任何人都可参与——每个人都有挣大钱的平等机会。

英特尔公司一直注重企业文化创新，在公司中确立了企业文化的六项准则，这六项准则是：客户服务、员工满意、遵守纪律、质量至上、尝试风险和结果导向。公司内部人人平等、高层管理人员和普通员工一样上班守时，不搞管理人员的特殊待遇：没有给高层人员保留停车车位，没有管理人员的餐厅，每个员工都有平等的机会获得股权奖励。贯彻公司文化首先由高层人员带头，高层管理者和总经理忠于公司文化。

一些看起来不太重要的小事，如果高层管理人员不努力做好，就会影响到全体员工的执行。所以，英特尔公司的主要领导，人人倡导对事业执着进取的价值观。公司总裁巴雷特说过，如果有什么关键因素指导我们如何推进企业发展的话，那么这个关键因素就是公司文化。80年代世界上风靡“走动式”管理，这种管理模式是强调企业家身先士卒体察下属，了解真情。又称为看得到的管理，企业主管经常走动于生产第一线，与员工见面、交谈，希望员工对他提出意见，能够认识他，甚至与他争辩是非，是一种现场的管理，作为跨国公司的总裁，每年巡视英特尔公司国内外的所有工厂已成为巴特雷的工作惯例，人们给了他一个称号，叫“环球飞行管理者”，他担任公司高层管理工作已经有15年，他的家在英特尔公司最大的制造基地菲尼克斯，而不是英特尔公司的总部所在地硅谷。前总裁葛鲁夫说，巴雷特累积的飞行里程足以买下美国西部航空公司了。

英特尔在对旧组织和旧文化实施变革中强调了“冲破旧习惯”“变低效为高效”“以文化推进经济增长”的策略。

组织文化的成长是分阶段的，一般分诞生期、青春期和成熟期。要克服组织文化在每个阶段的危机，都需要一个文化的转型，这个文化转型可能来自于内部机制的要求。即使是社会形态和工作固定在某一个阶段上，在组织从诞生向青春期到成熟期的成长过程中，组织文化也会经历一系列变革。

（1）在年轻的刚发展起来的组织中，其文化可能是家长专制式的，也可能是协作参与型的。如果工作配置是个人化的，工作技术是手工操作的，组织设计是简单的、直线式的，整个组织很可能是创业者个人的一条长长的影子。反之，如果工作配置是自主独立的，工作技术是日新月异、动荡变化的，组织设计是矩阵式或有机的，组织的文化就可能是协作参与型的。

（2）当组织向青春期发展时，需要培养身份意识，增强控制，它的文化可能倾向于官僚主义。

（3）当组织迈向成熟期，对创新的需要可能重新出现，面对日新月异、动荡不定的技术环境，组织设计要变成有机的，工作配置要成为独立自主的，企业文化则要求变成协作参与型的。如果竞争较少而且技术稳定，组织的设计可能会保持其机械、保守，缺乏改革意识。

目前，绝大多数欠发达国家中文化上有偏向家长专制的倾向，社会上官僚主义结构基本上占主体地位，而发达国家则正向协作参与型过渡。前沿的科学技术、有效个人需求层次和滞后的组织设计、工作配置及社会准则之间的不协调，会导致内部改革的张力，首席执行官的取向在发展一种合适文化的过程中起着关键作用，发展出来的这种文化应能和组织发展阶段、工作及员工的专业化程度，及占主流的社会形态等相一致。当社会形态、组织设计、工作配置、首席执行官的取向以及人们的需求从传统向大规模生产及更新形式的阶段迈进的时候，组织的文化也必然要变革，但文化变革不是轻而易举的，组织在一段时间内会蒙上一层“外壳”而不易改变，人们的观念也会穿上“铠甲”而不愿改变，所以，组织文化的变革会经历阵痛。跨越了这个阶段之后，企业就会形成与新业务和新发展规划相适应的组织文化。

（二）进行有效的管理

管理者可以通过以下四种管理方式对下属进行有效的管理：

（1）管理者应当根据员工是否能够完成任务为标准来进行工作分配。关键是要知道员工的优势和劣势。为了增加员工对企业的认同，必须使他们感觉到他们的工作对企业来说是非常重要的。如果员工认为他们的贡献在某种程度上是独一无二的、特别的或具有创造性的，那么员工可能更加积极地工作，逐渐成为企业比较重要的资产。

（2）管理者需要对自己的时间进行管理。因为拙劣的时间管理的后果是工作过程和程序不能按部就班地进行。这可能导致员工和外部顾客的不满。员工非常重视自己的时间，如果时间不能被很好地利用，员工可能会感到管理者在浪费自己的时间。优秀员工和外部顾客可能就会消失。

（3）管理者要善于对冲突进行管理。很多管理者由于工作繁忙而没有时间去思考解决冲突的最好办法。他们往往只作出被动反应而不会思考产生问题的原因。冲突影响企业的绩效以及目标的达成。管理者需要专心思考冲突的解决办法和如何防止冲突的产生。绩效改进辅导应当被认为是一种积极的行为。员工有权知道他们应当怎么做。与员工积极地沟通是管理者的一项义务。

（4）管理者要重视与离职者面谈。事实上，离职面谈是发现员工真实感受的一种好的方式，可以推动企业采取合适而正确的管理方式。企业必须能够接受批评和对批评者不予惩罚。大多数员工不相信管理者会这么做，他们害怕受到惩罚，尽管以后将不在企业工作。除非企业已经建立信任机制，否则离职面谈的结果就不能达到期望的效果。同时离职面谈的反馈结果如果没有得到运用，那么离职面谈就毫无意义。如果能够合理运用离职面谈，可以识别企业中存在的问题，进而促进问题的解决。

（三）招聘合适的人

雇佣、招聘、配备合适的人是避免员工关系问题的非常重要的一个方面。预防性的措施包括良好的面试、实际工作预演等。需要花费一定的时间把企业的政策、工作程序以及员工与雇主的法律义务告知新员工。把合适的人引进到企业中来，招募与甄选是第一道关口。决定谁是合适的人不能完全依据经验与学历，还要考虑其个性、态度、沟通技能以及其他与企业相匹配的行为特性。比如在招聘或提拔管理者时，需要候选人具备较强的人际沟通技能。如果管理者沟通技能拙劣，将会产生冲突或工作绩效较低的问题。

（四）创造愉悦、和谐的工作环境和良好的员工关系氛围

要满足员工的物质需求和精神需求，主要应注意以下六点。

（1）思想上高度重视员工，尊重和保障员工的民主权利；

（2）培养员工积极向上的精神价值观；

（3）造就轻松愉快的“家庭”气氛；

（4）协调好员工之间的人际关系；

（5）为员工提供发泄不满情绪的场所。

（6）建立员工帮助计划（EAP）。

EAP又称员工帮助项目或员工援助项目，就是组织为帮助员工及其家属解决职业和心理健康问题，由组织出资为员工设置的一套系统的服务项目。EAP是心理卫生服务的一种。员工帮助计划的目的在于透过系统的需求发掘渠道，协助员工解决其生活及工作问题，如工作适应、感情问题、法律诉讼等，帮助员工排除障碍、提高适应力，最终提升企业生产力。企业应当向员工提供有关员工帮助计划方面的信息，并鼓励其在需要的时候接受服务。这项计划应当与其他任何计划（如医疗计划）一样受到企业的重视。EAP的目标是追求物质和心灵并重，努力营造工作与生活融合的舒适环境。比如公司设置24小时的开放空间，员工可以在这里纾解工作压力。

（五）上情下达、下情上传，确保良好的沟通

建立自由沟通、和睦友好的气氛，可为企业实现管理目标提供精神支柱和思想动力。一般来讲，成员沟通交往机会多、信息沟通状况好的企业员工关系较好。比如，日本的许多优秀的企业（如丰田、松下等）在建立积极正向的员工方面做得非常出色，他们的最主要经验就是注意沟通，特别是双向沟通。

双向沟通指信息的发生者和接受者的方向和地位不断更换，信息发出后会立即得到反馈。双向沟通的最大优点在于能达到真正意义上有效的人际沟通，可增进彼此的了解，加深感情，特别是有助于了解员工的思想情绪以及心理状态。沟通的内容不仅包括事实，还包括思想和感受。沟通双方在交流思想、分享感受的过程中能够加深理解和信赖。所以，沟通不仅是信息传递的重要手段，还是建立良好员工关系的主要方法。企业中沟通的形式一般有以下三种：

第一，新员工导向。这种沟通有助于减少新员工刚进入企业的不安感和忧虑，从而减少最初的离职率。

第二，会议。此沟通方式在企业是非常普遍，有利于更快地传播信息。秘书人员要注意，进行员工之间信息的交换，会议往往不是最好的方式，特别是可能产生争论的时候。

第三，通过公司的刊物进行。这种方式可能是一个主要的沟通工具，但不是唯一的工具，而且可能不是最重要的一种沟通手段。因为公司刊物不能替代面对面的口头交流。

三、影响员工关系的因素

有管理者认为对员工的积极正确评价是员工关系计划的基础。这些计划在一定程度上是有效的，但是这并不是员工关系的核心。员工关系的核心是一个不断建立关系的过程。企业应花费时间、精力来建立。建立积极正向的员工关系，首先要明确影响员工关系的因素有哪些，然后根据影响因素制定管理措施从而改进员工关系。

（一）沟通是影响员工关系最重要的因素

如果企业沟通渠道不畅，缺乏必要的反馈，就会引起很多矛盾，导致员工工作热情和积极性下降，影响工作效率。不断进行的双向沟通将会增进员工关系，减少冲突，增加员工对企业的信任。如果员工不信任管理者，上行沟通将会受到阻碍；如果管理者不信任员工，下行沟通将会受到影响。

（二）管理者的管理理念影响员工对企业的信念和管理者的动机，进而影响员工关系

如果员工不支持或不理解管理者的道德理念，他们将间接地对管理者的动机产生疑问。这将使员工产生压力，进而影响员工的工作绩效，同时也影响员工对企业的信心。在员工关系中，信心有时比现实更重要。员工将根据他们对企业的信念履行工作职责，应当明确地告知员工工作的真实情况。良

好的沟通将确保员工的信念与企业的现实相关联。另外，重视和关心与工作问题有关的员工情感是建立员工关系的重要部分之一。

（三）冲突是产生负向的员工关系的直接起因

冲突是由于工作群体或个人试图满足自身需要，而使另一群体或个人受到挫折时的社会心理现象。企业内冲突表现为由于双方的观点、需要、欲望、利益和要求不相容而引起的激烈争斗。企业内部的冲突既可发生在个人与个人之间，也可发生在群体与群体之间。如上下权力层次间的冲突、同一权力层次各部门之间的冲突、职能部门和一线班组之间的冲突等。企业必须解决冲突，从而避免不适当的压力对员工或绩效产生负面影响。

（四）管理者对员工的期望不明确将增加员工的压力，进而影响员工关系

员工需要知道管理者对他们的期望是什么。员工不喜欢得到特别的惊喜，知道管理者的期望将极大地减少员工的工作压力。

（五）企业是否公平地对待所有员工是影响员工关系的关键因素

公平可以简单地认为在相同的情况下，对所有的员工都一视同仁，不存在厚此薄彼。但并不意味较高的绩效不应当得到较高的报酬。对员工来说，公平也意味着获得公平的工资和福利。

企业在制定员工奖酬制度时，一定要公平对待和尊重员工。有许多方法可以奖酬员工，其中一种方法是通过建立正式的奖酬制度来确保员工受到奖励。如果奖酬制度能够严格地执行，那么员工就会感觉自己受到了公平的对待，从而提高工作的积极性。奖励计划不应当只针对某些员工而把其他人排除在外，员工会很容易地发现企业的偏袒。企业应当精心设计报酬形式，因为任何形式的报酬或奖励都对员工有一定吸引力。只有这样，才能增加员工的满意度，更好地激励员工。

四、维护员工关系的艺术——情感沟通

在越来越注重人性化的现代企业中，情感沟通成为最重要、最有效的沟通方式。

现代企业公关已经不仅局限于“顾客是上帝”，而是在紧抓顾客消费心理的同时，首先立足于企业内部员工，通过情感沟通，使企业内部员工具有共同的价值观和信念，增强企业凝聚力和向心力，充分发掘企业员工积极性和创造性，谋求企业长足稳定发展。因此，良好的情感沟通，无疑会提升企业的公信力、美誉度和竞争力，最终实现企业的经济效益和社会效益。

（一）情感沟通内涵

在社会组织中，沟通是实现管理职能的重要途径。沟通是个体与个体、个体与群体之间思想、感情、认知的传递与反馈的过程，以达到思想的认同和感情交流的通畅。

情感沟通是现代管理的高级艺术。情感沟通是通过情感交流方式达到双方之间的理解、认知和共识，实现管理的意图。情感因素对于态度的作用比认知因素更加深入和稳定，因此与公众之间的情感沟通能更有效地影响公众的态度和行为。

在现代企业管理过程中，要通过情感沟通使企业员工对企业文化以及企业短期和长远目标形成认同，对企业具有归属感，充分发挥企业员工的创造力和想象力，实现企业员工的自我管理和企业管理相结合，凝聚企业每个员工的向心力，让企业具有更强的竞争力。在现代市场竞争机制中，企业要通过与消费者的情感沟通，使消费者与企业在产品的质量与价格等方面达成一致，使企业品牌的竞争力得到较大的提高。

（二）情感沟通在企业内部公关中的作用

员工关系是最重要的内部公共关系。员工作为企业的成员，从企业内部公关角度看是对象，从企业外部公关的角度看又成了主体。企业要树立良好的形象和声誉，达到“内求团结、外求发展”的目的，在很大程度上有赖于全体员工的共同努力。韦尔奇认为，科学管理应回避企业中人的情感问题，而人总是带着情感工作的。韦尔奇努力开发情感潜能的巨大力量，主张要赢得员工的“心”和“脑”，心和脑的潜能都用在企业发展上，都为实现企业的目标而努力，企业就无往而不胜。因此，应该通过各种途径与员工沟通信息，交流感情，通过员工的认可和支持来增强内聚力。

通过情感沟通建立良好的员工关系是公共关系的起点，其作用主要体现在三个方面。

1. 增强企业向心力和凝聚力

向心力是一个企业发展的根本动力，只有企业的员工和中层管理者对企业的文化和理念形成认同，企业才具有向心力和凝聚力。企业员工来自不同的家庭和社会环境，进入企业时具有各种不同的认识和理解，企业只有通过企业文化和理念的培训，通过经常性的情感交流实行人性化管理，让员工对企业的发展目标、经营方式、服务宗旨、质量指标等诸多内容真正达到发自内心的理解和支持，才能逐步使员工对企业文化和理念形成鲜明的认识和强烈的认同感。比如：海尔公司在新员工入职时，会举办新老员工见面会来使新员工认识海尔。最高管理者与新员工直接对话沟通，通过和新员工共度节日等活动增进新员工的归属感。公司将这些活动作为制度坚持下来，就是因为这一有效形式在增进与员工情感沟通、增强企业向心力方面起到了事半功倍的效果。

2. 降低企业内耗

企业都存在内耗和外耗两种成本因素，在外部环境无法改变的状况下，有效降低内耗将是一个企业降低成本的有效途径。如何降低内耗？各部门通过内部的协调与沟通，将有效减少内部人力资源成本、资金浪费、时间损耗等，从而降低企业成本。情感沟通在这个过程中起到的作用是有效促进各部门之间的协调与沟通，起到润滑剂的作用，减少内部管理成本和时效成本。如企业的销售部、采购部、技术部、生产部等各部门在进行必要的业务联系的同时，更需要进行有效的情感沟通，减少各部门合作过程中的矛盾和摩擦，以期达到各部门的相互理解和协作，对出现的问题进行及时反馈和有效解决，只有这样才能高效地为客户提供优质的服务和产品。

3. 提升企业核心竞争力

企业的核心竞争力源自先进的管理和技术创新能力。情感沟通可以给企业的员工创造一个和谐愉快的工作环境，使员工不仅配合管理、参与管理，更能够发挥其主观能动性，积极地创造性地开展工作，使企业无论在技术创新还是理念更新方面都具有良好的成长环境。基于这些技术创新和理念更新，企业在同行业内才能具有先进的技术实力，产品在市场中才会具备较强的竞争力。在部门内部，管理者与员工增进情感沟通可以提升员工的工作积极性，提高企业生产效率。美国通用电气公司通过实行“门户开放”政策，让员工可以直接进入企业各个部门负责人的办公室反映生产、技术、管理等各方面的问题，公司自上而下，直呼其名，互相尊重。企业的设计、生产等各个环节的每一个问题都可以直达最高管理者，一些无效的和不必要的管理活动以及影响生产效率的环节都被简化。这一情感沟通形式，使企业的核心竞争力形成了其他企业所不具有的优越性。

（三）情感沟通在企业外部公关中的作用

顾客关系是企业首要的外部公共关系。一个企业的存在价值很大程度上取决于其产品或服务是否能够得到顾客的接受和欢迎。因此，与顾客协调关系、联络感情、争取人心，才能促使顾客形成对企业相关组织网络及其产品的良好印象和评价，提高企业的知名度和美誉度。

通过增强情感沟通实现良好的顾客关系是企业生存的关键，其作用主要体现在三个方面。

1. 提高企业形象

企业一般通过举办各类增进与顾客情感沟通的活动，来提高企业形象。只有在消费群体中树立良好的企业形象，才能有效提高消费者对企业产品的认可度，从而有效提高企业产品对潜在用户的挖掘水平。企业通过积极参与各类活动，尤其是公益性活动，提升消费者对企业的好感度，进而信任企业的产品，是不少成功企业普遍采用的提高企业形象的重要手段。此方面不乏成功范例：据公开资料显示，2008 年汶川地震后加多宝第一时间捐出 1 亿元善款，2010 年玉树泥石流加多宝捐助 1. 1 亿元，2013 年雅安地震加多宝再次捐出 1 亿元善款。这些实例表明加多宝企业用自己的慈善情怀践行社会责任，同时也极大提升了消费者对加多宝企业的好感度。

2. 树立企业品牌

在产品日益同质化的市场环境中，通过情感沟通树立自己品牌的独立性是企业发展的重要途径。产品是用来交易和对换的，品牌则是企业与消费者精神层面交流和沟通的媒介，是企业对消费群体的一种承诺，让企业和消费群体在精神层面达到一种认同感。因此，企业要善于捕捉消费群体的消费心理，紧紧围绕这种心理树立企业的品牌。例如：农夫山泉提出“每销售一瓶矿泉水就向希望工程捐助一分钱”活动，这个活动并不仅仅是为了宣传企业，而是借助这个活动与消费者在道德和社会责任方面进行情感交流沟通，从而促成消费者在精神层面上对企业品牌的认可。

3. 促进企业产品改进

当企业与消费者或者客户建立起良好的情感沟通时，客户会对产品的特点、属性、优劣性能、希望增加的功能等问题对企业提出期望。企业在这个沟通过程中可以有效把握产品改进方向和市场需求方向，占据市场前沿，以满足客户需求为宗旨，增进产品的附加值，让产品更贴近客户需求，进入“情感沟通—客户需要—改进产品/设计产品—进一步情感沟通”的良性循环，企业在这种良性循环的过程中获得更大的收益和发展。美菱集团举办的品质服务活动就是这方面一个很好的例证：在该项活动中，美菱集团承诺“有建议就送礼，直到冰箱送给您”，客户可以通过“冰箱品质体验卡”向美菱提出建议，美菱总部设置专门小组进行建议评审，给予不同的奖励。这一活动不但提高了客户对美菱产品的信任度，而且有利于美菱进一步改进产品，制造出更适合消费者、满足消费者需要的产品，从而引领企业走上一条社会效益和经济效益良性循环发展的道路。

除此以外，企业还应当不断加强跟股东、媒体、政府、社区、竞争对手等其他公众之间的联络与情感沟通，使企业与内外公众之间的关系处于和谐状态，引导他们给予企业更多建设性建议、监督和支持，以推动企业健康有序发展。

总之，在现代企业管理中，企业无论是与外部公众还是与内部员工都要与时俱进地不断改进情感沟通。前者目的在于通过联络情感，提高企业形象，增强企业对外部公众的吸引力；后者目的在于提高企业的向心力和凝聚力，增强企业的竞争力。企业应该加大和企业内部员工以及外部公众的情感沟通，采用合适的沟通方式，促进形成企业、员工与消费者“三赢”的良性循环局面，这也是企业在市场竞争激烈、产品同质化严重的环境中脱颖而出的重要途径。

知识补充

物理距离与人际关系

根据美国人类学家埃特瓦特·霍尔的观察，人际关系可通过八种距离来断定。

1. 密切距离，接近型（0.15 米）：为了爱抚、格斗、安慰、保护而保持的距离。

2. 密切距离，较近型（0.15～0.45 米）：伸手可触的距离，是关系比较密切的同伴之间的距离；也是在拥挤的电车中人与人之间若即若离的距离。

3. 个体距离，接近型（0.45～0.75 米）：能够拥抱或抓住对方的距离。对于对方的表情一目了然。夫妻处于这种位置是自然的。

4. 个体距离，稍近型（0.75～1.20 米）：这是双方同时伸手才能触及的距离，这是对人有所要求时应有的一种距离。

5. 社会距离，接近型（1.20～2.10 米）：这是超越身体能接触的界限，是办事时同事之间所处的一种距离。保持这种距离，使人具有一种高雅、庄严的气质。

6. 社会距离，远离型（2.10～3.60 米）：这是为便于工作保持的距离，工作时既可以不受他人影响，又不给别人增添麻烦。

7. 公众距离，接近型（3.60～7.50 米）：如果保持 4 米左右的距离，说明说话人与听话人之间有许多问题或思想待解决与交流。

8. 公众距离，远离型（7.50 米以上）：这是讲演时采用的一种距离，彼此互不相扰。

第三节　股份制企业公关对象——股东

一、股东关系的含义

股东即公司的投资者，包括董事会成员、持有可转让和买卖股票的个人股东、职工股东等。

股东关系是企业内部重要的公共关系。股东为企业的投资者，股东关系是指与投资者的种种关系，亦称“金融公共关系”或“财务公共关系”。股东关系在国外是一种很常见的公共关系，是股份公司所特有的一种企业内部公共关系。股东很少参与或不参与企业的日常生活经营活动，但他们具有一定的权利，如选举董事会，制定公司的规章制度，批准或否决董事会的有关决议等。

很多企业只埋头于科技开发、新产品推广、市场营销等，只想以更新、更美、更好的产品满足普通大众之需求，却忽略了自己公司的股东也应是自己的公众。第二次世界大战后，股东关系迅速发展。由于股东关系涉及企业的“权源”和“财源”，特别是在当代资本国际化、社会化和分散化的趋势中，它与企业的生存和发展休戚相关，甚至决定一个企业命运。

所以，处理与股东的关系也就成为企业的重要公共关系之一。

二、股东关系的重要性

（一）良好的股东关系可以使企业获得雄厚的资金来源

建立良好的股东关系，其目的主要是加强企业与股东之间的信息沟通，提高企业的信誉度、知名度、可靠性和发展能力，争取现有股东和潜在的投资者对本企业的了解、信任和支持，创造更加有利的投资环境和通力合作的融洽气氛，稳定已有的股东队伍，吸引更多更新的投资者，最大限度地扩大企业的财源。

（二）良好的股东关系可以为企业创造良好的投资环境

股东公共关系中的公众对象一般有三类：

（1）人数众多的持有一定股权的股东，他们分散在社会上，不直接经营，但非常关心企业的盈利状况。

（2）董事会，其成员占有股份较多，由股东选出，作为决策机构。企业的秘书部门作为执行机构与董事会要密切合作，充分协调，建立良好的工作关系。

（3）专业的金融舆论专家，如证券分析家、股票经纪人、投资银行家、金融新闻人员等，他们对广大股票持有者和投资者的判断，具有重要的影响力。

三、处理股东关系

秘书人员，应通过各种具体形式及时、准确、充分地向股东通报投资信息和投资效益的分析，如通过金融舆论界提供投资资料；通过股东公关刊物或股东大会公布经营状况和年度盈亏报告；通过举行信息发布会和各类座谈会，展示企业发展远景和投资前景分析等；组织股东或同业专家参观企业，等等。总之，通过各种有效的公关活动，建立起良好的股东关系。

（一）激发股东的主人意识

股东关系目前在我国还属于初级阶段，称不上完全意义上的股东关系，但处理好股东关系，也就成为股份企业公共关系的一项重要职责。股份企业的公关工作，首先要正确评价入股行为，要鼓励股东积极入股，同时及时通报企业经营情况，取得股东的理解和支持，要鼓励股东为企业经营决策献计献策，要宣传和发动股东自觉地成为一位良好的公关人员，为企业的发展积极主动地开展公关活动。

随着企业改革进程的深入，我国股份制企业将越来越多，股东日益成为重要的公共关系客体，股东投资于组织，其利益与组织休戚相关，所以很关心组织的生产经营情况。组织可定期或在特定时期内以各种形式传播组织信息，如采用股东年会、年终报告、致函电、召开会议、邮寄材料等方式来将组织战略决策、发展目标和计划、资金流动情况等迅速传达给股东，让股东充分了解组织情况，并可以利用他们广泛的社会关系实现企业的公共关系目标。

股东与企业之间的关系，不单纯是“投资—分利”的关系。企业应把股东作为“自家人”，增强其“主人意识”，做到与企业共荣共享，共进共退，休戚相关。股东本身可能是最大的主顾、最知己的顾客群或同舟共济的推销伙伴，应鼓励和吸引他们参与企业的生产与销售活动，利用他们广泛的社会关系来扩大产品的销售网络。良好的股东关系不仅可保证和稳定企业财源，而且还可能意外地开辟新的市场。

（二）让股东成为推销伙伴

（1）尊重股东的主人翁意识，使股东掌握组织经营情况。

（2）保证股东应有的经济权益。一是及时地发放真实的股金红利，二是股东应有要求退还或转让股金的权利。

（3）培养股东对组织的感情。通过各种交往活动加强股东和组织双方的情感交流，使股东对组织产生亲切感和信任感。比如逢年过节，举行股东联谊会、茶话会、参观等各种活动，倾听股东对组织的意见和建议，对产品或服务的感想等，鼓励股东献计献策，吸引和鼓励股东参与组织经营活动，或向股东赠送本组织的产品。

（三）与股东保持有效的沟通

（1）与股东保持热线联系。秘书人员应及时将企业的情况向股东汇报，为股东提供全面准确的投资信息，这是优先考虑股东公众的利益的标志。

（2）沟通的内容，包括企业重大的经济决策、人事任免、重大成果等。企业有什么最新信息首先应该让股东知道，企业有什么新产品应该让股东先试用，企业有什么重大失误也要通过适当的方式通报给股东。

（3）与股东的形象交流要自始至终。从股东购入第一张股票起，至他售出全部股票止，应一直与其保持联系。国外有的公司，股东购入第一张股票，公司会发出由总经理签名的欢迎信；逢年过节，发出感谢信；股东抛出最后一张股票时则会发出遗憾信。

（4）传递信息的形式多种多样。企业可编写专以股东为对象的刊物，召开股东大会，举办信息发布会、联谊会，安排股东参观企业等。

（四）双向沟通，了解股东

1. 公司应把股东作为重要的公共关系对象

秘书要做持续细致的调查研究，了解股东的特点、态度、兴趣，了解他们对企业的看法和期望，也了解他们对企业状况的熟悉程度和自身的需求。

2. 争取股东对产品的认可，发展忠实顾客

美国通用食品公司每逢圣诞节便准备一套本公司的罐头样品，分送给每一位股东。股东们为此感到非常自豪，他们不仅极力向别人夸耀和推荐公司的产品，而且在圣诞节之前便准备好一份详细名单，由公司按名单把公司生产的罐头作为圣诞礼物寄给他们的亲友们。因此，每到圣诞节前，通用食品公司都要额外收到一大批订单。股东们既享受到折扣优待，公司方面也赚到了一大笔钱。

美国通用食品公司的股东们收到产品样品后不仅极力向别人夸耀和推荐公司的产品，而且订购公司生产的罐头作为圣诞礼物寄给亲友们。可见，股东也是一个很大的消费群体。如果公司能让股东认可公司的产品和服务，股东就会向周围的亲友宣传、推介公司产品，带动更多的人了解、使用公司的产品和服务。

3. 让股东成为公司形象的代言人

一般来说，股东不仅拥有一定资本，而且往往其社会关系网比普通公众更广泛，其影响和辐射能力也非一般公众能比。组织要善于充分调动起股东的积极性，让股东使用、评价本公司的产品，起到对其他消费者的示范作用。尤其要发挥名人股东对企业形象的宣传、推广以及产品的推销等方面的巨大作用，让社会公众产生对公司及其产品的信任感。

案例分析

股东有权查阅公司财务报告

我国公司法明确规定，股东有权查阅股东会记录和公司财务会计报告，这被称为股东的知情权。然而，在现实中，股东这种法定的权利却并没有得到尊重。侵犯股东知情权的案件频频见诸报端。12 月 10 日，北京市第一中级人民法院审结了一起股东诉公司侵犯知情权的案件，支持了股东要求查阅公司财务报告的诉讼请求。

2000 年 1 月，北京汉邦软科数码技术有限公司（以下简称汉邦公司）注册成立，注册资本为 2 000 万元，北京正有微系统有限公司（以下简称正有公司）为汉邦公司的股东之一，出资 240 万元。正有公司与汉邦公司的其他股东共同签订了公司章程。

公司章程规定，公司股东享有查阅股东会会议记录和公司财务会计报告的权利。然而直到 2003 年 6 月，汉邦公司从未向正有公司提供过年度财务报告。正有公司作为有约 1/4 股权的股东，对公司的经营情况、财务状况及利润分配等一无所知。在多次交涉未果的情况下，正有公司诉至法院，请求判令汉邦公司提交财务报告。

法庭上，汉邦公司辩称，正有公司承诺增资共 228 万，却一直未予以兑现。因此，汉邦公司认为不应向正有公司交付财务会计报告。法院经审理认为，汉邦公司未能按照公司章程的规定向其股东正有公司履行送交财务会计报告的义务，正有公司有权依照法律及公司章程的规定向汉邦公司主张知情权，故正有公司要求汉邦公司向其提供 2001、2002 年度公司财务会计报告的诉讼请求有事实及法律依据，法院予以支持。汉邦公司称正有公司作为其股东，未依照股东会决议履行增加出资的义务，故拒绝向其交付财务会计报告。法院认为，公司侵犯股东知情权纠纷与股东出资纠纷、股权转让纠纷等并非同一法律关系，正有公司无论是否履行增资义务，不影响其作为汉邦公司股东行使知情权，故汉邦公司的辩称理由法院不予支持。据此，北京市第一中级人民法院作出终审判决，判令汉邦公司向正有公司提供2001、2002年度公司财务会计报告。

（资料来源：《法制日报》2003年12月28日）

思考题？

1. 从公共关系的角度分析，如果企业侵犯股东的合法权益，将带来哪些危害？

2. 企业应如何处理好股东关系？

思考题？

1. 为什么说领导是秘书公关的首要对象？

2. 如果在与同事相处中遇到“小人”，不仅故意推卸工作，还在工作完成后邀功争利，该如何处理这个棘手的问题？

3. 秘书如何协调与领导的关系？怎样才能达成有效沟通？

4. 分析领导性格类型，找出对应的公关方式。

5. 分析同事类型，找出对应的公关方式。

6. 做一次调查，现实生活中，有哪些性格类型特别的上司或同事？

7. 什么是员工关系建设目标？如何维护？

8. 如何处理股东关系？

9. 你怎么理解领导、同事的暗语，从公关角度看，暗语都是不好的吗？

第六章
现代秘书公关对象——外部公众

现代秘书外部公共关系是指秘书与外部公众的关系，是现代秘书与自己所在单位面向的组织或单位之间在工作交往中所形成的关系。这种关系，从秘书部门所处的角度看，是一种由内对外的关系；从其职能看，是一种服务与被服务的关系。

现代秘书应正确处理好与外部公众的关系，既要推动工作，又要塑造单位和领导的形象。现代秘书作为一个单位对外的窗口，在某种程度上体现了这个单位的精神风貌，是这个单位总体形象的缩影。处理好与外部公众的关系，就能提高单位和领导者的声誉。

现代秘书应注意与外部人员平等相处，以普通身份待人接物，而不能高高在上，颐指气使；同时，努力获取外部人员的信任，关心和体谅他人。现代秘书应主动地接近外部人员，特别是与组织有来往的客户，这不仅是获得他们理解和信任的途径，也是获得信息、进行协调工作的基础。

组织是现代社会的基本经济单位，它的经营活动，既有相对的独立性，又是整个社会活动的有机组成部分。因而它与社会各界有着十分密切而复杂的联系，构成了组织外部广泛复杂的人际关系，如顾客关系、社会人际关系、新闻媒介关系、兄弟企业关系等。秘书公关工作就是要处理好这些人际关系，在处理与外部的人际关系时必须注意以下几点：

第一，正确有效地处理好本单位与公众的关系。这里的公众包括其他个人、群体、团体单位等。任何组织都处于一定的社会关系网络之中，这个社会关系网络就是每个组织机构生存、发展的环境，组织必须同这个环境相协调，以求得生存和发展。

第二，运用传播手段来协调与公众的关系，发展组织的事业。公众关系旨在通过有计划、有目的的一系列有效活动来塑造自己美好的形象，向公众传递自己的信息，从而赢得公众的了解和关注、信任和好感、支持和合作，为自己的发展铺平道路。

第三，公共关系实质上是一种管理职能。有的单位有专门的公关部承担公共职能，有的是由办公部门自己承担。秘书公关工作，其重要任务就是要尽可能及时和准确地向组织决策者提供关于公众的信息，及时提供咨询和建议；准确地向公众传递组织决策者的信息和意图，以避免和克服因决策的人格化和直觉判断而出现的错误。决策一旦作出，就进入了实施阶段，并对公众产生影响。这时秘书人员就必须做好信息沟通、解释和宣传工作，以使决策能有效实施且得到公众的理解和支持。

第一节　公关渠道对象——媒介公众

一、媒介公众的定义

媒介公众是指新闻传播机构及其工作人员，如报社、杂志社、广播电台、电视台及其编辑、记者。媒介公众是公共关系工作对象中最敏感的部分。

二、与新闻媒介建立良好关系的作用

现代企业的竞争不仅仅是产品的竞争、价格的竞争、服务的竞争，还是品牌的竞争，是企业形象、企业声誉的竞争。要想让企业在激烈的竞争中处于不败之地，就必须重视媒体的重要作用。

在当今高度信息化的时代，企业与媒体的关系越来越密切和复杂。要处理好企业与媒体的关系，首先必须了解二者的相互作用。就企业而言，媒体的作用有积极和消极两个方面，媒体既可以帮助企业扬名，也可以让企业毁誉。推广能力再强的品牌，在向公众阐述自己的理念时，也需要借助媒体的声音。

（一）媒体是企业营销战略中的一张王牌

企业的产品和服务要想快速走向市场、走向消费者，就必须借助媒体发布消息、刊登广告。可以说媒体是广大消费者认知企业产品最快捷最有效的途径。企业品牌的树立离开媒体的支持是难以实现的。

（二）媒体是企业商品和服务的把关人

要想在权威媒体刊登广告都要经过一定的审核，企业的产品要想说服消费者首先要说服媒体。媒体不认可的企业和产品，也难以获得消费者的认可。

企业产品和服务能否有良好的声誉，媒体有着很大的话语权。一般而言，消费者对权威媒体刊登的广告比较信服，他们认为能在权威媒体上宣传的商品和服务都具有质量保证。

（三）媒体能够帮助企业提高知名度和美誉度

很多企业在媒体上做慈善，如刊登公益广告、赞助公益节目等，以潜移默化的形式在观众心中建立起一个良好的形象，提高企业的知名度，获得公众的赞誉。

媒介公众既是企业面对的公众之一，同时它掌握的大众传媒也是企业实施公共关系的主要渠道之一。

三、与新闻媒介建立良好的公共关系的目的

首先是争取新闻媒介对本组织的了解、理解和支持，以便形成对本组织有利的舆论氛围。其次是通过新闻媒介实现与大众的广泛沟通，增强组织对整个社会的影响力。

四、媒介公共关系的意义

首先，良好的媒介关系有利于形成良好的公众舆论。

其次，良好的媒介关系是运用大众传播手段的前提。

媒介公共关系具有明显的两重性，一方面新闻媒介是组织与广大公众沟通的重要中介，另一方面新闻界人士又是需要特别争取的公众对象。媒介具有不可忽视的特性，它传递信息迅速、影响力大、威望高，可以左右舆论，影响和引导民意。处理好与新闻媒介公众的关系有着特殊的意义。

五、维持新闻界关系的对策

（1）加强合作，保持联系，经常沟通；

（2）尊重其职业性，一视同仁，平等对待；

（3）以礼相待，热情友好，提供必要的帮助；

（4）以诚相待，不夸大事实，不掩盖真相，更不制造假新闻；

（5）正视新闻媒介的批评报道。

总之，要友好合作，充分利用，既防止一味迎合新闻界而丧失本组织的

基本立场，也反对只要新闻界为我所用而不顾其地位的独立性。

六、保持与新闻界联系

(一) 与新闻界联系的原则

与新闻界的联系应遵守约定的原则，最主要是保持经常的沟通，以积极主动的态度真诚对待媒介公众。

1. 经常联络，感情投资

与新闻界建立良好的关系，不能随心所欲，也不能漫不经心。要使新闻界人士对组织抱有好感，首先要打破陌生感，让他们多了解组织，多关注组织。这就需要公关人员经常联系，与他们保持友好，做到组织有事发生，无论好坏，记者都能秉持客观态度，及时、公正地采访报道。联络不可中断，不能有事有人，无事无人，不能等发生困难与危机时，须寻求媒体帮助时，才临时抱佛脚。

2. 坦诚相对，赢得支持

秘书与新闻界关系的基本原则是公开事实真相。组织中发生的事情与新闻界一般没有直接联系，但记者出于职业需要，会比那些有直接关系的人更敏感。秘书应该了解新闻界公众的要求，重视记者对社会舆论的影响作用，真诚对待记者，向记者说明事实真相。

当组织发生负面新闻时，掩盖真相、拒绝采访，只会欲盖弥彰。俗话说：好事不出门，坏事传千里。瞒是瞒不住的，应该主动向新闻界人士说明事情的来龙去脉，同时表明组织的态度，才能争取到新闻媒介和社会大众的理解与支持，赢得较好的舆论环境，扭转不利局面。

3. 针对特色，提供材料

秘书人员要了解新闻媒体的特点、风格、属性，对媒体的影响范围、关注内容偏向、编导和记者的风格等尽可能多做了解，以便有针对性地介绍情况，提供素材，施加影响。

4. 主动及时，通报新闻

要主动争取公众的注意，抓时效，在组织发生重大新闻时，第一时间向新闻媒体提供消息，提供新闻通稿。平时可以经常邀请记者到组织进行采访或调查，适时举办记者招待会或举行新闻发布会。

5. 公关联谊，定期活动

负责公关工作的秘书人员，可以出面牵头组织公关协会，让新闻记者与组织领导在协会中担任职务，成为同一组织成员，定期组织联谊活动，借以加深了解。当领导忙于各项事务，无暇参加联谊时，秘书人员要按记者的意愿安排重要的会见，培养记者对组织的信任感。

6. 尊重媒体，以理服人

争取新闻界支持，应以增加相互了解为基础，不应该用贿赂、欺骗或要挟等手段，强行植入观点，逼人就范。秘书人员要摒弃不正当手段，把公关工作与不正当手段区别开来，做到以理服人。

（二）与新闻界联系的方向

1. 了解新闻媒体

（1）辐射范围：无论报纸广播还是电视网络，都有发行区域、发射功率和覆盖面，应该了解媒体的影响范围。

（2）主流受众：媒体的读者、听众、观众，网民的国籍、民族、政治信仰、宗教信仰、职业、性别、年龄等不同，其主流受众群体也不同。这里的受众就是组织公关的公众群体，因此要做受众分析。

（3）编导方针：编辑、记者的指导思想决定了媒体的受众、传播内容、传播水准、传播风格。

2. 了解新闻单位的工作人员

了解新闻单位人员，就是了解编辑、记者等的职业特点、工作性质，他们的工作考虑受众的要求和兴趣，考虑社会影响，考虑发行率、收视率、点击率，而组织维护新闻界关系是为了扩大组织的知名度。两者的性质不同，有时会产生矛盾，秘书了解新闻工作者，就是要适应矛盾，多了解，争取更多的支持。

（三）与新闻界联系的方法

（1）迎合记者需求。有意识地针对媒体正在报道的方向提供一些数据或例证，以满足记者的采访需求。

（2）及时快速回应。不管多忙，都应该对媒体做出快速回应，随时接受采访。

（3）保持诚实正直。面对记者不要自作聪明，胡言乱语很容易被记者识破，千万别企图编故事欺骗记者。

（4）坚定表明立场。需要表态时，要立场坚定，不要模棱两可，不明所以。

（5）积极补救失误。工作难免出现失误，媒体如实报道是正常。不要消极对抗、指责埋怨媒体，要主动出击、积极补救。如果报道没有失实，要肯定媒体的客观，同时说明报道对组织产生的压力，表示希望以后报道类似情况时多考虑组织难处。关键在于要求连续正面报道，以挽回损失。如果报道失实，也要心平气和地指出失实之处，提出更正请求。

第二节　消费关系对象——顾客公众

一、顾客公众定义

顾客公众指购买、使用本组织提供的产品或服务的个人、团体或组织，如企业产品的用户、商店的顾客、酒店的客人、电影院的观众、出版物的读者等。顾客公众包括个人消费者和社团组织用户。

顾客是与组织具有直接利益关系的外部公众，是工商企业组织市场传播沟通的重要目标对象。

二、建立良好顾客关系的目的

顾客关系是企业首要的外部公共关系，一个企业的存在价值很大程度上取决于其产品或服务是否能够得到顾客的接受和欢迎。因此，企业协调与顾客关系，联络感情，争取人心，才能促使顾客形成对其产品的良好印象和评价，提高企业的知名度和美誉度。

建立良好顾客关系的目的是促使顾客形成对组织及其产品的良好印象和评价，提高组织及其产品的知名度和美誉度，增加对市场的影响力和吸引力，为组织和顾客公众的共同利益服务。

首先，在顾客群体中树立良好的企业形象，能有效提高顾客对企业产品的认可度，从而有效挖掘企业产品的潜在用户。

其次，对企业积极参与各类活动，尤其是公益性活动，通过提升顾客对企业的好感度进而信任其产品，是不少成功企业普遍采用的提高企业形象的重要手段。

三、对顾客公众做好公共关系的意义

（1）良好的顾客关系能够为组织带来直接的利益；

（2）良好的顾客关系能够体现企业组织正确的经营观念和行为。

四、处理顾客关系的对策

（1）树立“顾客就是上帝”的经营思想，即企业的一切政策和行为都必须以顾客的利益和要求为导向；

（2）坚持“最大限度满足顾客的需求”的基本原则；

（3）保障“向顾客提供优质的产品和服务”的良好售后服务；

（4）采取“向顾客输送有关信息”的顾客培养方式；

（5）针对“搜集顾客信息”的消费引导策划；

（6）重视并正确处理顾客投诉，处理好顾客的投诉，提高顾客的满意程度，要热情接受顾客投诉，周到的满足顾客的要求，畅通顾客投诉的渠道。

五、维护与顾客的关系

（一）树立“顾客至上”意识

企业要为顾客所有，为顾客所治理，为顾客所亲近。“顾客至上”而不是“利润至上”或“销售至上”，才能真正把顾客利益放在首位，才能有效塑造良好的企业形象。

（二）及时处理顾客纠纷

（1）要从保护顾客利益的立场出发，化解顾客的对立情绪。设身处地为顾客着想，就事论事，切不可火上浇油，而要釜底抽薪。

（2）及时迅速解决顾客提出的实际问题。对于顾客的抱怨和疑难问题，必须在24小时内解决。及时是负责的表现，拖延是推卸责任的表现。维护顾客关系，要及时回应问题。

（3）要有明确的信息反馈，不要敷衍了事、含糊其辞。

案例分析

苏宁易购如此糟糕的“售后服务”

2017年7月盛夏，江苏无锡市酷暑难当，7月6日起，气象预警从橙色上升到红色，连续23个高温日，创多项历史气温记录。此时，市民杨女士家中全新海尔空调无法制冷，向海尔电器报修，海尔客服回应7月7日安排师傅上门维修。

7月7日，杨女士收到经销商苏宁易购短信通知：“亲爱的会员，您在苏宁预约的7月

8 日的服务已派工，如您对本次服务有任何要求，请直接与工程师 18651××××36 王某船联系。如需帮助，请咨询在线客服或致电 4008365365。”

7 月 8 日，自称苏宁的维修师傅上门，没有任何工单和证明，拆开空调外壳，拖出主板，电线裸露，零件散落一地后，没能修好。至 7 月 11 日止，自称苏宁的师傅先后上门四次，没能修好，从此无人受理与回应。

期间进展显现要点如下：

1. 三次换主板，前两次苏宁易购师傅拿出的主板均是旧货，上有胶带缠绕线头，但无编号、品牌、生产厂家之类符号，外形大小均不匹配，无法更换。但海尔客服明确告知杨女士，需要更换的主板已快递到无锡，苏宁已签收。并且海尔客服特别提醒，海尔配件有系统条形码，维修师傅会出示派工单、工作证或工号牌。

2. 7 月 14 日，海尔客服回访，称空调维修已完成，要求用户评价。事实上没有完成维修，而是有人冒充“杨女士”打电话给海尔客服称，“已不需要维修”，去电方是无锡区号的固话。

3. 7 月 15 日，苏宁发短信告知杨女士“已检测完毕，请给予评价”，连发相同信息三天。事实上没有任何形式、程序、人员、申请或约定检测，凭空出现“检测”一事。

4. 7 月 21 日，某号码 13616××××91 电话联系杨女士，要上门拖机。杨女士一头雾水，向海尔客服、苏宁客服反复联系询问，苏宁易购回复，无锡苏宁决定给杨女士退款，讲已经取得由杨女士签字的空调检测单，并开出了拖机单，工人可以上门拖机。至于退款，让杨女士自己找天猫客服申请。

5. 苏宁易购开启自说自话模式：杨女士从未申请退机，从未有人上门做监测，更没有签过字，检测单完全作假，自编自导自演，开出拖机单，让物流工人依据拖机单上门，强要拖机又不予退款，要退款让杨女士自己联系。事实上空调机安装接近一年，虽未使用，时间早就超过 7 天，按天猫规则不可能退货退款。

6. 苏宁与海尔信息完全矛盾：无锡苏宁告知杨女士海尔已不生产此空调，因此没有配件，不能维修，只好拆机退货；海尔告知所有空调包修 6 年，配件齐全，就杨女士报修，海尔先后于 7 月 11 日、7 月 14 日、7 月 17 日发过三次主板和电机，均为无锡苏宁签收。

7. 开启骚扰模式：不断发短信提醒杨女士服务已完成、要评价；短信发送 17 遍。电话提醒评价 8 次。事实上无人维修。

事件后果：7 月 7 日起，杨女士家室内温度持续在 42℃ 以上，历经当年的最高温阶段，致使家中老人中暑住院，杨女士被逼无奈多次多渠道多方投诉，先后打出 38 个电话，用完两张面值百元电话充值卡，反复说明故障并报修，反复说明只要维修至能正常使用、没有申请拆机退款，南京、无锡、青岛的苏宁客服、海尔客服，自称苏宁销售经理、渠道经理、物流人员、维修师傅、天猫小二之类各色人等互不交接、各管各摊，好像分工有序，实质互相推诿，无视消费者利益。杨女士从苏宁易购购买海尔空调，交易行为完成后无法享受卖家承诺的售后服务。从酷暑煎熬，直到立秋后一个多星期的 8 月 15 日才维修到位。

期间售后方苏宁易购以各种手段推诿、拖延、造假、刁难，但一直不予维修。苏宁易购客服、南京总部、无锡分部、售后维修、拆机鉴定、拖货物流等各环节各自为政、各说各话，无中生有、自说自话、自编自演。很多情况苏宁南京方面人员自己也觉得莫名其妙。一句话，苏宁易购售后服务形同虚设。

杨女士一家忍受着高温煎熬、老人中暑住院的奔劳；应对上门拖机人员的蛮横无理、维修无望的茫然；向客服几十次的重复报修、配合苏宁所谓维修安排而十几次的请假等待，造成杨女士7、8两月被扣工资……至今苏宁易购没有表达一点歉意。

苏宁易购糟糕的售后服务，使得杨女士再也不敢在这个平台购买任何电器。苏宁易购作为一个具备一定规模的企业，展现的“店大欺人”形象深深地伤害了杨女士一家的感情，苏宁易购糟糕的形象已铭刻在杨女士一家心中。此次故障报修过程中虚假承诺、冒名顶替、冷漠推拒的单位、部门、个人使用多个号码，有025－66996699、025－86668800、4008365365、025－88328731、0536－8089999、4006999999、189××××4846、0510－88700371、186××××7036，相关客服自报工号有：海尔客服18号、2号、1132号、629号、227号、890号、39号、29号、137号、012－84684地区品牌销售经理张某、185××××9939机主，苏宁客服137号、2号、70号，苏宁易购花名“苏某娲女士”等。杨女士一并向有关部门做了投诉，江苏省与山东省消费者协会均已受理。

思考题

1. 杨女士只是单一的购买者，个人体验如何，企业可以忽略不计，对不对？为什么？

2. 面对消费者个体，企业应遵循怎样的管理思路，运用怎样的办法来解决矛盾？

3. 对于已经造成的形象损失，苏宁易购有无必要做一些补救？

4. 有人说：“网上对苏宁易购有大量的负面评价，但苏宁易购仍然正常运转，谁碰上了只能自认倒霉。”因此，从传播的角度来看，公关可有可无。你怎么看？

案例分析提示：

1. 在市场经济条件下，要重视顾客诉求，顾客至上。面对顾客投诉，要快速反应，否则容易造成企业信誉危机。量变最终会促成质变。

2. 企业要有向好的意愿，然后采取相应行动，争取良好口碑。要在意个体传播的力量，公关传播以数学幂的速度进行，一个人可以传播至250人的范围。切不可店大欺客。

3. 处理好顾客的投诉，提高顾客的满意程度。要热情接受顾客投诉，周到地满足顾客的要求，畅通顾客投诉的渠道。

4. 企业过失本来可以纠正，但拖延与置之不理很容易扩大事态。社会监督或监管部门介入，会给企业带来负面影响。

第三节 其他公关对象

一、政府关系

政府公众对象指政府各行政机构及其官员和工作人员，即组织与政府沟通的具体对象。

任何社会组织都必须接受政府的管理和制约，因此组织需要与政府的有关职能机构和管理部门打交道。这些对象包括工商、人事、财政、税务、市政、治安、法院、海关、环保、卫检等政府职能部门及其工作人员。

政府是所有传播沟通对象中最具有社会权威性的对象。组织必须与政府各职能部门建立和保持良好的沟通，这是组织生存、发展的重要保障和条件。

（一）与政府保持良好沟通的目的

争取政府及各职能部门对本组织的了解、信任和支持，从而为组织的生存和发展争取良好的政策环境、法律保障、行政支持和社会政治条件。

（二）政府公共关系的意义

（1）政府的认可和支持是具有高度权威性和影响力的认可和支持。

（2）与政府建立良好关系能够为组织形成有利的政策、法律和管理环境。

（三）处理政府关系的对策

（1）熟悉政府机关的组织结构及其职能，加强信息沟通。

（2）熟悉国家和政府的法律、法令、政策和条例，同时将组织的信息传达给政府有关部门，协助和配合政府工作。

（3）遵循遵纪守法原则、国家利益至上原则、多做贡献原则，为组织创造良好的经济效益。

二、社区关系

社区关系亦称“区域关系”“地方关系”。它是指社会组织与其所在地的地方政府、社会团体、其他组织，以及当地居民之间的关系，包括当地的管理部门、地方团体组织、左邻右舍的居民百姓等。社区关系亦称区域关系、地方关系、睦邻关系。

（一）建立好社会公众关系的目的和意义

社区是一个组织赖以生存和发展的基本环境，是组织的根基，与组织在空间上紧密地联系在一块，千丝万缕难以分离。共同的生存背景使社区公众具有“准自家人”的特点。谚语云：“金乡邻，银亲眷”“远亲不如近邻”“邻里好，赛珍宝”，这种传统对于组织来说就是要搞好社区关系，使组织和社区之间建立和保持一种相互理解的关系。

发展良好的社区关系是为了争取社区公众对组织的理解和支持，为组织创造一个稳定的生存环境，同时体现组织对社区的责任和义务，通过社区关系扩大组织的区域性影响。

（二）处理社区公众关系的对策

1. “利益”社区化

把组织利益与社区利益融为一体，从社区公众的角度来看，不论组织的性质、规模如何，但有一点是共同的，那就是每个组织都是社区的一员。因此，组织应自觉遵守社区的各种规定，服从社区公约、行为规范，承担为社区应尽的各种义务。为社区尽力，分担起社区内的行政、经济和公益性的服务，如赞助社区文化、体育活动，资助老弱病残，发展社区教育事业等。

2. “信息”社区化

组织在社区要尽量做一个好“居民”，为社区建设尽职尽责，充分利用自己的技术、资金、人才、设备等方面的优势，积极支持社区的全面发展和建设，多为社区提供无偿的服务，如向信息化建设提供支持等。

3. “环保”社区化

组织应当树立公众利益优先的思想，保持社区的生态环境，在生产经营过程中应树立环保的新形象。为此，组织应花大力气改革传统的工艺流程，减少各种污染，包括水污染、空气污染、噪音等，并积极参加绿化工程，开发绿色（环保）产品，适应绿色消费，通过各种活动来保护环境。

三、名流公众关系

名流公众指那些对公众舆论和社会生活具有较大的影响力和号召力的有名望人士，如政界、工商界、金融界的首脑人物，科学界、教育界、学术界的权威人士，文化、艺术、影视、体育等方面的明星，新闻界的舆论领袖、网络名人等。

这类关系对象的数量有限，但对传播的作用很大，能在舆论中迅速“聚焦”，影响力很强。通过社会名流去影响公众和舆论，往往具有事半功倍的效果。

（一）建立良好的名流关系的目的

（1）借助名流的知名度扩大组织的公共关系网络；

（2）扩大组织的公众影响力；

（3）丰满组织的社会形象。

（二）建立良好名流关系的意义和作用

（1）借助于社会名流的知识和专长；

（2）借助于社会名流的关系网络；

（3）借助于社会名流的社会声望。

（三）处理名流关系的对策

（1）结交名流并保持良好的关系，如聘请名流做组织的顾问、管理者、名誉职工等。

（2）邀请名流参观或参加组织的一些活动。

（3）借助名流开展公关。如邀请他们讲学，培训组织的管理者和员工，或做广告、参加公关活动等。

案例分析

白兰地进军美国市场的公关妙棋

1957年10月14日，华盛顿。这天，是美国总统艾森豪威尔的67岁生日。华盛顿街道彩旗飘扬，标语醒目，白宫周围人山人海，华盛顿市万人空巷，等候着一个时刻的到来，这一刻，人们已经等了很久。

按照美国人爱好自由的脾气，民主的公民们是不屑于为总统的生日而特意来凑热闹捧场的。总统也好，国务卿也好，你过你的生日，与我“山姆大叔”何干？

可是这一天，美国人却显得异乎寻常地热情，激动，到底发生了什么事？

一个月前，法国人就在各种媒介上广为宣传，为了感谢在二战中美军对法国人民的恩情，为了表示法美人民永远的友谊，法国人决定，在艾森豪威尔总统67岁寿诞之时，向美国总统敬赠两桶酿造已达67年的法国白兰地。这两桶极品白兰地将由专机运送，并在总统生日这天，举行盛大的赠酒仪式，向全世界表明法国人民对美国人民的友好之情。

法国白兰地！美国人似乎一下子想了起来，那不是扬名全世界的美酒佳酿吗？我们以前怎么就没有想起来尝一尝呢？一时之间，白兰地的历史、趣闻、逸事，陆续地出现在各种媒体上。

久盼的时刻终于到了。上午10时，四名英俊的法国青年，穿着雪白的王宫卫士礼服，驾着法国中世纪时期的典雅马车进入白宫广场，由法国艺术家精心设计的酒桶古色古香，似已发出阵阵的醇香。全场沸腾了，当四个侍者举着酒桶步向白宫时，美国人唱起了《马赛曲》，欢声雷动，掌声轰鸣，人们沉浸在欢乐的气氛中。各大新闻机构毫无例外地派出了记者。关于赠酒仪式的报道文字、图片、影像，充斥了当天美国的各大媒体。

借白兰地歌颂法美友谊，缩短了白兰地与美国公众的感情距离，这是法国白兰地制造商们举办的极为成功的公关活动。它直接地为白兰地进入美国市场扫清了道路。赠酒仪式不久，一向不为美国人重视的白兰地酒，迅速成为市场上的抢手货，在人人以喝上法国白兰地为荣的背景下，法国白兰地成为供不应求的走俏产品。

思考题？

1. 请指出本次活动属于什么类型的公共关系专题活动？
2. 这种专题活动的特点是什么？
3. 指出此次活动的准备工作是哪些？
4. 请指出此次公关策划的创意体现在什么地方？

案例分析提示：

1. 酒香也怕巷子深，在市场经济时代，这早已成为人们的共识。任何商家，都怕自己的产品“藏在深闺人未识”，都在不遗余力地宣传自己的产品。

2. 在公共关系和营销艺术走俏的今天，“王婆卖瓜”式的推销已面临淘汰的命运。说千道万，卖什么的，最终还得吆喝什么。

3. 怎么样才能既吆喝了自己的商品，而又不致于引起顾客的忽视甚至抵触、厌恶？或者，如何做才能让顾客心甘情愿地打开自己的钱包，买完后依然笑逐颜开？法国白兰地进军美国市场的过程有许多值得称赞的地方。

四、国际公众

国际公众指一个组织的产品、人员及其活动进入国际范围，对别国的公众产生影响，并需要了解和适应对象国的公众环境的时候，该组织所面对的不同国家、地区的公众对象。国际公众包括别国的政府、媒介、消费者等。国际公众对象具有与本组织完全不同的社会和文化背景，因此传播沟通活动具有显著的跨文化特征。

（一）搞好国际公众关系的目的

（1）争取国际公众和舆论的了解、理解与支持；

（2）为本组织及其政策、活动、产品和人员塑造良好的国际形象；

（3）创造良好的国际声誉；

（4）发展国际公共关系，为对外开放服务；

（5）运用跨文化传播手段，促进组织形象的国际化。

（二）处理好国际公众的对策

（1）注意研究和适应别国公众的社会和文化差异，调整公关的对策和方法；

（2）了解对象国的历史文化、风俗习惯、公众心理以及国际商法和对外交往的国际惯例；

（3）善于运用国际新闻传播和广告传播手段。

思考题

1. 秘书对外公关对象有哪些？

2. 不同外部公关公众定义有无交叉？对秘书开展公关工作有无影响？

3. 一个组织的发展，维护公共关系很重要。不同公共关系的着力点各有侧重，你认为孰轻孰重，怎样区别？

4. 除课本所列公共关系对象，试着找出其他公关对象，并分析其作用与实施方法。

第七章
现代秘书公关基本程序

秘书公关工作是针对组织的公共关系状况进行的，不同时期、不同工作阶段，秘书公关工作内容和方式会有所不同。但无论何时、无论何事，秘书开展公共关系活动的程序与公关工作一般程序是一致的。通常，秘书公共关系体现在日常公关事务中，分为四个基本步骤，即公关事务调查、公关事务策划、公关事务实施、公关事务评估，这一程序被称为“四步工作法”。

第一节　秘书公关事务调研

一、秘书调查研究的含义

调查研究是人们在实践中，对客观情况进行调查了解和分析研究的活动或过程。调查和研究是两个相互渗透的活动。调查是运用各种方法、手段收集信息的行为过程；研究是在已收集信息的基础上分析信息，深入认识，以提出解决问题的方法和措施。在秘书公关工作中，调查之中有研究，研究之中有调查，两者密不可分，是有机统一体。

秘书人员的调查研究是为满足辅助领导决策和管理的需要，有组织、有目的地获取信息，并通过分析信息获取理性认识的活动或过程。

任何组织都希望树立自己在社会公众中的良好形象，具体到一个企业来讲，如果企业在公众心目中信誉良好，它便能赢得更多顾客，占领更广市场，实现更大收益。这样发展下去，企业的知名度会越来越大，美誉度也会越来越高。相反，如果企业的信誉差、产品次、服务态度不好，其社会形象自然不好。市场竞争中，形象不好的企业必然处于不利地位。

一个组织的公众形象到底如何，需要秘书人员在日常工作中抱有公关意识，针对不同公众展开调查。

秘书公关事务调研是指秘书部门或人员通过运用科学方法，搜集内外公众对组织主体的评价资料，有步骤地考察、了解、分析、研究组织的公共关系状态，进而对主体公共关系状态进行客观分析的一种公共关系实务活动。

公关调查作为公关工作程序的基础步骤和首要环节，对组织的整个公关活动具有重要意义。

二、秘书调查研究的作用

调查研究是一项社会活动，它可以使人们“知己知彼”。在现代秘书行政工作中，调查研究是一个重要的工作环节，也是秘书公关工作程序的第一个步骤。秘书人员在调查研究活动中具有三个方面的作用。

（一）收集原始信息，是做好秘书公关工作的基础

信息工作是秘书工作的一项重要内容。信息是公关活动的基础。公关意识强的秘书人员，对信息具有高度的敏感性。

秘书人员应及时搜集与组织发展密切相关的各种信息，并及时将信息和对信息的剖析反馈给组织的决策部门，提供决策咨询和建议，以更好地发挥决策参谋作用。

1. 信息采集

秘书人员应采集以下几方面的信息：

（1）收集政府决策信息。政府的方针政策直接关系组织的发展战略和经营方针，因此秘书人员必须注意收集和研究政府的决策信息。

（2）收集法律法令信息。秘书人员应熟悉法律条文的修订和颁布情况，以便决策时依法规范自己组织的行为，帮助组织取得合法的权益，减少不必要的损失。

（3）收集新闻报道中与本组织有关的信息，以便及时将单位的新情况、新动向通过新闻媒介传播出去，吸引公众的注意。

（4）注意收集公众对组织的机构设置、管理水平、人员素质、办事效率、服务质量，以及产品质量、品种、价格、包装等方面的评价。只有把握组织在公众心目中的整体形象方面的信息，才能对组织的发展作出正确的决策。

（5）公众信息收集。要赢得公众的信任与支持，必须了解公众的需要和要求，了解他们的分布情况，了解他们对服务或产品的意见等。

（6）秘书人员还要掌握竞争对手的情况，了解竞争对手的人员配备、技术力量、管理方式、产品质量、销售服务情况、资金实力等方面的信息。

2. 信息的来源

制约和影响组织生存和发展的公众环境包括内部公众和外部公众两个方面，因此，公共关系工作所需要的信息也包括内源信息和外源信息两个部分。

（1）内源信息。内源信息主要指来自组织内部各方面的信息和动态。一个组织的发展首先受到其内部公众对象的制约和影响，包括组织各部门的管理人员、技术人员等在内的全体职员，他们处在组织日常运转的第一线，其对组织内部的人、财、事、物的状况和动态的了解与评价，是重要的内源信息。

（2）外源信息。外源信息指组织所处的外部环境的信息和动态。组织有关的外部公众对象非常广泛、复杂，公共关系需要建立广泛的社会信息网络，密切注视外部公众的各种信息和动态，既要关注已经发生联系的公众对象的信息，也要预测可能发生关系的潜在公众对象的动向；既要重视具有直接利害关系的公众对象，也不能忽略那些只有间接关系的公众对象。外源信息主要包括客户的需求、合作者的看法、投资者的意向、竞争者的动态、政府官员的看法、新闻界的评价、意见领袖的观点等。公共关系需要大量汇集外部公众的信息资料。

3. 公众信息的内容

公共关系作为组织的信息中心，所面对的信息不局限于与组织专门业务直接相关的业务信息，而是还包括社会的政治、经济、文化、科技、军事、民情等全方位的社会信息资料。

（1）与组织形象有关的信息。秘书公关工作首先要注意与本组织的形象评价有关的各种信息。这些信息涉及公众对组织的政策、产品、行为、人员等方面的印象、看法、意见和态度。组织的整体形象，还反映在公众对组织其他要素的评价方面，如公众对于组织的方针政策，办事制度、程序和效率，经营管理水平，技术、财政、人才方面的实力，服务质量和水准，市场宣传形象，组织文化和精神文明等方面的反映和评价。组织机构需要根据这些评价来调整和完善自身。

（2）与产品形象有关的信息。产品形象是组织形象的客观基础，只有产品被接受、受欢迎，企业存在的价值才能得到社会的认可。公众对产品的意见和评价是多方面的，如质量、性能、功能、价格、款式、包装、售后服务等。

（3）组织环境中的各种社会信息。秘书公关工作需要为组织监测社会变化与趋势，注意社会的政治、经济、文化、科技、军事、时尚潮流、民俗民情、舆论热点等多方面的信息动态，分析其对组织的各种直接或潜在的影响，充分利用环境中的有利因素，避免不利因素，使组织与社会环境的变化保持动态平衡。

4. 信息的加工

秘书人员要将收集到的信息按照不同的目的和要求，进行鉴别和筛选，剔除那些虚假、过时和无用的信息，使信息条理化、规范化和准确化。信息的加工工作将有利于接下来的存储、传递和利用工作。秘书要对收集到的信息加以必要的吸收和消化，提炼出精华的信息以供利用。秘书公关工作对信息的加工，是为了及时准确地为领导提出建议。领导无需也不可能事必躬亲。获取信息，取舍信息，并加以利用，这个工作应该由秘书人员承担。信息的加工主要有以下几点：

（1）筛选：对收集到的大量信息进行去粗取精，从中挑选出典型的、有价值的信息以供利用。

（2）鉴别：用科学的方法对信息进行去伪存真，并对信息的性质、真伪、价值、作用等作出鉴定和判断。

（3）提炼：对信息进行编辑、统计、分类、综合、提要等，让领导及其他信息利用者可用较少的时间阅读和掌握必要的信息，减少不必要的或低价值的信息的干扰。办公室部门编写的简报、摘报、快报等都是对各种信息进行浓缩和提炼的成果。

（4）研究：对所获得的原始信息和其他信息进行分析、推理、归纳、综合，以形成明确的观点、概念和结论，创造出新的更有价值的信息，成为更高层次的信息和知识。有时在这个活动中，秘书还会发现一些现有信息的不足，还需进一步采集、补充；另外，对一些热点信息还要进行专门的调查研究，以获取更深层次的信息。

（5）撰写：将那些经过加工的信息转换为新的书面信息。一般说来，信息的加工工作是一项艰巨的工作，而且决策的层次越高，需要的信息加工程度越深，从事这项工作必须要有深厚的对事物分析、判断和研究的能力。随着信息生成的速度不断加快，决策对信息质量的要求不断提高，信息加工工作的难度也在增加。

（二）获取回馈信息，是辅助领导决策的关键

组织在运行过程中，应打破封闭状态，进行横向信息交流，及时沟通信息。信息价值具有时限性，秘书人员要善于从繁多的信息中捕捉到有价值的信息，迅速传递给领导及有关部门，使之发挥效用。

领导决策是否正确，社会反响优劣，需要在执行过程中依靠调查研究来检验；决策的正确程度和执行效果，关键取决于实践，“实践是检验真理的唯一标准”。而调查是了解和掌握实际情况最可靠的途径，研究是分析判断决策成败的过程。秘书人员在深入实际过程中，了解有关信息并及时向领导回馈，有利于领导及时修订决策或重新决策，及时从公关大局出发进行调整。

（1）领导决策之前，需要了解实际情况，秘书人员要做好调查研究，迅速向领导提供情况，提供信息，提供预案。

（2）领导决策之后，秘书人员仍然要进一步调查研究，因为任何一项决策都不可能完美无缺，在执行过程中可能会出现不利于推动工作向前发展的情况，秘书人员要及时把新信息回馈给领导，作为领导修订、完善决策的依据。

（3）领导者的决策不只要了解立足现实，还要放眼未来，这就要求秘书人员担负起预测未来趋势的责任，而具有前瞻性、科学性、可行性的预测是建立在调查研究基础上的。

如此看来，领导决策离不开秘书人员的调查研究，调查研究是辅助领导决策，当好参谋的关键环节。

（三）解决常规问题，是提高秘书人员办事能力特别是公关能力的重要途径

秘书人员各项能力的获得，除了学习相应的基础与专业知识外，重要的一个途径是多在实践中历练提高。调查研究活动能调动秘书人员各方面的能力素养，比如，可以加深对党和国家大政方针的理解，提高发现问题、分析问题、解决问题的能力，增强与人沟通交流的公关能力，提高观察现实、捕捉重要信息的能力，提升准确表达调研意向和调研结果的能力等。总之，秘书人员在处理日常工作时，调查研究可以提高自身的各种能力。

三、公关调研的内容

调查研究的范围十分广泛，秘书人员由于其工作的综合性特点，调查研究的工作内容更加丰富广泛，归纳起来，大体有三个方面。

（一）组织形象的调查

1. 自我形象的调查

自我形象的调查也叫组织内部调查。具体到一个企业组织来说，大致涉及以下内容：

（1）组织的基本条件，包括组织创建的时间和背景、沿革经历、重大事

件、固定资产、流动资产、对社会的主要贡献等。

（2）组织的理念系统，包括企业理念、企业精神、企业价值观、企业使命、经营宗旨、经营方针、发展目标等。

（3）组织机构、队伍状况，包括机构设置、在职人数、员工基本结构（如员工的年龄结构、文化程度、专业特长、技术水平）、队伍整体素质评价；基本态度（对本职工作、民主领导、经营思想、决策机制、方针政策、奖惩制度等的看法）。

（4）经营内容，包括主要经营项目、产品种类、产品质量、销售情况、市场占有率、服务范围、生产成本、新产品开发能力。

（5）经营效果，包括经营特色、目标市场、营销措施、财务状况（资产损益、资产负债、日营业额与月营业额等）。

（6）广告与宣传，包括企业形象战略规划、广告传播计划及实施效果。

（7）管理人员素质、决策层领导素质，包括工作能力和水平、作风、业绩、形象。

（8）规章制度，包括工作程序、规范，实际效果评价。

2. 组织实际形象调查

组织实际形象调查也叫组织外部的公众调查，是反映组织实际社会形象的一面镜子，也即社会公众对组织的评价。调查组织的实际社会形象，就是调查组织的知名度和美誉度，换言之，就是调查组织的公众对组织的知晓、态度和行为情况。公众调查有两方面内容：

（1）特定组织的公众情况；由于各类组织性质不同，其公众的构成是复杂多样的。企业组织的主体公众就是消费者和与经营活动有关联的人员，这是对企业生产经营活动和决策产生最重要影响的因素。秘书公共关系调查中的公众调查就是要调查特定公众的地理分布、民族、性别、年龄、职业、文化程度的构成，消费者的消费倾向、消费心理、购买行为、购买动机等。一般来说，在消费者调查中，须特别关注的是消费者群体的调整变化和新出现的消费特征。

（2）组织在公众心目中的形象：组织在公众心目中的形象可以用知名度和美誉度两个指标来衡量。

知名度是社会公众对该组织认识、知晓的程度。调查重点应放在公众是否知道本组织的名称、标识、产品种类或服务内容，及其了解的程度、范围。比如，某大学的知名度调查，即调查在一定范围内，有多少公众知道某大学的所在地、该校的标识、重点专业、著名学者和教授、重大科研成果等。学校的知名度越高，学校为公众熟悉的范围就越大。提高组织在公众中的知名度是组织公共关系工作的目标，了解和掌握组织所具有知名度的真实状态是公共关系调查的内容之一。

知名度是评价组织社会影响的广度和深度的重要指标，也是一个组织“名气”大小的客观尺度，包括以下几个方面：

①知道企业名称的人数；②同行业的知晓程度；③顾客对企业知晓的程度；④不同职业的顾客对企业的了解程度；⑤企业借助新闻媒介的频率与新闻事件影响面的大小。

美誉度是社会公众对本组织信任和赞赏的程度。美誉度调查就是了解公众对某一组织到底有什么看法，是评价高，还是评价低，前者为美誉度高，后者为美誉度低。公共关系调查对美誉度的调查就是拿出量化的客观数据，美誉度到底高到什么程度，到底低到什么程度；为什么低，后来又是如何提高的，在多长时间提高了多少百分点。同时还要结合实际，分析本组织的方针、政策、管理水平和工作效率、社会活动、人员形象以及产品或服务等诸多因素对美誉度产生的影响。

美誉度是评价组织社会影响的美丑优劣以及一个组织“德性”好坏的客观尺度，包括以下几个方面：

①企业优质产品的市场占有率高低；②企业的售后服务系统完善与否；③企业的社会责任感强弱、是否热心公益事业；④同行企业和专家评价的高低；⑤企业能否借助新闻媒介传播先进事迹，深入人心，传播先进典型时是否社会反响强烈。

知识补充

可口可乐的市场调查

1. 商品定位

商品特征：可口可乐综合各界人士的意见，认定其饮料产品属于清凉型，适销的空间与时间范围大；更属于兴奋型，适用于各个年龄、职业群体及社会生活各种场合。（没有特别重视其老牌、名牌因素）。

消费特点：初次为冲动性购买；使用后若留有好感则习惯性重复购买；对品牌加深印象后则选择性、固定性重复购买。餐饮业、娱乐场所、家庭、学校、单位购买受季节性影响低微。

2. 市场调研

走进社区：可口可乐销售公司或营业所初建时，调查工作一般是雇用学生或由专业调查公司来做，此后由业务代表（或业务员，下同）去做。可口可乐市场部利用某地区、某城市大比例尺地图，按照商业街区疏密度裁剪分割，交由调查员分头按图索骥，深入社区，从大商场超市、宾馆到小食杂商店、小饭店，甚至连学校、机关、医院、车站、娱乐场所等一切可能销售可口可乐产品的地方全包括在内，逐街逐点登门拜访，将调查对象及调查结果标记在图上、记录在问卷上，在规定时间内交回公司汇总。

问卷设计：内容包括销售点名称、地址、规模、特性、人流量、销售方式等若干项目，其中销售方式等大项目下又分出若干小项目。为了减少因调查对象不配合而无法取得的信息的情况，在问卷设计和调查任务布置时，考核要求做了适当放宽。

资料搜集：一是向民政、规划等政府部门搜集大比例尺地图，作为从长远战略发展到具体任务落实的基本参照物。二是在问卷调查的同时，从政府统计部门搜集关于某个区域人口密度、人均收入等统计资料。每次调查资料参照期为 2 年。

3. 市场分析

区分层次，选择重点：在取得详尽的调查资料基础上进行分析，按照购买力、营销能力、市场潜力等因素测算出综合指数，据此确定重点。如济南营业所调查发现该市有饮料销售点 8 000 余个，经过分析，从中选取出 2 500 个作为重点，由各片业务员负责全力攻克。

确定适宜的商品面目：即确定工作方式，根据不同地区、不同销售场所、不同消费群体的不同习惯，分别选择提供大瓶或小瓶、玻璃瓶或塑料瓶、瓶装或罐装、使用现调机或配备冷冻展示柜，等等。

4. 市场细分

潜力与现实：根据目标市场全部售点数量、人口密度及购买力水平等因素，将本产品在各区域的最大市场潜力测算出来加以列示；将已占领的售点及销量一一对应列示，加以对比，使市场开拓任务从总体到各个分区域都一目了然。

划分责任区：可口可乐青岛公司的销售区域限定在山东东部，公司将山东省沿潍坊与淄博交界划分为鲁东、鲁西两大销售区，分别以青岛、济南两个营业所为中心向周围辐射；每一销售区又分为 12 个销售片，设立办事处；每一销售片再进行细分，直至指定专人负责。如一个济南市又分为 12 片，每片都有专人负责。所有业务单位及业务员不准跨区跨片销售。

（二）公众舆论调查

公众舆论调查类似于知名度、美誉度调查，但并非完全一致。公众舆论调查主要内容有：

（1）有多少公众知晓，包括绝对数量与相对比例，知晓公众的种类、分布情况等。

（2）知晓公众对有关问题了解的程度如何，包括全面性和层次性。如果公众了解的情况不够全面，那么他们掌握的资料对组织是有利还是不利的信息？

（3）公众的态度是什么？是赞成还是反对，或满意还是不满意？

例如，日媒舆论调查：安倍改组内阁，支持率未见明显变化。

日本国内实施的电话舆论调查显示，改组后的安倍内阁支持率为35%。相比7月份的33%（安倍内阁第二次上台以来支持率最低值），几乎持平。而其不支持率为45%，较7月份的47%没有太大变化。

可以看出，舆论调查实施前完成的内阁改组对恢复支持率并没有太大帮助。内阁改组后，官房长官菅义伟留任，野田圣子就任总务大臣，河野太郎就任外务大臣。针对安倍晋三此次的人事调整，调查中给予好评的有43%，给出差评的有34%。

此外，被问到是否认为此次内阁改组可以恢复民众对安倍政权的信赖时，调查对象中回答能恢复信赖的为26%，回答不能的过半数，高达55%。针对此次内阁改组中提出的“革新人才培养”目标并设置新任担当大臣这一举动，回答表示期待的为37%，不期待的有51%。

当问及安倍是否对内阁改组前辞职的原防卫大臣稻田朋美存在任命责任时，回答有责任的为61%，不认为有责任的为30%。

此次舆论调查是调查员通过电脑随机抽取固定电话和手机号码的RDD（随机电话号码拨打）方式开展的，共获得了2 153份有效回答。

（三）组织环境调查

1. 法律政策环境调查

法律政策环境调查是指对一切同组织发展有关的中央、地方的各种法律、法规、政策的调查。

2. 竞争环境调查

竞争环境调查是对竞争对手情况进行调查，了解竞争者的市场占有率、营销策略、市场优势，借鉴同行业各组织的成功经验，加强横向联系。

3. 社会环境调查

社会环境调查是指调查本社区的重大问题，了解社区的文化，包括社区的人口就业、生态环境保护、治安保卫、福利保障以及社区的风俗习惯、社区意识等。

社会环境的公共关系调查涉及内容极其广泛，大致说来有四个方面：

（1）国家有关的政策和法律、国家政治经济发展规划。这包括国家和地方政府的中长期发展战略规划、宏观政策；与社会组织有关的政治、经济、科技、社会文化等的发展变化趋势；与社会组织有关的地方政府机构和法律部门颁行的地方性法律、法规和方针政策；以及国家根据发展需要新出台的行业调整计划，新颁布的法律和法规等。

（2）行业发展趋势。对某一组织的发展战略而言，关注本行业发展趋势是至关重要的。比如，在我国加入世贸组织之前，影响各行业的变化趋势的一个重要因素就是是否加入世贸组织问题，因此，加入世贸组织后对我国各行各业的影响分析，是调查各行业发展趋势中的重头戏，调查工作也会围绕着加入世贸组织后该行业面临的机遇和挑战等问题展开，为自己将要制定的对策搜集参考资料和依据。

（3）同行业情况和竞争对手的情况。通过调查当前本行业呈现的主要竞争态势，竞争对手的优势与劣势、经验与教训，从而找到自己各方面的参照系，把握企业的发展机会，消除潜在的威胁。

（4）社会问题调查。面对纷繁复杂的现实社会，社会热点、重大事件等一切社会调查的内容都在此列。引人关注的社会问题是否可以成为本组织借势的契机，必须经过充分的调查研究才能决策，没有积蓄和准备容易错过良机，调查研究不到位也可能弄巧成拙。

（四）突发事件临时性调研

突发事件临时性调研也称专题性调查，指针对组织自身、公众和环境出现的突然变化，为满足解决组织具体公关问题的专门需要而随时进行的调查。

秘书人员经常要处理一些突发性事件，如劳动纠纷、工作事故、空难、沉船、意外爆炸、自然灾害等。这些事件的发生随机、迅速、无法预期，而处理解决往往有独特性，要求快速、周全、不留后遗症。这时秘书人员只有通过调查，对事件的全貌做完整的把握，查清真相和原因，然后以良好的临场应变能力研究出合理的解决方法，提供给领导处理。对于重大政治事件和生产事故，秘书人员要能配合公安、保卫部门共同调查研究。

（五）临界边缘遗漏性调研

对于机构内处于几个部门职能交叉点的问题，或几个部门都管但只管理其中一部分的边缘性问题，管理上容易形成死角，这类问题往往成为被遗漏的问题。秘书人员对这些处于“不管”或“半管”状态的问题，要通过认真的排查，做好调研工作，掌握情况，汇报领导，提请解决。

四、公关调查研究的原则

调查研究的原则是指人们对调查研究活动的规律性主观认识。秘书人员开展公关调研工作，总体上要以唯物史观指导行动，具体要遵循以下原则：

（一）要联系地、全面地看问题，防止孤立地、片面地下结论

秘书人员在调研过程中，既要看到现状，也要看到过往和未来；既要看到局部，也要看到全体；既要看到内部特质，也要看到外部勾连；既要看到正面影响，也要看到负面影响。不要管中窥豹，以偏概全。

（二）坚持实事求是的态度，防止以主观意愿剪裁事实

秘书人员在调研中要深入实际，走出办公室，深入基层，深入事件发生的前沿阵地，亲眼看，亲耳听，亲口交谈，去得出结论。切忌光听汇报，光看记录，光打电话，偏听偏信，也忌迎合领导者的主观意愿，带着条条框框去调查，却翻不出条条框框的限制而故意剪裁事实装进框框。要努力排除各方面干扰，保持客观眼光，提高判断是非的水平，尊重事实，作出客观结论和有价值的思考。

（三）坚持没有调查就没有发言权的原则

秘书人员对某件事或某个问题开展专门的调查研究，其目的性很强。但是调查目的不等于调查结论，一切调查结论应在调查研究之后产生。

（四）坚持艰苦深入的态度，防止浅尝辄止

调查研究有利于参观和考察。调查研究工作既艰苦又细致，搞好调查，绝非易事，它需要花费很多的时间和精力，有时要克服很多困难和阻碍，浅尝辄止或走马观花是得不到真实信息的。而面对调查来的材料，只做简单的分析也是得不出深刻的结论的。

（五）坚持热切关注、坚持不懈的原则

调查研究是件苦差事，既麻烦又琐碎，工作量大，秘书人员没有满腔的热情，就唤不起工作兴趣，也就不能深入细致地搞好调查研究，因此，热切关注是搞好调查研究的内动力。

调查研究是件复杂的事，需要被调查者的合作和支持。实际工作中，并不是所有相关人员都会自觉自愿予以配合的。秘书人员要以顽强毅力克服种种阻碍，设计有效方法，调查情况真相。因此，坚持不懈是取得调查结果的保证。

五、公关调研的类型和方法

（一）调查类型

根据调研的内容、性质、目的和要求的不同，调查大体可分为五种类型。

1. 普遍调查，简称普查

普查是指对总体对象中的每个对象逐一进行调查。它适用于重要的、大范围的基本情况的调查，如全国人口普查、国土资源调查等。

2. 典型调查

典型调查指从总体对象中选择具有代表性的对象进行调查。它适用于典型的、范围相对较小的情况调查。其目的是通过选取样本的调查研究，找出规律性的东西，以指导和推动全面工作，如实践中常用的机关干部下乡“挂职”“蹲点”等。

3. 专家调查

专家调查指对某一行业或系统内具有专门研究或有权威影响的对象进行的行业调查。它适用于人们普遍了解甚少而利益关系甚大的专业情况调查，通过专家调查，可以展现令人信服的情况，达到认识上的一致性，如房地产行业、金融保险行业、汽车工业等方面的听证会等。

4. 个案调查

个案调查指对个别对象进行的调查。它适用于对社会中的独特个体或全新事物的调查。通过个案调查，可以了解其产生的社会背景和存在的状况，如民工中各具特色的生存状况个案调查等。

5. 抽样调查

抽样调查指从总体对象中随机抽取部分对象作为样本进行的调查。它适用于范围大、表现多样又情况复杂的事件调查。通过抽样调查，可以用结果推断总体，如从花名册中随机取号确定对象的调查等。

（二）调查方法

1. 直接调查法

直接调查法指调查者深入实地亲身搜集第一手资料的调查方法。具体可采用如下方法。

（1）观察法。调查者通过直接观察而进行的调查。此方法侧重于调查对象的外观、形态、变化特征或过程。

（2）开会法。调查者通过召集座谈会或主题会议进行的调查。这种方法是最常用的调查方法之一，它能让与会者在相互启发和相互监督的发言中提供真实的信息，获取信息的可靠性更强。

（3）访问法。调查者通过与调查对象面对面地交流讨论而获取较深层次信息的方法。它要求调查者具有全面而娴熟的调查技能。访问时往往要考虑诸多因素，如赢得对方信任、发问技巧、关注采访对象心理、恰当记录、调动被访者情绪等，要想尽办法从人们口中发掘材料。

（4）问卷法。调查者将需要了解的问题设计成书面问卷形式，由被调查者书面作答。它是一种进行广泛调查的好形式。这种形式具有面广、省时、方便等优点，是目前被普遍采用的调查方法之一。

采用问卷调查方法要注意：①科学地设计问卷，将确需了解的问题分门别类、全面周到地罗列出来；②周到地组织好问卷的回收工作；③认真地做好统计。

2. 间接调查法

间接调查法指调查者带着某种目的对被调查对象通过查阅有关文字、音像图片等方式进行的调查。实际调查中，间接调查和直接调查总是结合着使用。一般在直接调查之前，先作间接调查，以便充分利用现成材料，对调查对象有一个整体或初步的了解，然后再开展直接调查。具体调查的步骤大致为：

（1）确定调查目的；

（2）广泛收集调查对象的相关信息；

（3）拟制调查提纲；

（4）确定调查的具体对象；

（5）选定调查的方式；

（6）实施调查；

（7）整理调查材料；

（8）补充调查。

调查是一项实践性很强的综合技能，调查的本领需要在实践中慢慢锻炼出来。秘书人员以系统的科学的调查理论指导调查实践，将会较快地提高调查技巧。

案例分析

先搞清这些问题

有一家宾馆新设了公共关系部，配备了豪华的办公室、漂亮的公关小姐、现代化的通信设备……但该部部长却发现无事可做。后来，这个部长请来了一位公共关系专家，这位专家一连问了以下几个问题：

本地共有多少宾馆？

总铺位有多少？

旅游旺季时，本地的外国游客每月有多少？

港澳台游客有多少？

国内的外地游客有多少？

贵宾馆的知名度如何？

在过去三年中，花在宣传上的经费共多少？

贵宾馆最大的竞争对手是谁？

宾馆潜在的竞争对手将是谁？

过去一年中，因服务不周引起房客不满的事件有多少起？

服务不周的症结何在？

这位公共关系部部长竟一时张口结舌，无以对答。于是，专家说道：“先搞清这些问题，然后再开始你们的公共关系工作。”

思考题

1. 为什么要“先搞清这些问题”？公共关系调查对组织有何意义？
2. 专家的这 11 个问题体现了公关调查的哪些内容？

六、研究的方法

对调查材料进行研究可采用的方法相当广泛，大体有：

（1）哲学的辩证分析。以联系、发展、一分为二的观点研究材料。

（2）逻辑的演绎推理。从一般理论或普遍法则出发，推导出一些具体的结论，再将它们应用于具体的现象和事物的研究方法。最常用的是演绎三段论，即由大前提、小前提推出结论。其形式是：

所有 M 都是 P

所有 S 都是 M

所有 S 都是 P

（3）历史的前后对比法。把两个以上事物放在一起比较，或把一个事件前后两种状况放在一起比较，从而更深刻地认识各自或各个阶段的特征的研究方法。它可以区分不同事物，找出异同。

（4）数学的统计方法。运用统计资料来描绘事物的状况和变化，以得到规律性认识的研究方法。这是一种定量分析的方法，通过定量分析可以使信息的陈述变得清晰、简洁，使研究结论准确、深刻。

（5）系统的归纳法。按照系统论的原则研究获得的调查材料，以便从材料的整体及相互关系中，把握事物的规律性，即把调查材料当作反映客观情况的集合体来研究，分析其合理性，使其充实、全面。

（6）度量研究方法。这是定量研究与定性研究的综合。分析调查材料在反映调查对象的肯定方面与否定方面的占有程度，得出公正的结论。

（7）概率研究方法。运用概率统计方法进行研究，以揭示调查对象变化的统计规律性，即通过比较调查对象的肯定概率与否定概率的大小，作出较为精确的评价，可以避免出现较小概率的情况而否定全盘的错误。

七、研究的过程

研究过程主要包括四个方面的工作。

（一）思考材料

对调查材料进行认真的审查、核实，去粗存精，然后将材料分类，再进行联系性思考，或归纳、比较，以形成初步看法。

（二）概括结论

对材料分析综合，通过理性思维概括理性认识，目的是为解决问题。

（三）提炼观点句

凭借秘书人员的理论修养，对材料理性思考后，形成调查结论，并用观点句的形式表达出来。一般用判断句式，简短明确地表达出来，要认真推敲和提炼，力求用词准确、句式简洁、明白晓畅。

（四）取舍汇报

对获取的调研结论，以书面汇报的形式提交领导，即写成调查报告或情况报告，这个报告不是调查过程的流水账，也不是调查材料的原始报告。它是结论统帅下的报告。调查材料不一定全部写入报告，可根据结论的需要精选典型资料和事实材料，求真务实地汇报给领导。

研究和调查是密不可分、同步进行的。开始阶段可能多侧重于调查，最后阶段可能多侧重于研究，整个活动的成果体现于调研报告。秘书人员的调查研究不仅要出成果，而且要善于利用成果，善于事后总结，把辅助领导的工作与自身人力资源开发结合起来。

八、公关调研的后续工作

公关调研的后续是为了做好组织内部的引导协调工作。

现代社会组织是一个开放式的系统，其各要素与社会环境之间的协同是非常重要的。因此，应教育引导内部员工珍视和维护组织形象，牢固树立公共关系思想。秘书人员要使广大员工懂得，组织良好形象的建立，不仅仅是少数领导和公关人员的事，它需要全体员工共同的努力。为此，要做到以下几点：

（1）树立公众利益第一的观念；

（2）保质保量完成工作任务，为社会提供优质产品或服务；

（3）使每一名员工都成为一名公关人员，能积极主动地向外界公众传播介绍本组织的服务项目、服务方式、服务特点和各方面的成就，树立良好的组织形象；

（4）教育和培训员工懂得公共关系知识，掌握公关实务和技巧；

（5）做好组织外部的协调工作。

公共关系就是组织与社会环境之间的一种协调沟通机制，即运用各种协调、沟通的手段，为组织疏通渠道、发展关系、广交朋友、减少摩擦、调解冲突，为组织的生存、发展创造和谐的环境。

第二节　秘书公关事务策划

公关策划即“公共关系策划”，是公共关系人员根据组织形象的现状和目标要求，分析现有条件，谋划并设计公关战略、专题活动和具体公关活动最佳行动方案的过程。

秘书公共关系策划指为达成组织目标，秘书人员在充分进行环境分析调查的基础上，对总体公关战略及具体公关活动所进行的谋划。

在完成了调查研究以后，公关活动就进入了制订计划阶段。这是公共关系工作中最富有创意的部分。策划，即有计划、谋划、筹划、打算之意。它是根据现有条件和目标要求，寻找事物因果关系，多层次、独立地设计最佳行动方案的过程。

公共关系策划可以分成战略策划和战术策划两个部分。战略策划指对组织整体形象的规划和设计，因为这个整体形象将会在相当长一段时间内连续使用，关系组织的长远利益。而战术策划则是指对具体公共关系活动的策划与安排，是实现组织战略目标的一个个具体战役。制订公关计划，最根本的任务就是组织形象的战略策划。在每一次具体公关活动中，公关部门究竟要完成什么任务，首先取决于在计划阶段的形象设计。只有在此基础上，组织才能进一步策划具体的公关活动。换言之，离开了组织形象的战略策划，具体的公关活动就失去了灵魂，变成了一种效益低下的盲目投资，有时甚至会产生负面的效果。

公关工作要准备充分，程序管理，目标导向。可以创建企业内部交流刊物，不定期地组织赞助活动、联谊活动，广泛征集公众参与性资讯，或由公司领导根据实际情况，随时酌情举办新闻发布会、社会宣传活动等形式。

例如，某公司宣传其新型保险柜的卓越功能，登出一则这样的广告：10万美元寻找主人。本公司展厅保险柜里存放有10万美元，在不触发警报器的前提下，各路豪杰可用任何手段拿出享用。

广告一出，轰动全城。前往一试身手的人形形色色，有工人、学生、工程师、警察和侦探，甚至还有不露声色的小偷，但都没有人能够得手。

各大报纸连续几天都为此事作免费报道，影响极大。这家公司保险柜的声誉自然随之大增。

一、秘书公关策划的作用

秘书公关策划是根据组织自身形象的现状和目标要求，分析现有条件，对公关活动的主题、手段、形式和方法等进行构思和设计，根据需要制定最佳方案。其作用有三：

（1）公共关系策划可以增强公关工作的有效性；

（2）公共关系策划可以增强公关工作的目的性；

（3）公共关系策划可以增强公关工作的计划性。

二、秘书公关策划对象

（一）确定目标

公关策划的目标是指组织通过公共关系策划和实施达到理想的形象状态和标准，是秘书人员通过公关策划活动，最终要解决的问题和达到的目的。

公共关系目标包含一定时期内能控制组织机构公共关系活动全过程的总目标，和指导实施方案中的各个分目标。按时间长短，分为长期目标和短期目标；按目标之间的关系，分为整体目标和分目标。

公关目标类型有以下几个：①全新塑造目标；②形象矫正目标；③形象优化目标；④问题解决与危机公关。

公关策划目标是一种复合的目标系统，由以下具体内容构成：

（1）提高组织的知名度，树立组织的形象及信誉；

（2）使组织与公众保持经常化的信息沟通与交流，设计并不断完善组织与公众进行信息沟通与交流的正常渠道；

（3）检测社会环境及舆论变化的趋势，根据这种趋势督促、协助组织的决策者及时调整组织的政策与行动；

（4）利用各种渠道和途径，争取公众舆论的支持与协作，在发生公共关系纠纷时，利用有效的传播手段，争取公众的谅解，变敌视为友善、化冷漠为关心，妥善解决各种公共关系纠纷；

（5）积极开展组织内部的公共关系活动，强化组织的凝聚力和向心力，为组织创造良好的内部人际关系；

（6）为组织推销产品和服务进行公共关系营销活动，帮助组织提高产品及服务的市场占有率。

（二）确定公众

以对外公关为主，根据行业特点确立公关的重点对象和工作方式，包括政府、社会公众、媒体和公司员工。确定公众时要注意两点：①了解公众对组织的态度；②及时掌握公众的需求。

三、制定公关行动方案

一个组织的公关活动大体有三个层面的内容指向，高层次集中在宏观战略规划的设计构思，亚层次负责公关实务专题活动策划，浅层次则为开展具体的操作性公关活动。秘书公关主要涉及亚层次和浅层次活动。

制定公关行动方案，主要涉及以下四个基本问题：做什么？怎么做？谁来做？什么时候做？

（1）做什么？依据公关目标确定。

（2）谁来做？即选择公关媒介。公关媒介选择要有利于目标的实现，有利于公众的接受，有利于内容的传播，有利于经费的节约等。

（3）怎么做？要确定公共关系的模式。公共关系的模式即公共关系的表现类型对应十种公关模式：

①宣传型公共关系；②交际型公共关系；③服务型公共关系；④社会型公共关系；⑤征询型公共关系；⑥建设型公共关系；⑦矫正型公共关系；⑧维系型公共关系；⑨防御型公共关系；⑩进攻型公共关系。

（4）编制公共关系预算。一个全面的公共关系预算应包括以下三点内容。

人员预算：对实现既定公共关系目标所需的人力资源投入、人才结构设置作出预算。

经费预算：包括工资费用、行政办公费用、宣传广告费用、设备材料费、实际活动经费、赞助费等。

时间预算：对实现公共关系具体目标所需的时间进行预算。即为公共关系具体目标的实现制定一个时间进程表，规定出各个时期的具体工作内容，以便按部就班地进行工作。

四、策划结果

策划结果就是做出公关策划方案。公关策划方案是策划者在充分调查、了解策划对象的现状和需求的基础上，为了实现策划目标而精心制订的公关实施细则和设计方案。

（一）公共关系策划及其方案的基本要求

（1）科学性。要合理，可操作。

（2）创造性。要有创新，有创意，有特色。

（3）针对性。要瞄准目标。

（4）可操作性。要具体落实到各个环节中，明确人力、物力、财力的安排。

（5）最佳效益性。要考虑企业效益性与社会责任性的统一，求得最佳效果。

（二）公共关系策划中的创意

创意即创造新意。秘书公共关系策划是秘书人员在策划过程中所进行的，一种有意识、有目的的，特殊的创造性思维活动。公共关系创意的特点为：

①独创性与社会性的统一；②可行性；③个人智慧与集体智慧相结合。

（三）公共关系策划书的撰写

公共关系策划书是指拟订出的书面的文字活动方案。公共关系策划书可以实现公共关系目标思路的具体化，成为准备和开展公共关系活动的指南。公共关系策划书的主要内容有：

①组织的公共关系现状及问题分析；②活动主题与宣传口号；③目标公众分析；④活动的目标体系；⑤具体的活动项目及工作步骤；⑥活动的广告、宣传计划；⑦有关组织机构的设置和人员分工；⑧活动的评估计划；⑨活动的经费预算；⑩工作日程推进表。

五、公关策划的原则

（一）实事求是的原则

实事求是，是公关策划的一条基本原则。公关策划必须建立在对事实真实把握的基础上，以诚恳的态度向公众如实传递信息，并根据事实的变化来不断调整策划的策略和时机等。

（二）尊重公众的原则

尊重公众，是公共关系策划的首要原则。尊重公众的原则，并不是要组织完全牺牲自身利益，而是要求组织在考虑自身利益与公众利益的关系时，始终坚持把公众利益放在首位，更多地为社会作出贡献。

（三）系统整合原则

系统整合，是指在公关策划中，应将公关活动作为一个系统工程来认识，按照系统的观点和方法进行谋划统筹。从系统的整体与部分之间的相互依存、相互制约的关系中，揭示系统的特征及其运动规律，实现整体最优。

（四）独特创新原则

独特创新，是指公关策划必须打破传统、锐意创新、别出心裁，使公关活动生动有趣，从而给公众留下深刻而美好的印象。

（五）弹性程序原则

公关活动涉及的不可控因素很多，任何人都难以把握，留有余地才可进退自如。

（六）伦理道德原则

伦理道德原则的核心内容是：组织的公关活动及其策划应严守道德要求并不断加强。

（七）迎合心理原则

要将心理学的一般原理应用在公关工作中，正确把握公众心理，按公众的心理活动规律，因势利导。

（八）最佳效益原则

要以较少的公关费用，取得更佳的公关效果，达到企业的公关目标。

六、公关策划活动的注意事项

（一）公关策划目标一定要量化

量化是指知名度、美誉度提高的百分比，促进销售实现的货币额度。公关策划目标一定要量化，它不是希冀式的观测，而是明确的目标。只有量化目标，公关活动策划与实施才能够明确方向，才会少走弯路。

（二）公关策划集中传播一个卖点

公关活动是展示企业品牌形象的平台，而不是一般的促销活动，要确定活动卖点，并以卖点作为策划的依据和主线。公关策划需要创造一个非常精彩的高潮，要把这个高潮环节设计得具有唯一性、相关性和易于传播性。当然，集中传播一个卖点，并不是只传播一条信息，而是把活动目标和目标公众两项因素结合起来，重点突出一个卖点，提高活动的有效性。

（三）公关活动本身就是一个媒体

随着公关新工具、新技术的不断涌现，同新闻媒体、广告媒体一样，公关媒体也在发生着革命，网络等新兴媒体已被应用于公关活动。公关活动因其组织利益与公众利益并重的特点，具有广泛的社会传播性，本身就能吸引公众与媒体的参与，以活动为平台通过公众和大众传媒传播。在策划与实施公关活动时，配备好相应的会刊、通讯录、内刊、宣传资料等，可实现传播资源的整合，提升公关活动的价值与效果。

（四）策划要周全，操作要严密

公关活动策划有哪些技巧呢？重点之一是周全。

这是因为公关活动给我们的成功或失败的机会只有一次。公关活动不是拍电影、电视，不能重来，每一次都是现场直播，一旦出现失误便无法弥补，因此绝不能掉以轻心。

（五）化危为机

大型公关活动有一定的不确定性，为了杜绝意外事件的发生，秘书人员在策划与实施的过程中要抱有强烈的危机意识，充分预测到有可能发生的各种风险，并制定出相应的对策。只有排除了所有风险，制订出的策划方案才有实现的保障。对于已造成负面影响的，一种方法是及时向公众道歉，防止再发生，避免负面报道，策略性地处理媒介与公众关系，否则修复较难；另一个方法是，化危机为机遇，借助突发事件扩大传播范围，借助舆论传播诚意，争取公众的支持，变被动为主动。

（六）用公关手段解决公关问题

公关活动的目标是提高美誉度，提升亲和力；促销活动的目标是提高销售额、市场占有率。企业同时需要营销、公关两种职能，但两种职能不能通用。公关是社会行为，营销是经济行为，公关活动关注公众，促销活动关注消费者，因此区别较大，营销的手段不适用于解决公关问题。公关活动面对的公众非常广，消费者只是公众中的一种。

案例分析

留心你家的后窗

20世纪50年代，好莱坞影片《后窗》曾风靡香港。该片描写了一个脑部受伤的新闻记者，在家养伤时闲极无聊，便买来一架望远镜，每日坐在屋子里，从对面楼的后窗窥视住户的家庭隐私，从而卷入了一场谋杀案。影片上映后，香港人竞相观看，形成了“后窗热”。

这时，香港一家生产百叶窗的企业成功地抓住了这一热点。他们在报上连续刊登题目为“请留心你家的后窗”的销售广告，生意一下子火爆起来。

思考题

1. 运用公共关系学中相关的知识分析评估这一案例。
2. 指出百叶窗生产企业成功的核心。

案例分析提示：

1. 此案例说明了大众传播媒介在公关活动中的重要作用。科学研究表明：大众传播对某些议题的着重强调和这些议题在传播过程中受重视的程度构成强烈的正比关系。在本案例中，企业抓住“后窗热”，利用报纸连续刊登“请留心你家的后窗”的广告，就是充分利用这一原理，从而使社会公众关注这一话题。

2. 当大众传媒热情介绍某个新闻事件时，也就意味着这个新闻事件可能成为公众关注的“议题”。同时，公众需要有人出面对复杂的信息加以整理，为他们选出那些值得关心和注意的事件。案例中的报纸就扮演了这一角色。它反复强调“后窗”这一问题，使“后窗”成为公众关心的问题。

3. 在这次公关活动中，企业通过大众传播媒介在社会中形成一个热门话题，让这个话题直接或间接地与其产品挂钩，从而达到良好的传播效果。他们借助“后窗热”这个与自己产品关联度极高的“议题”，通过报纸宣传，轻而易举地掀起了一个“百叶窗热”，从中获得了良好的市场效益。

第三节 秘书公关事务实施

公关实施是将公关策划变为实际行动的过程，主要是对自己计划的检验和修正过程。公共关系策划是公共关系工作过程的先导，而公共关系实施乃是整个公共关系活动的中心和关键环节，是后续方案制定的重要依据。因为，策划是对未来行动的一种预见和设想，只有经过努力，将它转变为现实，才有实际意义。否则只是一纸空文。因此，公关实施显得更为重要。公共关系活动的性质非常复杂，但以传播性活动为主。秘书公关事务实施，主要就是传播策动，组织实施。

一、公共关系活动计划实施的含义和意义

实施是整个公共关系工作的中心环节。

（1）公共关系实施是解决问题的过程，只有通过有效的实施，才有可能实现组织的公共关系目标。不经过实施的公关计划无异于空中楼阁。

（2）公共关系活动的实施情况决定了公共关系目标的实现程度。一个好的公共关系策划方案可能因无效的实施而无法达到预期的效果，反之一个有所欠缺的公共关系方案会因为有效的实施而得到完善。

（3）实施的结果是制定后续计划方案的重要依据，具有较大的参考价值。

二、公共关系活动计划实施的特点

公共关系活动的实施具有动态性和创造性的特点。

（一）实施过程中的动态性

一项公共关系活动计划不管制订得多么周密、具体和细致，与实际情况总会存在或多或少的差异，随着时间的推移、实施的进展、环境的变化，会遇到一些新情况和新问题。因此，在实施过程中需要不断地修改或调整原定的方案。

（二）实施过程中的创造性

公共关系活动计划实施的过程又是一个不同层次的实施者发挥积极性、主动性和创造性的过程，要抓住一些突发的事件进行新闻策划，善于多角度思维、逆向思维，要不落俗套、勇于创新。

三、公关实施的原则

公共关系实施是一个复杂而科学的过程，需要遵循一套科学的实施原则。

（一）准备充分原则

在正式实施公共关系策划方案之前，必须做好各种实施准备。准备越充分，公共关系实施就越顺利，失误就越少。不能打无准备之仗，要将各项工作落实到具体的人，并负责到底。

（二）目标导向原则

目标导向原则是指公关计划实施过程中，保证公关活动不偏离公关计划目标的实施原则，也叫目标控制原则。在公共关系计划实施过程中，必须保证公共关系计划实施活动不偏离目标，要不断将实施结果与目标要求相对照，发现差距，及时努力，务必实现目标。

遵循目标对象原则，实际上是加强控制的一种手段，不同的公关事务有不同的控制主体、客体、手段。秘书公共关系实施中，目标控制的主体是秘书，客体是公关面对的工作。

一般有三个目标导向：

①结果最佳导向；②工作满意度导向；③主体意识努力导向。

当这三个导向一致，有利于目标的执行，秘书工作就容易顺利完成，并取得好的结果。

（三）控制进度原则

控制进度原则是指必须按照公关实施方案中各项工作内容、时间进度的要求，随时检查完成的进度，及时发现超前与滞后情况，做好协调与调度，使各项工作按计划协调、平衡地发展，避免出现畸轻或畸重的倾向，确保按时完成。

（四）整体协调原则

整体协调原则是指在公共关系实施过程中，要使所涉及的方方面面达到和谐、合理、配合、互补和统一的状态。这个原则强调在各个实施过程之间、部门之间及实施主体和公众之间实现和谐化、合理化，使之不发生矛盾或少发生矛盾。或者即使产生矛盾，也能及时加以解决。整个实施部门应统一意志、统一指挥、统一行动，提高工作效率，减少或杜绝人力、物力和财力方面的浪费。整体协调一般从纵向协调、横向协调两方面进行。

（五）反馈调整原则

反馈调整原则是指要提高监督机制，及时发现在公共关系实施过程中的偏差和失误，及时进行调整与纠正。

反馈调整的特点是根据过去的实施情况去调整未来的行为。公共关系方案付诸实施后将实施结果与原定目标进行比较以调整下一步公共关系计划的制定与实施。

（六）选择时机原则

选择时机原则是指实施公共关系事务时应正确选择时机。这是提高公关计划成功率的必要条件。要注意避开或利用重大节日、重大事件，不在同一时间进行两项不同的公关活动，以免相互影响。

四、公关实施障碍的排除

影响公共关系计划实施的因素很多，主要有以下几方面因素：

（一）语言障碍

语言是人类交流思想的工具，它是以词汇为“建筑”材料、以语音为物质外壳、以语法为结构条理而构成的符号体系。尤其是，语言与人的思维紧密相连，人们只有借助语言才能更方便地向外界传播信息，同时收到信息。所以在传播沟通时，一定要强调语言的运用技巧，如修辞、比喻、音调等，否则会对某些特定的接受对象造成语言沟通方面的障碍。

即使同一国度、同一民族的人们因居住的地区不同也会造成语言不通，给生活和工作带来麻烦，更不用说不同国度、不同民族之间的语言沟通障碍了。可以说，由于语言沟通不畅造成沟通失误，甚至引起某些纠葛的情况，在日常生活和工作中比比皆是。而公共关系计划实施过程中的语言沟通障碍也会造成公共关系工作的被动局面。

（二）风俗习惯障碍

所谓风俗习惯，是指在一定的文化历史背景下形成的世代相传的具有固定特点的调整人际关系的社会因素，如道德习惯、礼节、审美传统等。

不仅不同国家、不同民族的风俗习惯不同，有时同一国度、同一民族的人们因居住地区的不同也会形成不同的习俗。古人云："入境而问禁，入国而问俗，入门而问讳"，绝对不能违反相应的道德、礼仪、传统习俗。

（三）观念障碍

所谓观念是指在一定的社会条件下人们接受、信奉并用以指导自己行动的理论和观点。

观念对沟通起着巨大的作用，有的观念会极大地促进沟通的顺利进行并取得好的沟通效果，而有的观念会成为沟通的障碍。主要的观念障碍有：封闭观念造成的沟通障碍，即排外观念或事物的自我封闭观念，造成信息传播受阻；极端观念造成的障碍，即固执地坚持某一极端的观点或立场而造成对沟通的破坏。

（四）心理障碍

心理障碍是指人的认识、情感、态度等心理因素对沟通造成的障碍。比如，由于人们的认识程度不同，在说服受教育程度较低的公众时，只提供所述论点的有利方面比利弊俱陈更为有效；而对受教育程度较高的公众，同时晓以利害才更为有利。

同认识程度一样，沟通信息的传播常常受人们情感的影响。例如，对一件可能引起争论的事件做出裁决后，人们总是特别喜欢去寻求那些自己所喜好的信息。另外，即使对于那些无可争议的事件，也会出现这种情况。比如，对某一品牌的电冰箱广告，最热心的观众往往是那些刚买这个牌子的电冰箱的人，因为这类广告传播的信息对他们刚刚实施的购买决策会起到积极的强化作用。

了解、认识并掌握在传播沟通中的公众心理障碍，可以及时排除这种障碍，以达到公共关系沟通的目的。

（五）突发事件障碍

对公共关系活动实施方案的干扰，最大的莫过于重大的突发事件。

一是人为的纠纷危机，诸如公众投诉、新闻媒介的批评、不利舆论的冲击等。

二是不以人的意志为转移的灾难危机，诸如地震、水灾、空难等。

这些重大的突发事件对公共关系活动的实施干扰极大。一个社会组织如果不能妥善处理突发事件，那么不但会使整个公共关系活动策划方案难以实施，甚至会影响组织的生死存亡。

除以上五种主要传播障碍外，还有由组织机构臃肿、信息传递层次过多造成的沟通缓慢、信息失真等组织沟通障碍，以及一些由于政治、生理方面的原因或技术、方法不当所造成的障碍。

排除上述各种沟通障碍，一般从两方面进行：

首先，应注意缩小传播者与其公众之间的差距。例如，选择传播沟通媒介时应尽量选择公众心目中信誉度较高的媒介以及目标公众最易接触到的媒介，尽量站在公众的立场上，从公众的需求出发，用公众较容易接受的语言或一些生动简单的事例来说明沟通的内容，尽量缩小传播者与公众之间在语言、习俗、态度、观念等方面的差距。

其次，应注意今天的公众比以往会更多地受到各种大众传播媒介的影响，而他们更乐于接受那些与其自身利益密切相关的信息以及那些符合其心理特点（认识、态度、情感等）的信息。

五、秘书公关活动实施的步骤

（一）落实组织、人员和经费

（1）确定参与实施的人员，人员的选择要根据公共关系任务的要求，结合参与者的专业素质和能力素质进行选拔。

（2）确定经费和必要的物质支持。在活动开展之前就要安排好，避免在活动中后续资金或物质支持供应不上，导致活动中断。

（二）人员培训和分工

在活动开展之前，必须对参与实施的所有公共人员进行相应的培训和分工。

（1）培训公关实施的制度和操作方法，研讨并训练实施方法，以及模拟演练。

（2）公共关系工作或活动往往是一项系统工程，需要组织中各部门、各环节相互协调、相互配合。为避免相互推诿现象的发生，在公共关系活动开展前就要对组织的各职能部门和工作人员做合理的分工。

（三）做好公共关系活动实施的动态调整

公共关系计划方案在实施过程中会出现由于内外部环境的变化或由于原方案中的疏漏等引起原策划方案与现实不相符合的地方，这时需要对原方案进行调整、修改，以保证在较合理的情况下顺利完成规定的任务。因此，要做好对实施过程的监控和动态调整。

第四节　秘书公关事务评估

公共关系作为现代社会的一项管理方法，应当设计周密，有头有尾。因此，公共关系工作程序的第四步就是对公共关系活动效果的总结评估。

所谓总结评估，就是有关专家或机构依据科学的标准和方法，对公共关系的整体策划、准备过程、实施过程以及实施效果进行测量、检查、评估和判断的一种活动。

一、评估的意义

（1）评估是改进公共关系工作的重要环节；

（2）评估是开展后续公共关系的必要前提；

（3）评估是鼓舞士气、激励内部公众的重要形式。

二、公共关系效果评价的作用

（1）衡量计划的实现程度，保证公共关系长远目标的实现；

（2）控制预算开支，提高公共关系活动的科学管理水平；

（3）总结经验教训，提高公关工作人员的素质；

（4）显示公共关系成果，提高公共关系的地位。

三、公共关系效果评价的内容

（1）检查原定的目标是否达到；

（2）检查实施公共关系所用人员、时间和费用，是否基本上与原计划的预算相符，并且分析所花费的人、时间和费用是否值得；

（3）分析在哪些方面没有达到既定的公共关系目标，其原因是什么，有什么补救措施等；

（4）分析大众传播媒介是怎样报道有关组织的状况的。

四、公共关系效果评价的程序

将评估过程纳入公共关系计划之中，统一评估意见，将目标具体化，选择适当的评估标准，确定搜集证据的最佳途径，保证完整的计划实施记录。

五、公共关系评估成果的运用

（1）用于调整公共关系工作计划，使计划更趋于科学合理；

（2）对策划新的公共关系目标方案有直接的帮助，可以促进新的公共关系计划借鉴成功经验，吸取失败的教训，避开误区，有效地开展工作；

（3）用于组织决策的改进，对组织走向市场、为公众所认同与合作，有较大的决策参考价值；

（4）用于改进组织的公共关系工作，通过运用评估成果，组织的管理层可调整行为、改善工作、提高绩效、寻找有效的策略和技巧，为下一步公共关系工作奠定基础。

六、公共关系效果评价的方法

（一）民意测验法

民意测验法（Public Opinion Poll）在公共关系评估中运用较为普遍。这种方法的基本做法是：按抽查法的要求在选定的公众群体中选择一定数量的测验对象，用问卷、表格等方式，征求他们对指定问题的意见、态度、倾向，再作出统计、说明，分析公共关系活动的效果。

（二）公众意见征询法

公众意见征询法是指公共关系人员通过与公众代表的对话，征询广大公众的意见和观点。这种方法又可分作“公众代表座谈会”和“公众询问法”两种。前者可以制度化，能有效地控制与会者的代表性。后者则是以口头、电话等方式就固定问题随机地向被询问者提问，然后将公众意见汇集、整理，形成综合意见。

（三）实验法

这种方法的实质是利用事物、现象间客观存在的相互关系，通过调节某个变量（如公共关系活动前后某个企业的声誉）测定另一些量（如产品销售量、订货量）的增减。实验法可以在经历和未经历公共关系活动的两组公众之间展开。

（四）组织活动记录法

在组织实施公共关系活动前后，坚持在组织的日常活动中记录有关标志和指标的变化的全面、准确的活动记录是重要的效果评估资料。例如，学校的报考人数、企业的产品销售额、宾馆的投宿人数、机关的出勤率等都属组织活动记录范围。进行评估就是要依据记录的资料，选择一定的标准进行比较，然后得出评判结论。

（五）传播审计法

传播审计法通过统计分析大众传播媒介发布的本组织信息，评估组织公共关系信息传播情况。

七、公共关系活动总结报告内容

（一）基本情况概述

这是公共关系总结报告的开头部分，也称前言。这一部分的写法，或概述公共关系工作的全貌、背景，或说明总结工作的指导思想和公共关系的成果，或将公共关系的主要成绩、经验、问题简明扼要地提出来，先给人以总的印象，作为下文的铺垫。

（二）成绩与经验的论述

这是公共关系总结报告的主体。其具体的写法可以是先写成绩后讲做法、经验，也可以把两者揉在一块写，在做法、经验中讲成绩，或成绩中加入做法和经验。

（三）问题与原因的论述

这一部分总结公共关系活动中存在的缺点和问题，分析其原因，提出可供吸取的教训。

（四）今后努力方向

这一部分主要是针对公共关系活动中存在的问题，从经验教训及有关规律性的认识中，提出今后应发扬什么、克服什么、采取哪些措施、向什么方向努力、达到什么目的。无论是全面性总结还是专题性总结，这一部分的内容都是不可忽视的。

思考题

1. 公共关系的工作过程一般包括哪几个步骤？试举例说明它们之间的关系。
2. 秘书调研工作总体程序是怎样的？
3. 在处理突发性事件的过程中，调查研究能发挥什么作用？
4. 秘书人员在什么范围内开展调查研究工作？
5. 调查研究活动中应采取怎样的工作态度，避免哪些错误态度？
6. 公共关系调研的方法有哪些？如何进行组织形象的调研？
7. 设计一份公关调查问卷。
8. 常见的公关活动模式有哪些？试进行介绍。
9. 试做一个简单的公共关系策划，并以策划书的形式表现出来。
10. 说明公共关系实施的原则。
11. 公共关系评估有哪些方法？

第八章 现代秘书专门公关活动

秘书专门公关活动就是秘书公关专题活动，是指秘书人员为了某一明确目的，围绕某一特定主题而精心策划的公共关系活动。常见的秘书专门公共活动作为展示组织形象的专业性活动，主要包括参加展览会、组织庆典、安排新闻发布会、组织社会赞助、处理危机事件等。

在公关初期，秘书公关活动的主要任务有扩大组织的影响、提高组织的知名度、提高公众对组织的认知程度、增加组织的吸引力等，要实施双向的信息交流，有效地进行组织与公关对象之间的信息沟通。

在组织推出新的产品、新的服务项目、新的经营方式时，要及时利用各种形式的公关活动进行宣传介绍，消除公众的观望心理，诱导他们做新的尝试。

在组织发展顺利时期，秘书公关活动要宣传已取得的成绩，进一步扩大影响，通过开展公关活动，让社会知道组织付出的努力，树立组织形象，提高组织的竞争力。

第一节　参加展览会

展览会是运用实物、模型、文字、图表等介绍、展现组织的成果、成就的公关活动。

展览会以其专业性、针对性、直接性的特点成为企业面对客户、自我展示的专门途径，其中以推销商品为主的又称展销会。它是组织传播自身信息、扩大知名度、提高声誉、广交朋友的常用的公关活动，它的传播范围表面上局限于一地一市，影响仅作用于现场观众。实际上，通过观众的义务传播，尤其是通过新闻媒介的传播，它的说服力、感染力往往比其它方式更强，传播面颇广，如中国广交会。

一、展览会的种类

（1）就规模而论，有大型、中型、小型之分，大到世界博览会，小到一家企业的产品展销；

（2）就场所而论，有室内展览、室外展览（如汽车、建筑机械展览）；

（3）就方式而论，有固定展览、流动展览；

（4）就举办地域而论，有国内展览、国外展览；

（5）就举办单位而论，有单独展览、联合展览；

（6）就展品内容而论，大体上可分为综合性展览和专题性展览，综合性展览全面介绍一个地区或一个单位的情况，专题性展览则围绕一项专业或某一专题举办。

无论哪一类展览会都是一种多维、立体的传播媒介，需要精心设计。

二、秘书发挥的作用

负有公关任务的秘书在举办展览会过程中一般参与三方面工作。

（一）准备阶段

（1）协助组织确定展览会主题性基调，主题性基调是一次展览会的红线，它可以将所有展品、文字、图表有机地组合起来，以达到展览的目的，所以主题必须鲜明；

（2）搜集实物和有关资料，选择精炼、具有代表性的展品，并据此撰写解说词、文字数据，完成脚本，然后物色设计师、美工师和解说员；

（3）筹划展览会的开幕式；

（4）筹备就绪后，举办预展，征询各方面意见修改，使之成熟。

（二）展览会举办期间

（1）接待、陪同重要来宾观看展览会，介绍情况；

（2）收集各方面回馈信息，如参观人数、留言题词、各种意见、报界反应，以测定展览会效果，并为撰写展览会结束后的总结报告作好准备。

（三）与记者保持联系

（1）预展时应邀请记者采访，使他们有所了解、准备；

（2）开幕式时也应邀请记者，提供新闻通稿供他们参考，并为他们提供采访必需的数据、设备、交通工具等方便；

（3）展览过程中，秘书要随时提供具有新闻价值的信息。如有需要，应及时举行记者招待会，统一发布信息，对规模大或影响大的展览会，秘书还应当代表组织事先与报社、电视台等新闻单位联系，预订广告版面，争取在展览会开幕之前几天刊出或播出。

总之，展览会全过程中，秘书负有和记者保持密切联系、提供方便的任务，争取事先预定广告，展览过程中发表若干篇新闻稿，结束时刊登出一篇总结性的新闻稿，使展览会的影响尽可能扩大，提高组织的知名度、美誉度。

展览会是常用的一种公关活动形式，秘书在积累经验的基础上，可以协助领导创造性设计，力求具有新意，既有利于开拓业务，又有利于树立组织的良好形象。

第二节　组织庆典

庆典是各种庆祝仪式的统称。秘书人员组织参加各种庆典的机会很多，掌握庆典活动的相关知识及组织技巧很有必要。

庆典是提高组织知名度，扩大社会影响的公关活动。秘书作为领导的助手，对外联系的代表，在这类活动中实际上承担着设计、组织和礼宾职能，对活动的成败起着重要作用。

一、组织庆典的时机

（1）本单位成立周年庆典，通常在逢五、逢十的年份，或在成立五周年、十周年的倍数时举行庆典。

（2）本单位荣获某项荣誉的庆典，获得一些荣誉时举行庆典。

（3）本单位取得重大业绩的庆典，新产品开发成功、产出规模突破大数值等取得来之不易的成绩时举行庆典。

（4）本单位取得显著发展的庆典，开设分支机构、合并成功、成立集团之类大事件时举行庆典。

二、常用庆典种类

常用庆典形式有开幕式和节日庆典两种。

（1）开幕式用于组织开业、开工、新设施落成、奠基，各种展览会、展销会、文艺会演、电视、电视节、运动会拉开序幕之际。它是第一次与公众见面、具有纪念意义的事件，是隆重而又热烈的公关活动。

（2）节日庆典是在法定节日，如国庆、元旦、春节和组织自身的周年纪念日（如校庆）而举行的庆祝活动，也包括重要的地域、民族、宗教节日（如泼水节、开斋节等）的庆祝活动，它着重于制造喜庆气氛，有联欢会、团拜、文艺演出、舞会等形式。

三、庆典操作程序

开幕式的举办是庆典中最为重要也是最为常见的一种公关活动，以下着重介绍开幕式的操作程序。

（一）准备工作

（1）拟出邀请宾客的名单，包括政府公众（如本市、本区、本系统党政领导）、新闻媒介公众（如报社、电视台记者）、小区公众（如小区负责人、周围各单位的负责人）、消费者公众（如客户、业务往来单位的代表）、内部公众（如员工代表）等。名单经领导审定后，印制成精美的请柬，并提前二天左右寄送给宾客；

（2）拟定开幕式的程序表，必要的话印制出来，程序表应选定致词宾客的人选，并提前通知他们做好准备，说明致辞的要求；

（3）为领导拟好开幕词、答词；

（4）布置好场地，对要登上主席台或第一排的主、客方人员要放好姓名牌或作出醒目的指示，如开幕式是站立举行的，最好在主要来宾站立之处铺设红色地毯，以示庄重，安排好音响、照明设备，排列好花篮，营造隆重、热烈的气氛。

（二）开幕活动

宾客来临时，要有专人签到，签到簿以庄重、大方为宜。请宾客用毛笔签名，既示庄重，又便于作为档案或纪念物收藏。同时，如印制有程序单，可此时分发给来宾。

宾客签名毕，由接待人员引导至备有茶水、饮料的接待室，让他们稍为休息，相互结识；

由专人接待记者，为他们提供方便，如系大规模活动的开幕式，则最好设新闻中心；

开幕式开始前约 5 分钟，秘书应引导主、宾进入场地，按事先确定的位置入座或站立；

开幕式开始，由主办方最高领导和来宾中地位最高者上前剪彩，这时，宜配以热烈的音乐；

由主方、客方先后致辞，无论开幕词、贺辞、答辞均应简单明了、热情庄重，忌长篇大论；

对开幕式现场摄影、录像、录音，并由主方领导回答记者、来宾提出的问题。

（三）余兴节目

典礼完毕，敲锣打鼓、舞狮载舞，并可播放热烈、喜庆的音乐。允许的话可燃放礼花、礼炮，营造喜庆气氛。余兴节目最好由组织的内部员工参与，有助于增强他们主人翁意识和自豪感；

引导来宾参观新商场、厂房、办公楼等，以便让来宾了解，也可以设宴招待来宾；

最后，可利用留言簿、召开小型座谈会等形式，征求来宾的意见，加以整理，有利于改进工作、鼓舞内部员工的士气。

从整个过程来看，开幕式并不复杂，时间也不是太长。然而，它是一次亮相，是否成功，决定着公众的第一印象。所以，秘书应精心设计、组织，力求办得热烈轰动、丰富多彩，给人留下深刻而美好的印象。

第三节　安排新闻发布会

在秘书公关活动中，新闻发布会是应用频率比较高的一种。新闻发布会，是组织向记者集中公布、解释组织的重大新闻，争取新闻界作客观报导以扩大信息传播面的公关活动。

当组织开业、合并、周年庆典、新产品面世、产品展销、战略发布、项目签约等具有里程碑性质的事件发生，或受到社会误解、批评时，新闻发布会是一种常见的、必不可少的手段。

筹办新闻发布会是秘书的职责，操作程序包括如下环节。

一、选择发布的新闻点

通常而言，适合于召开新闻发布会的时机主要有八种。

（1）新产品面世；

（2）企业重大战略，如经营方针改变；
（3）重大人事变动，如高层管理人员任免；
（4）新的分支机构成立或开业；
（5）并购其他企业成功签约；
（6）企业创立周年纪念日；
（7）产品获得重要奖项；
（8）发生重大事故。

二、确定发布的时间

确定新闻发布会的时间，在秘书公关中属于策划艺术，发布时间不同，效果就不同，一般应遵循以下原则：

（1）及时。新产品、新政策出台前及时举行，或组织受到指责、误解时及时举行，以便澄清真相，挽回影响；

（2）日期应当避开重大会议、社会活动。如两会期间、奥运期间，新闻界和公众的注意力都集中于它们，作为一个一般的社会组织，再大的事件相比之下也要退居次要地位，不易被公众广泛接受。

（3）周一不合适，记者们忙于检查上周工作；周五也不合适，很多人考虑过周末，不太可能静坐着等提问，更不可能花大段时间单独访问。因此，周二至周四比较合适。

（4）确定在具体日期中的钟点。考虑媒体的特点，早报、晚报，午间新闻与晚间新闻，新闻发布会的内容要在当天见报或报道，最好安排在上午9:30～10:30之间，既利于及时播报新闻，又便于记者到会。

三、确定邀请的范围

需要邀请哪些记者，应根据公布事件发生的范围、影响来决定。如事件涉及全国，则要邀请全国性新闻单位的记者出席；如事件的影响只限于本地，则邀请当地新闻单位的记者；如事件涉及专门业务，则只需邀请专业性新闻单位的记者即可。

新闻发布会邀请的对象，一般包括广告公司、领导、顾客、同行、媒体记者等，秘书可按照邀请名单，发送邀请函，确保重要人物到会。名单确定后，应提前几天将请柬寄送记者，便于他们安排时间。

四、选定发布的地点

新闻发布会在何处举行，得根据会议的主题来确定。如果是一般情况，应在组织的会议室、接待室举行，或租用宾馆、招待所，或赴外地举行；如果希望造成全国性的影响，则可以赴首都或大都市租用场地举行。

要选择交通便利且安静通信方便的地方。同时考虑场地的硬件配置，准备好录音、录像等设备。

重要的一点，发布会地点必须与所要发布的内容性质融洽。一般应综合考虑以下几点：

（一）品味与风格

发布会场地分为户外与室内，以室内较常见。离自然、健康较近的产品属性，宜选择户外。酒店等室内场所，有各自的风格与定位，风格要与发布会内容相吻合。

（二）容量与成本

会议室容量、主席台大小，设备、电源、布景，以及餐饮住宿的价格是否合理，空间有无浪费等，都要仔细考虑。

（三）实用与便利

交通要便利，距离主要媒体、重要人物要近。

五、选择合适的新闻发言人

举行新闻发布会，一般办公室主任、秘书长等担任主持人。主持人负责介绍主题及基本情况，要求措词典雅而有力，风趣而庄重。发言人应由熟悉组织全面情况、头脑机敏、语言表达能力强的人担任，以组织首脑为宜。若安排几位发言人，事先应讨论成熟，在重大问题上保持口径一致。

新闻发言人一般应具备三个方面的条件：

（1）有高超的传播与沟通能力。知识面要广，语言表达明晰、逻辑性强，具有敏锐性及快速反应能力。

（2）能坚定不移地执行决策层的决定，同时有较强的临场应变能力。

（3）在组织中身居要职，有权代表组织表态。

六、准备好书面材料

秘书要拟定好发言提纲、会议程序，并准备好有关数据、图片、统计数据，以便开会前分发给记者，供他们提问、写稿时参考。

七、布置会场

会议桌可以围成圆形，营造和谐气氛。如是大中型的记者招待会，可使用长方形桌子，并分别标明“记者席”“嘉宾席”“工作人员席”，主持人和工作人员应配有写明姓名的胸牌，主持人、发言人还应设置标明职务的姓名牌，以便记者识别。如邀请的记者颇多，还可排定座次顺序，分清主次，注意照顾有代表性的新闻单位的记者，避免出现混乱和不愉快。另外，准备好录音/录像设备、工具用品、饮料茶水等。

八、主持会议

新闻发布会的主持人，其职责是把握会议的主题。发言人讲完后，主持人要引导记者踊跃提问，遇到冷场时，可用轻松、幽默的语言活跃气氛，提高记者们提问的兴趣；遇到记者竞相提问时，应控制提问时间，避免提重复的问题，提高会议效率。记者招待会的时间一般在二小时之内，如记者们尚有不少问题要问，主持人应在散会前宣布下次发布的时间、地点。

九、收集有关新闻报道

举行新闻发布会后，秘书要注意搜集到会记者采写、刊登的各类新闻稿件，分门别类地登记、分析，以便检验会议的效果。对参加会议而未发布的记者，也应礼貌地询问原因，便于组织日后改进工作。

第四节　组织参观

参观是指邀请外部公众或内部公众参观本组织的工作现场、设施等，用以向公众宣传自己的工艺流程、技术力量、生产规模、环境条件、产品管理、企业文化，向公众释疑解惑，深化公众对组织的了解，获得公众的支持。

一、参观活动的分类

（1）按参观目的分，有订货性参观和学习性参观。

（2）按参观性质分，有考察性参观和一般性参观。

（3）按参观时间分，有定期安排的集中参观和日常的分散参观。

（4）按参观方式分，有应邀来企业的参观者和自行来企业的参观者。

（5）按参观对象分，有一般对象，如学生、社区公众、职工家属等；有特殊对象，即与该企业有各种直接或间接利害关系的人员，如新闻社团和单位、行政机关、科研部门、客户、协作单位等。

二、参观活动中的接待礼仪

在参观这一公关活动中，接待是关键。接待工作的好坏，不仅影响参观者对企业的了解，也关系到企业的形象，对搞好内外部关系、达到相互协作的目的产生重要作用。因此，接待工作要细致周到、精心安排，要注意以下三个方面：

（1）对于组织团队前来参观的人员，企业领导应该在接待中出面。在他们正式参观前讲话，表示欢迎。接待室要备有茶水、座位，供参观者使用。

（2）有意识地将参观列入本企业公关工作的范围，有组织、有计划、有目的地进行。组织参观者观看与企业和产品有关的影片、录相、幻灯片以及创业史展览、产品展览等，散发各种相关材料，使参观者对企业或产品有较全面和深入的了解。接待员在宣布参观后，要礼貌地引导大家。展览室一般有文字介绍，不一定一一讲解，但对于一些文字上未及的重要情况，接待员可以针对不同对象作一定讲解，满足不同参观者的需要。

（3）参观的重点是企业的厂房、设施和工作现场，让参观者身临其境。企业应拟好参观的线路，由接待人员引领参观者参观。参观时，接待员可进行现场解说，解说时声音要宏亮，口齿清楚，速度不宜快，使参观者听得清。接待员对于参观者感兴趣的问题，只要不牵涉秘密，应一一作答，对于不能解答的问题则要表示抱歉。

三、组织参观的流程

（一）准备宣传小册子

这类小册子以简明扼要、深入浅出的语句，介绍参观内容的概况，要注意配上一定的图片，避免深奥的专业术语，要考虑一般公众的文化水平、接受能力。这种小册子宜在参观一开始时就分发给公众，使公众对参观内容有大致的了解，参观时可边看实物边对照，集中注意力观看，免去了记录的麻烦，并可供日后参考；

（二）放映视听材料

有些组织的结构复杂、技术尖端，为了帮助公众理解，观摩实物前可放映有关录像片、幻灯片或电视片，作简单介绍；

（三）观看模型

有的织织规模庞大，设施分布很广，公众不可能每处都到，每物必看，或有些设施不便于公众进入，可以事先制作模型，让公众观看，如不少大学制作出校园全貌模型，公众观看后，只需选择几处重要的地方实地观看即可；

（四）引导观看实物

由专人引导公众沿着一定路线参观，逐一观摩文物，在重要的实物前，引导人员应作详细讲解，或配备专门的讲解员讲解，讲解时要抓住公众关心的问题重点，避免长篇大论、滔滔不绝，给人以吹嘘之感，让公众以看为主，讲解为辅，不能本末倒置；

（五）中途休息

参观的时间不宜太长，以一天内完成为好，在参观路线的途中，最好辟有休息室，备有茶水，供参观者中途小憩；

（六）分发纪念品

参观过程中可向公众分发一些小型纪念品，可以是本单位制造的或刻印有本组织名称的纪念物，让公众一见到它就能引起美好的回忆。

（七）征求意见

观摩实物结束，宜在出口处设置公众留言簿或意见簿，有条件的话，最好请参观者座谈，提出意见，便于组织改进工作。

参观除可以平时进行外，还可以结合一些特殊时机进行，如在开幕式、周年庆典之后组织来宾参观。

第五节　组织社会赞助

一、什么是社会赞助

社会赞助是指组织或团体通过无偿提供资金、产品、设备、设施和免费服务的形式，发起、组织、参与、资助社会事业的活动。

二、社会赞助的作用

社会赞助是一种重要的公关活动，既可以赢得社会好感，又可以提高自身知名度。赞助活动在现代社会中十分普遍，可以说，离开了商业赞助，当今许多大型的公益活动几乎难以进行。在我国，随着组织公共关系意识的提高，社会组织赞助的数量越来越多，金额也越来越大。有的组织为“希望工程”捐款，一掷千金；有的企业赞助体育事业，不遗余力。社会赞助的作用主要表现在以下几方面：

（1）通过赞助既可达到宣传的目的，又可增强说服力和影响；

（2）制造新闻效果，扩大社会组织认知度，提高组织在公众中的美誉度；

（3）通过赞助表明组织勇于承担社会责任，可以树立关心社会公益事业的良好形象；

（4）通过赞助建立与公众的关系，增强组织与外界交流的和谐度。

三、社会赞助的基本类型

社会赞助的对象包括体育活动、文化活动、教育事业和慈善事业。

（一）赞助体育活动

此类赞助以体育设施和大型体育比赛为主，因关注者多，影响最大，效果最明显。

（二）赞助文化活动

文化活动赞助一般面向电影、电视节目、文艺表演、知识竞赛、艺术节等。因有利于提高全民科学文化的素质，所以能培养与公众的感情，提升组织在公众中的知名度。

（三）赞助教育事业

此类赞助的对象是学校、图书馆、博物馆等。因教育在国民心目中具有崇高的地位，所以赞助者可获得良好的声誉。

（四）赞助慈善事业

此类赞助一般是为贫困地区、残疾人、孤寡老人、荣誉军人等提供帮助。因能体现组织高尚的品德和主动承担社会责任的精神，所以社会效果最好。

四、社会赞助的原则

社会赞助有四大原则：

（一）社会影响力原则

社会化与专业化相统一，如运动服生产企业赞助体育活动。

（二）经济效益原则

主观愿望与经济能力相统一，赞助什么，赞助多少，要心中有数，赞助款项使用要留有余地，以备不时之需。

（三）社会关注原则

通过赞助来做广告，选择合适的时机与项目，起到的效果超过广告。

（四）合法原则

赞助是组织自觉自愿地履行社会责任与义务，应量力而行、坚持自主，不受胁迫，以法律来保障赞助行为与自身的合法性。

五、社会赞助的实施步骤

（1）研究和确定赞助项目；

（2）成立专门领导机构，主持赞助活动；

（3）制定赞助计划；

（4）实施赞助活动（需要制订实施细则）；

（5）活动评估。

六、在社会组织赞助活动中应注意的问题

秘书人员在赞助活动中应注意以下问题：

（一）明确目的

组织开展赞助活动必须是有目的的，从原则上讲，组织赞助的目的与其公共关系总目标是紧密相连的，就是提高组织的声誉，增进公众的了解，塑造良好的组织形象。

（二）调查研究

为了取得良好的赞助效果，组织应事先开展调查研究工作。在明确赞助的情况下，从本组织的经营管理目标、政策、公共关系政策入手，调查外部需要赞助的公益事业情况，考察活动本身是否对公众有益，是否对组织有益，从而确定本组织的赞助方向和政策，以指导赞助活动。

（三）制订计划

在调查基础上，根据组织的赞助方向和政策制订出年度赞助计划，该计划一般包括赞助对象的范围、费用预算、赞助形式和宗旨等。

（四）审核评定

实施赞助前，应对某一个具体赞助项目进行详细的分析研究，结合年度赞助计划逐次审核评定，确定其可行性和赞助的具体方式、款项、时机等，从而最终确定赞助活动的具体实施方案。

（五）具体实施

组织应派专人负责各项具体赞助方案的落实。在实施过程中，应充分运用各种有效的公共关系技巧，尽量扩大其社会影响；应该建立经常性的检查制度，使计划能保质保量地完成，同时亦可避免费用超出预算。

（六）效果测定

赞助活动完成后，应对赞助效果进行调查测定，对照计划检查完成了哪些预定的目标，分析完成或未完成目标的原因，将效果测定成文入档，以备以后参考。

案例分析

可口可乐的大手笔

可口可乐经常性地通过赞助体育、教育以及文化等各类活动来强化品牌形象，提升品牌的美誉度，营造饮用氛围，从而促进其产品的销售。

（一）赞助体育活动

1. 赞助奥运会

从 1928 年可口可乐开始赞助第九届阿姆斯特丹奥运会的那一天起，到 2000 年在悉尼举办的第 27 届奥运会，可口可乐参加了每一届的奥运盛会。作为奥运会的唯一饮料供应商，可口可乐对饮料、火炬接力、设立国际奥委会博物馆、出版奥运歌曲唱片及历史书到电视台转播等项目的赞助都显示出了一个全球饮料品牌对一项全球性活动的无限热忱。可口可乐在把“更快、更高、更强”的奥运精神注入到自己品牌的每一个细胞的同时，人们已然开始对可口可乐产生情感利益：即喝下的不仅仅是一种饮料，更是一种“运动、奔放、向上”的精神，这些正好吻合了可口可乐“乐观奔放、积极向上、勇于面对困难”的品牌核心价值。因此，通过赞助奥运会，可口可乐的品牌和消费者紧紧地联系在了一起。

对于赞助奥运会，可口可乐一向彰显大家风范，大手笔投资。在1996年亚特兰大奥林匹克运动会上，可口可乐总计投入6亿美元，约占其当年全部广告预算的47%。在奥运期间，可口可乐举办全球范围内各式各样的奥运公关活动，协助奥运筹委会承办包括圣火传递、入场券促销在内的多项工作。借助体育运动来推广品牌，是可口可乐制胜商场的不二法门。可口可乐认为：借赞助奥运会为契机，为自己的公司建立独特的品牌形象、提升品牌价值、促进销售，并增强与消费者之间的联系，是首要的营销目标。同时，找到奥运会与公司品牌之间的关联性是最为重要的。即要考虑奥运会能给消费者带来什么，消费者自身渴望的又是什么，而可口可乐品牌自身的价值又是什么。利用某些特殊活动使这三方面结合起来变成最有力的关联，这才是赞助奥运会成败的关键。对于可口可乐来说，奥运会的营销功能实际上就是企业和消费者改善或重建彼此关系的重要沟通工具，双方借体育运动建立认同，产生共鸣。可口可乐力求把奥林匹克的文化融入到品牌个性当中，并由此形成品牌价值，通过奥运会把自己的品牌和消费者巧妙联系在一起，从而使消费者对品牌保持极高的认可度和忠诚度。多年来，可口可乐正是以此标准来选择赞助活动，与其品牌形象配合得完美无暇、相得益彰，使可口可乐的营销活动产生了$1+1\geqslant 2$的倍增效应。

2. 赞助世界及中国足球

就全球范围而言，足球一直是可口可乐最重要赞助项目之一，也是可口可乐最为宝贵的市场资产。作为国际足联和世界杯的长期合作伙伴，从1974开始，可口可乐就成为每届世界杯的主要赞助商之一。贯穿于足球运动中的精神则恰恰是可口可乐品牌所一贯主张的核心价值。在中国，可口可乐对中国足球事业的支持，使可口可乐将其品牌在全球范围内与足球的渊源本土化，并由此建立起与中国球迷强有力的感性沟通模式。从2001年开始，可口可乐通过一系列围绕中国足球的公关推广活动，把中国消费者对可口可乐的品牌认知推向了一个新的高度。

（1）全面赞助中国国家足球队。2001年1月，可口可乐与中国足协签订了赞助中国队所有赛事的合作意向，可口可乐成为中国队官方饮品。通过赞助中国队，和支持中国足球的发展，可口可乐再次巩固了自身的品牌领导地位——运动、奔放、向上，充满乐观精神，真实可信地充分体现了国家荣誉和对中国队的激情。

（2）为世界杯外围赛创作“中国之队”队歌。2001年4月22日，对于中国足球以及球迷来说，有着特殊的含义。在无数中国球迷殷切的期望中，中国国家队在西安迎战马尔代夫国家队，使中国之队第七次拉开了冲击世界杯的帷幕。在小组赛首场比赛上，可口可乐为中国国家队创作了第一首队歌——《让我们向前冲》。在比赛开幕式上，由孙楠、那英等8位国内知名歌手联袂演绎的这首“中国之队”队歌最为激动人心。这首歌体现的是那种“永不言败，拼搏到底”的精神，同时也表达了广大中国球迷对中国之队的热切期望。毫无疑问，这首歌在很大程度上鼓舞了中国队的球员们，给中国队在冲击世界杯的征程中开了个“好头”。

（3）为中国队主场比赛摇旗助威。2001年8月25日，在沈阳五里河体育场，可口可乐组织了由1 300多名东北的大学生组成的大型“啦啦队”，同时可口可乐还从球迷协会请来专业人士，专门指导大学生“啦啦队”的演练，以确保起到为中国队助威鼓舞的效果。

（4）开展“激情拥抱世界杯”系列活动。它是2002年3月可口可乐针对中国球迷开展的一次大规模的系列推广活动。活动中的“弹指足球”项目是风靡世界的超级球迷所必备之玩具。球迷只需将小球靴套在手指上，就可以以手代足在桌面上进行二对二的对抗比赛。在这里，可口可乐把“球迷”定义为：那些喜欢足球并视足球为生命一部分的人。中国球迷具有这样的一些特征：足球可以让他们放松；他们在观看足球比赛的时候可互相交流；他们可以很容易地回忆出中国队每一个光荣的经典瞬间；他们与中国足球荣辱与共。其后，可口可乐开展的“为世界杯壮行”、“为中国队护旗”、赞助“女足世界杯”、赞助“中国女足南北明星争霸赛”等一系列的活动，把中国球迷关注世界杯、关注中国队的情感得以升华，世界杯、中国之队、可口可乐则成为了众多球迷提及率最高的词汇。可口可乐通过对中国足球事业的支持，使可口可乐赢得了极高的品牌美誉度与消费者忠诚度。

（二）赞助社会公益活动

进入中国以来，可口可乐在支持中国体育发展的同时，也不遗余力对中国的社会公益进行着大力资助。1993年起，可口可乐在中国26个省捐建了52所可口可乐希望小学，捐赠100个希望书库，使6万多名儿童重返校园。从2001年开始，为千余名可口可乐希望小学的校长和教师提供专业的电脑培训。为希望小学提供后续的扶持基金，并同时开始在全国兴建30个网络学习中心和52个多媒体教室及电视教学点。此外，可口可乐还与各地瓶装厂联合设立了“可口可乐第一代乡村大学生奖学金”，资助678名从偏僻乡村奋发图强第一个考取大学的青年完成大学学业。时至今日，可口可乐及其瓶装厂已经在中国公益事业方面投入超过3 000多万元人民币。2001年，在中国青少年发展基金会和捐助者可口可乐（中国）有限公司的推动下，专门用于林地浇灌的全国保护母亲河行动第一口井在河北怀来县天漠沙丘出水。这是可口可乐公司继2000年为当地捐助百万树苗后的再次捐款，在天漠沙丘周围打井5口，彻底解决百万树苗灌溉问题。作为营销策略，“取之于消费者，回报于社会，投身于公益事业”，为可口可乐的品牌赢得了良好的美誉度，同时也为可口可乐在中国的成功奠定了坚实的社会基础。

思考题

1. 你眼中的可口可乐的品牌内涵是什么？基于什么得到这样的认识？

2. 案例中的可口可乐赞助的项目之间，有怎样的联系，产生了哪些效果？

第六节　宴请公关活动

宴请是指盛情邀请宾客宴饮的公关活动，组织在开幕式、纪念活动、庆功会后，或为了答谢协作者的支持等常举办宴请，招待宾客。而秘书人员常受命代表组织筹备、组织宴请，所以应当了解其种类、要求等。

一、宴请种类

（一）宴会

宴会是正规、庄重的宴请活动，规格较高，菜肴较丰盛，待主客就座开席，由服务员依次上菜。席间，主宾相互致词、祝酒。宴有国宴、正式宴会、非正式的便宴三种形式，一般组织以举行正式宴会为多。

（二）冷餐会

冷餐会也称自助餐，它不排席位，以冷食、熟食为主，配以各式中西点心，如三明治、汉堡包、蛋糕、肉包、虾饺，加上咖啡、牛奶等饮料，全部陈列于长条餐桌上，供客人自行选择取用。这种形式适宜于人数众多的大型活动，方式便捷，轻松自由，气氛热烈，主客可以自由走动、交谈。冷餐会过程中，主客可以以水代酒，讲上几句祝贺、致意的话，放上几段轻松的音乐，或安排些小型的文娱节目，以活跃气氛。

（三）酒会

酒会以酒类、饮料为主，辅以一些小吃。它适用于一般的社交联谊活动，大多不设席位，主客可随意走动，自由交谈。

二、宴请的操作方法

宴请是联络感情、增进友谊，提高组织知名度、美誉度的公关活动，要使它达到预定的效果，秘书人员在筹办时要掌握如下操作方法：

（一）确定邀请对象

根据宴请的目的，邀请有关对象参加，如为了感谢兄弟单位的协作、支持而举行，就应将这些兄弟单位的领导和为本单位出过力的人员都请来，如有遗漏可能会引起不快；而硬拉人数，滥竽充数也会使人不快。一般说来，正式的、规格高、人数少的可采用宴会，人数多、规格低的则可采用冷餐会或酒会。

（二）选定合适的时间、地点

宴请的时间应征求客人的意见，选择在主、客都方便的日子；宴请的场所应根据规格的高低、环境格调、供应特色来选定。如是宴会，则宜选择环境优雅、设备齐全、大家都熟悉易找到的宴会厅举行。

（三）适当的口味和席位

举办宴会，菜味以适应来宾，尤其是主要来宾为主，要考虑到对方的年龄、习惯、健康状况和民族的因素。宴会如有多桌，应设置一主桌，安排主要来宾和主方领导就座，其余备桌也有主方人员陪同，主方要考虑邻座的来宾是否相识，如互相不认识的，主方应为他们介绍相识，如宾客中有人要求和某一宾客坐在一起，主方应尽量满足其要求；如桌数众多，宜写明座位牌，让客人及时对号入座。

（四）桌次、席次的排法

桌数众多的宴会，桌次的排列要遵循离主桌越近地位最高、右高左低两条原则。如图 8－1 的两种排列法（第 1 桌为主桌）。

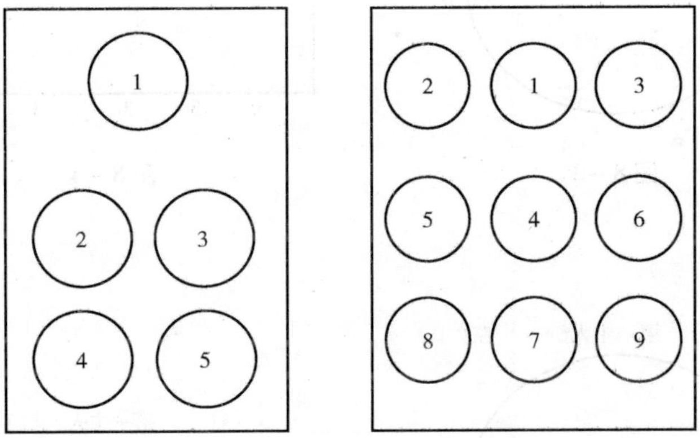

图 8－1

如宴会采用长桌，其排列法也依据上述两条原则，试见图 8－2 两例。

至于席次的安排，则遵循右高左低的原则，如采用圆桌，则将主要来宾安排在主人的右边，第二位客人安排在主人左边，以次类推（见图 8－3）；如采用长桌，则将主要来宾安排在主人对方（见图 8－4）。

如桌上有两位主人作陪，则将第一位客人安排在第一主人的右边，第二位客人安排在第二主人的右边，其余客人依其地位高低类推。（见图 8－5、图 8－6）

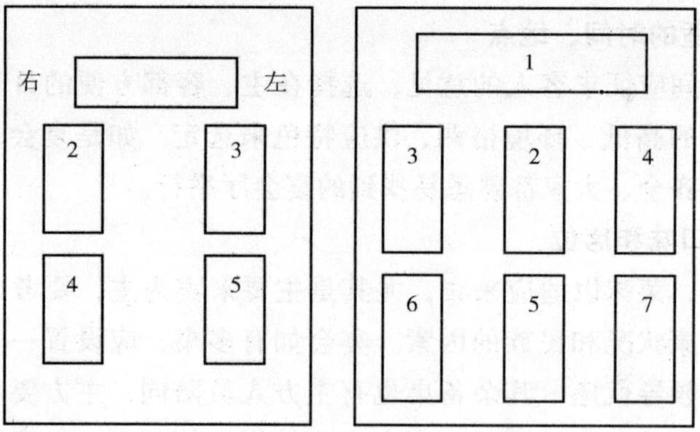

图 8－2

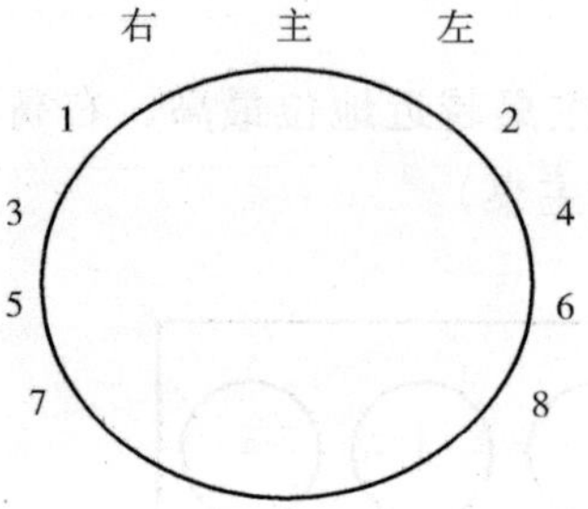

图 8－3

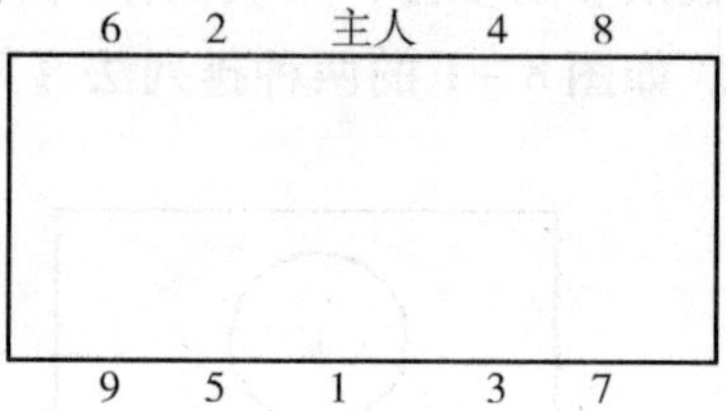

图 8－4

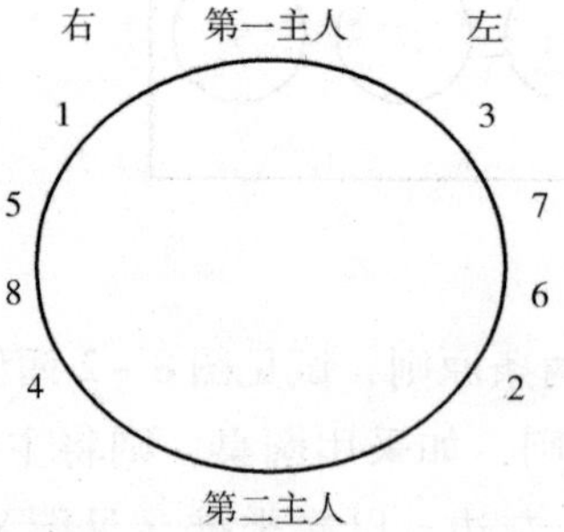

图 8－5

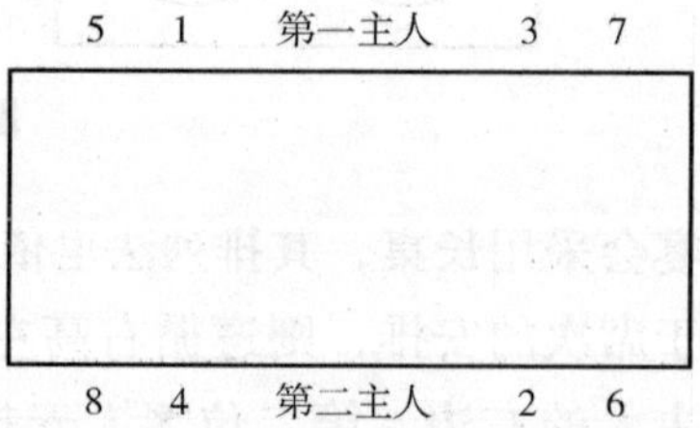

图 8－6

三、宴请安排技巧

在宴请进行过程中，为了使气氛亲切、活跃、热烈，秘书应当充分发挥自己的公共关系技巧，如下方法可参考使用。

（1）要不时提一些客人们共同感兴趣的问题，如气候、社会新闻、文体活动消息、烹调知识等，使大家参与议论。

（2）要关注说话少或未说过话的客人，根据你对他的背景了解，提一些他们所内行的、感兴趣的问题，向他请教，使之加入交谈中来。

（3）敬酒能有效地活跃气氛，主方应以重要来宾和年长者为重要对象，频领敬酒。如果发现有酒量好的宾客，可以鼓励他们对饮；如了解某些来宾有文艺才能，也可鼓励他们来上几句，唱上一曲，调动宴请的气氛，始终充满欢声笑语。

宴请结束后，主方人员应将来宾送到门口，热情友好地话别。

四、赴宴公关活动

秘书人员除了为组织筹办宴请外，自己也常会作为组织的代表，单独或伴随领导应邀出席宴请活动，因此，秘书人员还必须懂得赴宴礼节，以维护组织和个人的良好形象。

当秘书人员接到赴宴邀请时，应立即答复对方，以礼貌的语言表示应邀，或致歉不能赴约，以便对方早作安排；

赴宴前要修饰外貌，使自己衣衫整洁，精神饱满地出席，使主人感觉受到了尊重。

赴宴的时间最好在宴请活动开始前几分钟，过早到达不适合，迟到也是一种失礼，到达后应向主人问候致意；

进入宴会厅，根据主方的安排，找到自己的座位，请邻座的客人，尤其是年长者、地位高者和妇女先入座，然后，自己以右手拉开椅子，从椅子左边入座；

入座后，宜和邻近的客人相互介绍、交谈，宴请活动是认识新朋友的一个好机会，切勿独自沉默不语；

宴请开始，即停止交谈，听主人致词，以示礼貌；进餐开始，将餐巾铺开；

进餐时要举止文雅，当服务员送上第一道湿毛巾时，是用来擦手，别用它抹脸、擦脑袋；吃东西时声音不能太响，鱼刺、骨头不要直接外吐，可用餐巾掩嘴，用筷子取出；不能当众解衣扣、脱衣服或松裤带，这些动作可去洗手间完成；当碰翻酒杯、碰洒菜汤，溅在邻座客人身上时，除道歉外，应递上餐巾纸或手帕；如果你有事要早退席，不要大声招呼、道别，以免影响他人情绪和整个气氛；

宴请结束后，要向主人道谢、告别。

思考题

1. 观摩一次展览会，分析其公关设计。
2. 庆典开幕式应准备哪些物品，如何使用？
3. 新闻发言人需要满足哪些条件才可胜任？
4. 列举组织参观的时机。
5. 社会赞助应坚持哪些原则？组织可在哪些领域开展赞助活动？
6. 宴请与公关有何关联？宴请环节中怎样体现公关意愿？

第九章 现代秘书公关形象塑造

一个组织对外联络或对内传达决策层的意图，安排并参与内外各方业务洽谈或协调工作，大都由秘书人员完成。秘书的工作水平、思想水平、工作态度、办事效率等，大体反映出他所在组织的管理水平与企业作风。人们在与秘书人员打交道的过程中，能窥一斑而见全豹，秘书的一言一行和精神风貌代表着组织的风貌。因此，秘书人员是组织的门面，是组织的形象代言人。秘书良好的个体形象有利于塑造组织的整体形象，直接影响到组织与内外各方的交往。

第一节 秘书仪表举止形象

个人形象是决定一个人影响力和信任度的最重要因素。人与人初次见面，对对方的印象评价，从进入视线的瞬间就启动，大致在七秒钟内就有了判断，形成了看法，并且这样的看法影响持久，难以改变。这种现象在心理学上称为“首因效应”。

个人仪表、仪态不单反映其知识水准、道德修养，还传递其性格心理、身份层次等多种信息。现代秘书人员的仪表、仪态不仅展示个人风采，还体现组织形象。秘书人员的外貌仪表是一个窗口，能透射出文化修养的高低、审美情趣的雅俗和对待生活的态度。注重形象，既是维护自己人格尊严的需要，也是尊重他人的表现，这对以人为工作对象的秘书人员来说，尤其重要。

一、仪容修饰

这是秘书人员外在形象塑造的重点，可适度化妆，改善形象视觉，以增强自信心。这也是重视职场、在意工作对象的表现。

1. 美观得体

一个人，如果外表整洁，一定是有良好的卫生习惯；如果服饰自然和谐，一定有正确的审美观；如果表达观点简洁明快，一定喜欢并读过适量的书；如果能直视对方、保持微笑、愿意倾听，有行为修养。美不是一件容易的事，金钱堆砌不出美；奇装异服只会造成视觉冲击，但打扮不出美；浓妆艳抹但放浪形骸的人，会有人注视，但得不到欣赏，更不会美。

2. 内外兼修。

除了美丽的容颜，还要有正确的人生观、是非观，价值判断，以及高尚的审美情趣。对秘书人员而言，要懂得进退，待人接物得体大方，遵守办事程序和相关规则，专业到位，时刻保持良好形象，一句话，内外兼修，才能在职场中得心应手，做出业绩。

人的美，应该是自然美、修饰美和内在美三者的统一，忽略任何一个方面，都可能大打折扣，进而影响个人和组织的形象。

二、仪态修养

（一）仪态

姿势是身体呈现的样子，风度是气质的表露。

一个人举手投足、一颦一笑都具有表情达意的功能。秘书工作中，我们借助各种姿势和表情来表达情感、交流思想，传递个人的学识与修养。“站如松、坐如钟、行如风、卧如弓”，这是传统文化对人体姿势的要求。

另外，站、坐、行、立等举止也要合规。

（二）微笑

微笑应是现代秘书的职业表情，它比语言表达的情感更丰富、更细腻。它是一种润滑剂，能缩短双方的心理距离，融洽双方关系、增进友谊。

微笑属情绪语言。公关交往时，表情应以喜、乐为主调。微笑是自信的象征，礼貌的表示，心理健康的标志。恰当地运用微笑，可以起到传递情感、沟通心灵、征服对方的积极心理效应。真诚的微笑能够表达出本人的理解、宽容、关爱和礼貌。

1. 微笑的要领

不闻其笑声、不见其牙齿；发自内心，笑中有情，笑以传情；面部肌肉放松，嘴角上扬；大致露八颗牙。

2. 微笑的要求

微笑应真诚、适度、适宜。要求做到四个结合：

（1）口眼结合。要求口到、眼到、神色到，笑眼传神。

（2）笑与情结合。要求笑得亲切、甜美，笑出感情，发自内心。

（3）仪态与举止相结合。要求以笑助姿、以笑促姿，牙齿微露，笑得大方得体。

（4）笑与语言结合。微笑时与美好语言结合，声情并茂，相得益彰，微笑的功能会发挥得更好。

另外还须注意：①不可强颜欢笑，假意奉承；②不可为笑而笑、皮笑肉不笑；③不可拉起嘴角一端微笑，使人感到虚伪；④不可吸着鼻子冷笑，使人感到阴沉；⑤不可捂着嘴笑，使人感到不大方；⑥不可不分场合，走到哪儿都笑，见谁都笑，特别是在一些严肃或悲伤场合。

案例分析

像婴儿那样笑得纯美

原一平被日本人誉为“销售之神”。但他原本只是一个其貌不扬、普普通通的年轻人，后来，他悟出一条重要的道理：“容貌”和“长相”不是一回事。一个人会不会笑，笑得美不美，这属于“容貌”问题，而不是“长相”问题。想通了这个道理，他就下决心要通过学习，来“掌握”一种最纯真、最甜美、最动人的微笑，使别人一见到自己，就有一种好感，就愿意听自己说话，愿意和自己交谈。原一平先照着镜子，作了一番“调查研究”。他发现，虽然自己能做出30多种不同的笑，但这30多种笑都达不到“最纯真、最甜美、最动人”的标准。于是，他无论走在马路上，还是坐在电车里，时时都在寻找可以效法的对象。最后，他终于找到了一种最纯真、最甜美、最动人的笑，那就是婴儿的笑。又经过一段时间揣摩和练习，终于自己也能笑得像婴儿那样纯真、甜美、动人了。这为他取得事业上的成功创造了极为有利的条件。

思考题

1. 公关形象与长相有无关系？
2. 分析原一平自我形象塑造的重点是什么。

三、秘书着装

法国时装设计师夏奈尔曾经说过：“当你穿得邋邋遢遢时，人们注意的是你的衣服，当你穿着无懈可击时，人们注意的是你。”。莎士比亚也说过：“外表显示人的内涵。”在办公室里，别人在判断你时，不光看你的才华，还看你的衣着。

如果你的衣着整洁有魅力，那么会激发别人靠近你、探究你的欲望。恰当的着装往往能够决定我们在职场中的说服力是否足够强。不管是与人沟通谈工作，还是参与谈判，穿着得体，意味着你能很好地融入，而穿着不当，别人与你深入交流的愿望就大大减少，这说明着装是多么重要。

在办公室，着装不仅是协调同事关系的润滑剂，也是秘书职业发展的秘密武器。着装代表着个人的品味、能力，得体的着装可以增光添彩。

现代社会，服饰被称为“第二肌肤”。秘书工作中，服饰无声地体现着人的职业、身份、地位，并透露出人的道德修养、文化素养和审美情趣。

秘书着装有以下四点原则。

（1）TPO 原则

TPO 原则指时间（time）、地点（place）和场合（occasion）三者兼顾。其基本法则就是穿衣打扮要考虑时间、地点和场合的不同，使自己的形象符合工作目的，与周围的环境、气氛相协调，达到整体美的效果。

（2）和谐得体原则

所谓和谐得体原则，即选择服装时不仅要与自身体型相协调，还要与着装者的年龄、性别、容貌、肤色相配。服饰能掩盖体形的某些不足，我们要借助于服饰，创造出一种良好的视觉。不论是高矮胖瘦，还是年轻年长，只要根据自己的特点，选择适合自己的服饰，总能创造出一种神韵。

（3）整体协调原则

着装以人体为基础，应注意整体协调，其中要注意本体协调和佩饰协调。首先，服装本体在色彩、图案、款式、质料和风格上要和谐。其次，服装要与佩饰协调，除衣服外，鞋袜手套、围巾拎包都要和谐。最后，从整洁角度考量，服饰要求无污渍、无异味、无折痕、无破损、无沾染。

（4）个性化原则

个性化原则是树立个人形象的要求。不同的人，由于年龄、性格、职业、文化素养等各方面的不同，自然就会形成各自不同的气质。秘书人员在选择服装进行服饰打扮时，不仅要符合个人的气质，还要突现出自己美好的一面。为此，必须深入了解，正确认识自我，选择合适的服饰，让服饰尽显个人的风采。

案例分析

一场不了了之的谈判①

中国企业与德国一家公司洽谈一批割草机出口事宜。按照礼节，中方提前五分钟到达了公司的会议室，客人到后中方人员全体起立鼓掌欢迎，不料德方人员脸上不但没有出现笑容，反而露出一丝不快，更令人不解是，原计划一上午的谈判日程，德方半小时后便匆匆离去。德方之所以提前离开，原来是因为中方谈判人员的穿着。德方谈判人员，男士西装革履，女士都穿着职业套装，而中方人员除经理和翻译穿西装之外，其他人有的穿着夹克衫，有的穿牛仔服，有一位工程师甚至穿着工作服。德国人素以办事认真而闻名于世。在德国人眼里，商务谈判是一件正式的活动，在其看来，中方穿着太随意，说明了两个问题，一是不尊重他人，二是不重视活动，既然既不尊重人，又不重视事，那就没有必要谈了。

思考题

1. 谈判现场中方人士穿着太随意，触犯了着装礼仪的什么原则？
2. 按照礼节，中方提前到场，那为什么德方要匆匆结束谈判，提前退场？

第二节　秘书公关语言形象

语言是人类的交际工具和思维工具，是人们沟通信息、交流思想、联络感情、建立友谊的桥梁。语言能用来沟通并促进各项工作。

秘书人员语言交流的目的是以言表意、增进了解、加强信任、沟通协调。秘书工作离不开语言交流，而语言交流以口头交谈为主。同样的一个意思，不同的人使用的语言却有高下之分。谈吐礼仪旨在通过口头交谈，传递尊重、友善、平等的信息，给人以美感。

在公关活动中，说话是重要内容，会不会说话，说什么话，是修养也是能力。作为思想交流的载体，掌握好语言运用技巧，是秘书人员必备的基本功。秘书人员应在语态、语气、语音、语速和具体交谈形式等方面，规范自己的语言谈吐。

一、常用的语言形式

常用的语言形式不外乎三种。

① 张晓明，商务沟通与礼仪［M］. 北京：中国水利水电出版社，2013.

（1）有声语言（口语），即以说和听为形式的语言；

（2）无声语言，即没有声音、借助其他媒介来传递信息，以体态语为主，眼睛传情，体态表意；

（3）类语言，也称副语言，指说话时通过重读、语调变化，语速快慢的变化表达不同信息，发出声音但语义不固定。

二、言谈的礼节

（一）恰当地称呼他人

记住别人身份，以对方最大的职务身份来称呼。

（1）对有头衔的人要称呼他的头衔。若与有头衔的人关系非同一般，直呼其名来得更亲切，但若是在公众和社交场合，还是应称呼头衔更为得体。

（2）在我国文化中，一般默认称呼对方最高职位。

（3）对于知识界有高级职称的人士，可以直接称呼其职称。

（4）对于学位，除了博士外，其他学位一般不作为称谓。

（二）选择恰当的话题

一般来说，交谈的话题多少均可，但在某些特定时刻宜少不宜多，最好只有一个，话题过多、过散，会使交谈者无所适从。

1. 适宜的话题

在交谈之中，以下七类话题是适宜选择的。

（1）既定的话题，指交谈双方业已约定，或者其中一方先期准备好的话题，如：求人帮助、征求意见、讨论问题、研究工作等正式交谈。

（2）高雅的话题，指内容文明、优雅，格调高尚、脱俗的话题，如：文学、艺术、哲学、历史、地理、建筑等，适用于各类交谈，但切忌不懂装懂，班门弄斧。

（3）轻松的话题，指谈论起来令人轻松愉快，身心放松，饶有情趣，不觉劳累厌烦的话题，如：演出、流行、时装、美容、美发、休闲娱乐、旅游观光、烹饪小吃等，适用于非正式交谈，允许各抒己见，任意发挥。

（4）时尚的话题，指以此时此刻此地正在流行的事物作为谈论的中心的话题，如：各种流行新闻等，适合于各种交谈。

（5）擅长的主题，指交谈双方有研究、有兴趣、有可谈之处的话题，能够增进彼此的信任，更有利于工作的开展，如：与医生交谈养生健康祛病之法，与学者交谈治学之道，与作家交谈文学创作等。其适用于各种交谈，但忌讳以己之长对人之短，导致话不投机半句多。

（6）增进了解的话题，指有助于交谈对方进一步了解我方实际情况的内容。

（7）表达敬意的话题，指向交谈对象所属的国家、民族、单位及其本人表达敬意的内容，或你所熟悉的对方又怀有敬意的内容。

2. 不宜的话题

这是指不宜言谈、应避忌的内容

（1）言谈不宜泄露国家机密与行业秘密。

（2）言谈不宜涉及对国家、政体横加非议的内容。

（3）言谈不宜涉及交谈对象的内部事务。

（4）言谈不宜对自己单位的领导、同事或同行说三道四。不宜在交谈中传播闲言碎语，制造是非，无中生有，造谣生事。

（5）言谈不宜涉及格调不高的话题，不可违背社会伦理道德。

（6）忌谈令人反感的话题，如：在座人的隐私等。

（7）言谈不宜讨论交谈对象的短处、弱点或其它不足之处。

（8）在交谈中，不可油腔滑调，乱开玩笑，口无遮拦。调侃取笑。

（9）初次交谈，不谈论有关对方年龄、收入、婚恋、家庭、健康、经历一类涉及个人隐私的话题，即使因特殊工作需要询问对方隐私，但也要注意委婉、礼貌。

总之，要做到言语不伤害对方自尊心，用语委婉含蓄。面对有些不宜回答的问题，如涉及机密等，可运用含蓄的方式婉拒，创造轻松的谈话气氛。

（三）遵守交谈原则

1. 充分聆听原则

充分聆听既是对讲话者的尊重，是起码的礼貌，也是互动交流的基础。当然，充分聆听不是傻听、盲听，而是有礼有节积极地听。一般来说，一个交谈过程，听、谈与发问各占 1/3 时间，期间要坐有坐相、站有站相、落落大方、沉稳专心，做到充分聆听。

2. 言语有度原则

讲话时机要适宜，不打断别人讲话，不无休止追问，不过多占用上级谈话时间，不在他人谈话时交头接耳；讲话内容要长短适量，突出重点，避繁就简；讲话主题要适当。

3. 保持礼仪距离原则

每个人潜意识中都有自己的私人空间，这个空间半径约 0.5 米，与人交谈要保持这个礼仪距离。

（四）遵守礼貌原则

语言既是一门艺术，又是每个人形象的组成部分。对于秘书的语言，基本要求是温文尔雅、不伤感情。

1. 多用礼貌语

礼貌语表示对人的尊重，能使对方感到亲切、愉快。常见的礼貌用语有"您好""欢迎您""请问""谢谢""对不起""再见"等，对于我国传统文化中已经固定的礼貌语，也可以适当使用，例如：初次见面说久仰；好久不见说久违；等候客人用恭候；客人到来称光临；看望别人用拜访；起身离开讲告辞；中途先走叫失陪；请人别送说留步；陪伴朋友是奉陪；上门见面用拜访；请人批评叫指教；请人谅解叫包涵；请人指点叫赐教；请人指正叫雅正；赠送作品写斧正；对方来信称惠书；向人祝贺说恭喜；赞人见解喊高见；请人帮助说劳驾；托人办事要拜托；麻烦别人说打扰；求人方便称借光。

2. 多用赞美语

赞美语指夸奖、称赞、肯定对方的言辞。在与人交谈时，予以肯定、称赞，能让对方的自尊心得到满足，从而营造良好的气氛。

3. 多讲鼓励语

秘书人员常传达一些上司的指令，这时运用鼓励语，能使执行者鼓起勇气，怀着受到上司信任的良好态度去完成任务。另外，与人交谈不宜直接否定别人，对此应注意以下五点。

（1）不要独白：不要一人侃侃而谈，不给他人说话的机会。

（2）不要冷场：不要从头到尾不置一词，冷场会破坏谈话气氛。

（3）不要插嘴：不要抢话说。

（4）不要抬杠：不要针锋相对，得理不让人。

（5）不要否定：要耐心倾听、善于聆听他人的意见。

（五）语言要幽默

幽默是语言的调味剂，也是具有良好心理素质和语言艺术的反映。它能活跃气氛，化解尴尬局面，融洽相互关系，给人留下深刻的印象。

三、秘书公关语言的具体运用

（一）介绍

无论是介绍别人，自我介绍，或是被介绍，都应亲切自然，简洁清楚。

交际场合，有第三者在场而不介绍是极不礼貌的。同时，在集体场合要掌握好介绍顺序：一般把身份低的人介绍给身份高的人，把年纪轻的人介绍给年纪大的人，把男子介绍给妇女。把本公司的同事介绍给其他公司的同行，或把本公司的同事介绍给客户。

（二）寒暄

寒暄，是正式谈话之前的开场白，是谈话进入正题的必要过渡，但要注意掌握时间，不要没完没了地闲聊。同样，从寒暄切入正题，也应该自然，不能嘎然而止、生硬打断。

（三）交谈

秘书人员谈话中要时时注意用语的委婉，说话留有余地，以利工作。我国著名外交家顾维钧先生曾经说过，在外交场合，一定要注意说话的委婉，如明知对方不会同意自己的观点，话却要说成："我相信你一定会同意我的看法吧！"这种说法可以避免矛盾的表面化，避免双方一触即发的剑拔弩张。

四、公关场合几种常见的言谈错误

人际交往最怕说错话而不自知，一般情况下，哪些话不能随便说呢？

（1）"今天的聚餐，我可能去不了。"单位聚餐是交流同事感情的最好方式，如果你总是逃避，会让领导觉得你太孤僻，影响单位的和谐。

（2）"我还有事，我先走了。"饭局还没有结束，你却直接走人，这会给领导同事留下不好的印像。

（3）"干了这杯酒，以后有事直接给我打电话，我保证随叫随到。"你真的能随叫随到吗？即使在酒桌上也不要随便许诺。

（4）"我不知道。"面对领导的问题，不要说不知道，可以这样说：我也在思考这个问题。

（5）"谢谢，我不会喝酒。"这句话常出现在酒桌上，其实有时候，可以说一些委婉的理由来婉拒。

（6）"我已经喝醉了，你还要我怎样？"面对同事的敬酒，直接大声拒绝，下次聚会也就不邀请你了。

（7）"放心，这点酒还喝不醉，我还能喝。"在酒桌上也有喝酒上瘾的人，亦或许他们是为了在领导面前展现自己的酒量，故意而为之，但这样做损害身体，慎用。

（8）"这都是他做的，跟我没有任何关系。"领导问些工作上的问题，谈到过失时，极力推脱责任，并且推给其他同事，这种做法只会让领导觉得你不堪重用。

(9)“我有个秘密要向你报告。”

酒过三巡，和领导打小报告，领导当时可能会夸你，心里却会觉得你这人不可靠。

(10)“我只能试试，行不行再说。”领导让你去负责一个项目，而你却这样说话，明显不自信，以后再有项目，领导还敢交给你吗？

思考题

1. 秘书公关外在形象要求包括哪些方面？
2. 联系秘书礼仪要求，列出公关活动中秘书人员站、坐、行、立的形象规范。
3. 微笑有哪些效果？
4. 公关活动中秘书着装原则是什么？
5. 如何选择恰当话题展开公关？

第十章
现代秘书危机公关

天有不测风云，现代社会任何组织都随时可能遭遇危机。

商战无情，企业决策失误、产品质量问题、经营态度与水平、市场竞争不力、突发自然灾害等，都可能将企业置于危机状态中。

危机会使企业或个人陷于不利局面，有些因素甚至可能成为压倒骆驼的最后一根稻草。比尔·盖茨曾说过："微软离破产永远只有18个月。"这表明要有忧患意识，也表明公共关系活动中需要把危机处理当成日常性工作。

正确处理各种危机，化危机为转机，是秘书公关工作的重要内容，秘书人员要随时准备应对各种危机，应树立一个观念：遇到危机时，你改变不了事实，但是你可以改变公众的看法。

第一节　"危机公关"的含义

一、危机的含义

危机（crisis），在韦氏大字典中的解释为："一件事的转机与恶化的分水岭。"又可阐释为"生死存亡的关头"和"关键的刹那"，其可能好转，也可能恶化。

美国学者罗森豪尔特指出，危机是对一个社会系统的基本价值和行为准则架构构成严重威胁，并且在时间压力和不确定性极高的情况下必须对其做出关键决策的事件。

由此可知，危机是一段不稳定的时间，与不安定的状况，急迫需要做出决定性的、有效的措施，所以危机处理往往存在于一念之间。

危机公关包括两个方面的含义：处理"公共关系危机"和用公共关系的策略与方法来处理危机。

二、危机的种类

（一）人身危机

人身危机包括健康、意外、失业、失能等。

（二）家庭危机

无形的危机：指未建立良好的沟通模式、缺乏共识与共同目标、缺乏有效的执行计划与执行决心等。

有形的危机：指死亡、外遇、离婚等。

（三）企业危机

企业危机的内涵极为广泛，仅就内在因素、外在因素、其他因素三方面说明企业危机的种类。

（1）内在因素所造成的危机，如：人力资源、资金、财务、生产、行销、资讯、法律责任、公关运作、沟通、劳资关系、海外投资、睦邻作为等因素当中的危机。

（2）外在因素所造成的危机，如：经济、政治、法律、社会、文化、教育、科技、营运、资源供应、人口特质、市场广度、交通运输、谣言、意外、自然灾害等危机。

（3）其他因素所造成的危机，如：领导者的伤亡、或健康损害等。

三、公关危机

所谓公关危机，是指由于组织内部或外部的种种因素严重损害组织的声誉和形象，使组织陷入了强大的社会舆论的包围，并处于发展危机之下的一种公共关系状态。这种状态如果不迅速改变，就会影响到组织的生存，所以称为公关危机。

（一）按公关危机的性质分类

按公关危机的性质，可分为灾变危机、经营危机、信用危机、形象危机、误导危机。

灾变危机是指由自然灾害或不可抗的社会动乱造成的危机，如地震、病毒流行、飞机失事、战争等因素使组织处于危难当中。

经营危机是指由领导决策失误或管理水平不足而导致的危机，如劣质产品造成伤害而使顾客投诉，管理不善而失去市场等。

信用危机是指由于组织不履行承诺、失信于公众而导致的危机，如欺诈、以次充好、售后服务缺失等。

形象危机是指组织内部出现丑闻使组织形象受损导致的危机，如组织从事不正当业务、主要领导贪腐影响组织形象。

误导危机是指由媒体失实报道而导致的危机，如对小道消息的炒作、花边新闻的渲染使组织陷入被动。

（二）按公关危机的对象分类

按公关危机涉及的对象，可分为组织内部关系危机、组织之间关系危机、政府关系危机、顾客关系危机、媒介关系危机和社区关系危机。

组织内部关系危机是由上下级关系处理不当而产生的关系危机，如领导处事不公、分配制度不合理等。

组织之间关系危机是在不同组织之间出现利益冲突引发的矛盾纠纷，如合作破裂、撤资等。

政府关系危机是发生在组织与政府之间的纠纷，主要是政府部门对企业有违规行为而采取处罚等。

顾客关系危机是最常见的公共关系危机，当组织做出有害顾客情感或利益的事情，就会引起顾客的不满甚至报复性行为。

媒介关系危机是因为组织的错误行为引起媒体的连续报道，或组织因对媒体采取不合作态度而导致双方关系紧张。

社区关系危机是由于组织不重视维护社区关系，或危害社区公众利益而导致的社区对立行为。

（三）按危机蔓延程度分类

按危机蔓延的程度，可分为一般网络公关危机、纠缠性网络公关危机、影响类网络公关危机、严峻网络公关危机，四类危机程度依次递增。

四、危机公关

危机公关不是常规的公共关系工作，它只在组织发生危机事件时才出现。危机公关是公共关系工作的重要内容，在组织发展的道路上，危机事件在所难免。特别是现代社会，社会变动复杂、企业竞争激烈，危机事件出现的可能性增加，严重程度大大增强。

危机公关是对组织危机的公共关系处理。具体讲，危机公关就是任何社会组织为了处理给公众与组织形象造成危害的危机事件，以及预防、转化组织发展的不利状态所采取的公关策略与措施，意在有针对性地实施一系列控制行为。

五、危机事件的含义

危机事件是指那些导致社会系统或子系统的基本价值和行为准则趋于崩溃，在较大程度和范围内威胁到公众生命与财产安全、引起社会恐慌和社会正常秩序与运转机制瓦解的事件。其包括突然发生的，严重损害政府、组织或个人形象甚至造成人、财、物重大损失的重大事件和工作事故，以及不利的社会舆论、公众的指责乃至敌对对抗行为、自然性事故等。

六、危机事件的特征

危机事件一般具有突发性和紧急性、难以预料与不确定性、破坏性与辐射性等特征。

（一）突发性和紧急性

危机往往在瞬间爆发，相关方因没有准备往往措手不及，这是危机最显著的特征。危机一旦发生，就有飞速扩张的态势，必须牢记兵贵神速，强调危机公关的实效性，快速反应。

（二）难以预料与不确定性

公共关系危机源于很多偶然因素，因此难以预料。人们不可能也无法对问题进行“情景界定”，就是说，人们只能对问题给出主观分类并赋之以一定的概率，危机发生的走向无法确定。

（三）破坏性与辐射性

危机会产生巨大的破坏作用：危害社会，带来各种负面影响；危害组织，危及组织生存与发展；危害公众，危及公众信用与发展。危机一旦爆发，会立即引起舆论的重点关注，一时间谣言满天飞，而负面的信息会以指数方式辐射出去。

第二节　公关危机的预防和处理

下面分析一则案例：

曾经誉满中国的冠生园，于2002年3月6日申请宣告破产。2002年3

月，南京冠生园正式向南京市中级人民法院申请破产，一家具有80多年历史的知名老字号企业轰然倒下。这一天距南京冠生园陈陷月饼风波还不到一年。

一个百年老店顷刻间土崩瓦解，起因不仅仅是对危机事件的处理不当、对品牌维护意识的匮乏。“南京冠生园陈馅月饼事件”还被作为教学案例上了清华大学MBA的课堂。它告诉我们品牌塑造无小事，“千里之堤溃于蚁穴”。

事情起源于2001年9月3日，中央电视台“新闻30分”曝光了南京冠生园“陈年馅料做新饼”的恶性事件。“好事不出门，恶事传千里”，一夜之间，全国各地大小超市的冠生园月饼纷纷下架，消费者像见了瘟神一样远离冠生园月饼。

事件曝光后冠生园公司接连受到当地媒体与公众的批评。面对即将掀起的产品危机，作为一向有着良好品牌形象的老字号企业，南京冠生园却做出了让人不可思议的反应：既没有坦承错误、承认陈陷月饼的事实，也没有主动与媒体和公众进行善意沟通、赢得主动，把危机制止在萌芽阶段，反而公开指责中央电视台的报道蓄意歪曲事实、别有用心，并在没有确切证据的情况下将“行业内幕”公之于众，振振有辞的宣称“使用陈陷做月饼是行业普遍的做法”。冠生园此举不仅毁了自己，而且严重影响了整个月饼行业。据说，受此事件的冲击，2001年，全国月饼行业损失在160亿以上。这种背离事实、推辞责任的言词，激起舆论的一片哗然。一时间，媒体公众的猛烈谴责、同行企业的严厉批评、消费者的投诉控告、经销商的退货浪潮……事态开始严重恶化，也导致冠生园最终葬身商海。

“冠生园”品牌创建于1918年的上海。1956年，通过改制，上海总部“一分为三”，各地分店企业都隶属地方，于是就形成了上海冠生园、南京冠生园、武汉冠生园以及其后全国各地冠生园“群雄并立”的奇特景观。各冠生园互不统属，大家却共用一个金字招牌“冠生园”。各地厂家共同拥有一个品牌，“冠生园”品牌使各地冠生园都获益匪浅，但是“一牌多企”也使品牌的维护成为难题。

南京冠生园陈陷黑幕曝光后，全国各地的“冠生园”都遭到重创。以上海冠生园为例，上海冠生园生产的“生”字牌月饼，销量在10天内骤然下跌50%，还波及公司其他产品的销售。尽管上海冠生园竭力解释自己和南京冠生园没有任何联系，但是在品牌时代，消费者不管是不是一家，只要是冠生园，就坚决不买。无辜的上海冠生园也成为本次事件中遭受打击最大的企业之一。

1918年，广东南海人、民族资本家冼冠生（原名冼柄生）开了一家自产自销糖果、蜜饯和各类糕点的食品店，以自己的名字命名为冠生园。经营中，冼冠生非常注重广告宣传，没用几年时间就取得了巨大的成功。冠生园成为了上海滩上一个响当当的名字。

1928 年，冼冠生沿长江而上，到南京、武汉、成都等地开设了十几家分店，这些分店无论是经营的产品还是经营理念，均沿袭着总店的策略。解放后，1956 年上海冠生园总店进行公私化合营，从此成为国有企业。散布在全国各地的冠生园分店，也均被当地政府收编改造，从此“冠生园们”成为既无资产关系，也无业务往来的各自独立的企业，只有冠生园的名字被保留了下来。据调查，中国存在的冠生园分店大约有十几家。

而今的冠生园（集团）有限公司是由光明食品集团与中信资本共同投资的中外合资企业，分别占股 55% 和 45%。公司总部位于上海市中心新闸路，生产基地主要集中于上海星火开发区和青浦工业园区内。冠生园（集团）有限公司拥有“冠生园”和“大白兔”两个中国驰名商标，主要生产和经营大白兔糖果、冠生园蜂制品及保健品、面制品、华佗十全酒、佛手调味品等五大类上千个品种的产品。集团主打产品大白兔奶糖为中国名牌产品、国家免检产品和国家原产地标记注册产品，畅销 40 多个国家和地区，国内销售市场占有率第一位。

而南京冠生园公司在危机事件中的应对，可谓败笔横出、毫无章法。南京冠生园的企业领导者在整个事件过程中的表现，也令人看到他们对于危机管理无知到了可悲的地步。事实面前，冠生园竟然坚决否认、不承认错误，甚至公开谴责、威胁将其曝光的中央电视台。事件曝光后，南京冠生园 9 月 18 日在媒体上发表声明，指中央电视台的报道蓄意歪曲事实，公司绝没有使用发霉或退回的馅料生产月饼；又声明指责记者的报道别有用心，其意图就是破坏冠生园的名誉；声明同时表示，对毁损公司声誉的部门和个人，公司将依法保留诉讼的权利。冠生园在一口否认其产品质量问题的同时，又自作聪明地企图将事件的焦点转移到同行和消费者身上，最终惹来更大的麻烦。

接受记者采访时，南京冠生园老总声称陈年馅月饼是普遍现象，是全行业公开的秘密，甚至指明到姓地指出这些厂家的名称。这种说法激起了月饼生产企业的强烈不满，一些月饼生产企业和经销商表示要起诉南京冠生园，而全国名为冠生园的企业有很多家，南京冠生园说出这样的话，也殃及了与其同名的企业，他们纷纷采取各种手段与其划清界限。

冠生园一再表现出无视消费者的态度。面对消费者，他们非但没有做出任何解释和道歉，反而开脱说陈年馅月饼的做法并不违反有关规定，并自欺欺人地表示“生产日期对老百姓来说只是看看而已”。如此言论，既降低了冠生园这个知名品牌的标准，又愚弄了广大的消费者。

在空前的危机面前，冠生园这个具有88年悠久历史的著名品牌毫无抵抗地被击倒。2002年3月6日，南京冠生园食品公司以经营不善、长期亏本等理由申请宣告破产。2004年1月30日被拍卖，低至818万元的成交价说明了它在人们心目中的价值。

我们在感叹一个具有88年悠久历史的著名品牌灭失的同时，深刻领悟到达尔文所说的“适者生存，不适者灭亡”的道理。用危机处理的角度思考，“适者”是指能够面对危机，解决危机，最后继续生存下来的主体；“不适者”正是那些无法适应危机挑战而被淘汰的主体。

尽管危机的发生是不可预测的，但组织的危机公关预案却是可以提前预备的。一旦发生危机，组织可立即采取正确措施，尽快度过危机。

一、危机事件的预防

（一）注意组织危机症状

部分危机出现可能会有一个积累的过程，俗话说“冰冻三尺非一日之寒”。

（1）有损组织或组织形象的舆论越来越多。

（2）组织特别受到政府、新闻媒体、特定人士的“关注”。

（3）组织各项财务指标不断下降。

（4）组织遇到的麻烦越来越多。

（5）组织的运转效率越来越低。

（二）制定危机管理方案

（1）检查所有可能对组织有负面影响的问题，找出负面影响的趋势。

（2）确定需要解决的问题。

（3）预估已发生的问题对组织的潜在影响程度。

（4）确定应对问题的态度。

（5）决定解决问题的方针。

（6）落实解决问题的计划。

（7）监控解决结果，不断修正具体方案。

二、危机事件的处理

危机处理是公共关系活动中日益引起重视的管理思想和生存策略。特别是在互联网时代，全球一体化加剧的今天，组织一个小小的意外或者事故就会被扩大到全国，甚至更大的范围内，产生迅雷不及掩耳的恶化后果。因此，在互联网时代，组织更应该建立起完备的危机处理系统，并懂得如何运用新技术，全方位地有效传播和收集信息，使损失降低至最低限度。

危机处理是一个动态的、相对的概念。与此相应的对危机处理特征的考察，亦应从危机的本质出发，重点把握动态发展、相反相成的矛盾关系。

（一）掌握危机处理的趋势与结构

掌握危机的趋势与结构，处理危机时，方能作出有利的决策，不致弄巧成拙，带来许多无谓的损耗。掌握危机的趋势与结构，宜从危机的程度、破坏性、复杂性、动态性、扩散性、结构性六方面分析与研判。

（二）最易遭致危机的时刻

危机何时发生，的确难以预测，这是因为引发危机的因素非常之多，尤以外在环境变动所产生的危机，更难以捉摸。不过若出现以下现象时，较易发生危机。

（1）改变常规行为模式，出现异态。

（2）本身的状况（制度）不健全。

（3）在变动的政经环境中，风险高事故多。

（4）处顺境，易为眼前的利益和局部的胜利所迷惑。

（5）未注意政府颁布的法律。

（6）市场产生新的技术。

（7）竞争对手改变竞争的战略。

（8）社会结构的急剧变迁。

（9）事情繁琐，缺乏周延计划时。

（10）处于激烈竞争的情境中。

（11）领导者受环境影响，情绪失调时。

第三节　处理危机事件

发生危机后，要马上组织专门的危机处理小组进行处理，组成人员可包括决策负责人、公关部经理或人力资源部经理、高层助理（即总经理秘书）等。严重危机，通常由组织一把手挂帅处理。

一、危机事件解决流程

（一）辨识危机

秘书人员在处理危机时，应能在关键时刻认识到危机的降临，并立即辨认是何种危机，随即确定处理方向，唯有如此方能为危机后续处理奠定良好的基础。具体的做法是通过各种办法，挖掘出危机爆发的根源。

危机爆发原因包括以下四种可能。

（1）竞争对手所为。竞争对手有意引起。

（2）顾客公众，即消费者主导行为。消费者分析问题后向媒体曝光。

（3）政府行为主导。政府检查发现问题后通过媒体曝光。

（4）媒体行为主导。媒体发现问题后曝光。

不同原因的危机，意味着不同的风险，解决需要调动的资源也不同，只有知己知彼，才能百战不殆。

（二）找出根源

尽一切努力，尽快找出问题的“源头”，才能在未来的“战争”中知己知彼。

（三）统一口径

要避免组织口径不统一，防止因口径互相矛盾而导致事件恶化。同时规定组织面对媒体只能由指定人士出面，即设定新闻发言人。

（四）召开新闻发布会

召开新闻发布会，向公众坦诚真相，或道歉并公布补救措施，以获得公众的谅解与支持。

（五）化“危机”为“良机”

这是危机公关的最高境界，即尽力挖掘组织在事件中可利用的素材，争取把“危”化作“机”。

二、消除危机的最好时机

危机的发展一般包括突发期、扩散期、爆发期、衰退期四个时期。当危机发生后，随着危机事件的扩展和深化，处理和平息危机的成本将发生几何倍数的增长。因此，迅速的、恰当的反应是防止事件持续恶化的“第一法宝”。

如果在危机事件开始的突发期和扩散期能扼制危机，成本较低，效果也较理想。一旦到了爆发期，情况就一发而不可收拾了。参照德国心理学家艾宾浩斯的危机曲线，危机进入爆发期，要衰退只能靠时间的流逝，让公众自然遗忘。

三、危机处理程序

危机处理通常包括潜伏期、发生期、善后期和复建期，分解而言大体有六个程序。

（一）建立危机处理专门机构

危机处理小组应由组织最高负责人担任小组负责人。小组的其他成员至少应包括：法律顾问、公关顾问、管理顾问、业务负责人、行政负责人、人力资源负责人和小组秘书及后勤人员。

危机处理小组在必要时可分为两个小组，即核心小组和策应小组。核心小组主要由组织最高负责人、法律专家、公关专家等决策和智囊人士组成，策应小组由行政负责人、业务负责人、人力资源负责人和其他后勤人员组成。

其中，核心小组的任务是执行谈判、交涉、决策和协调，而策应小组则负责实施解决方案和提供后勤资源保障。

（二）对事件进行调查

调查危机事件首先应该收集信息，并形成基本的调查报告，为处理危机提供基本依据。危机调查强调针对性和相关性，一般应侧重调查下列内容：

第一，危机事件（突发事件）的基本情况，包括事件发生的时间、地点、原因、背景等。

第二，事件的现状和发展趋势，包括事态目前的状况，是否还在发展，朝什么方向发展，已经采取了什么危机处理措施，这些措施的实施效果等。

第三，事件产生的原因和影响，包括引发事件的原因，人员伤亡情况，损坏的财产种类、数量及价值，事件涉及的范围，以及在舆论上、经济上、社会上甚至政治上可能带来的影响等。

第四，查明导致事件发生的当事人与责任人，特别要关注是否存在故意破坏行为，这样有助于了解事件的真相与性质。

第五，查明事件涉及的公众对象，包括直接与间接的受害者，与事件有直接和间接关系的组织和个人，与组织有利害关系的部门和个人，与事件的处理有关的部门及新闻界、舆论界的人士等，还要与事件的见证者保持密切的联系。

处理危机事件的专门人员在全面收集危机各方面资料的基础上，应认真分析，形成危机事件调查报告，提交有关部门，作为制定危机处理对策的依据。

（三）分析危机，确定处理对策

对危机事件进行调查并提交了调查报告后，组织应及时会同有关部门，进行分析、决策，针对不同公众确定相应的对策，制定消除危机影响的处理方案。

处理对策必须认真评估社会心理与舆论的反应。危机事件发生以后，社会心态、人们的情绪、舆论的导向都非常重要。因而对策应是动态的，随着事态的发展不断更新对策，并及时放弃无效的处理方法。

（四）分工协作，实施方案

组织会同有关部门制定出对策后，就要积极组织力量，实施既定的解决危机、消除影响的方案，这是危机管理工作的中心环节。在实施过程中，企业应注意以下要求：

第一，摆正心态，以友善的、合作的、负责任的态度和形象赢得公众的信任和好感。

第二，工作中力求果断、精练，以高效率的工作作风赢得公众的支持。

第三，认真领会危机处理方案的精神，做到既忠于方案，又能及时调整，使原则性与灵活性在工作中均得到充分体现。

第四，在接触公众的过程中，注意观察、了解公众的反应和新的要求，并做好说服工作。

（五）反馈与纠偏

危机处理小组的信息流通与信息反馈必须十分通畅，及时把握事态发展的新动向、新趋势，并迅速加以评估，调整对策，纠正偏差。

（六）评估总结，改进工作

组织在完成危机事件的处理工作后，一方面，应当实事求是地撰写详尽的事故处理报告，总结经验教训，为以后处理类似的危机事件提供参照性文献依据；另一方面，要认真分析危机事件发生的深层原因，切实改进工作，从根本上杜绝或减少此类危机事件的再次发生。当然，还包括事后的恢复工作，具体来说包括事后怎么样恢复声誉、消除影响、恢复正常的生产经营秩序等。

四、处理危机事件的原则

处理危机事件、实施危机管理时，绝对不能随心所欲，必须按照一定的原则，妥善地加以处理，用稳妥的方法赢得公众的谅解和信任，尽快恢复组织的信誉和形象。为此，应当遵循以下基本原则：

（1）积极原则。遇到危机的出现，要负责积极地调查、了解、分析、判断、决策，寻求最佳的解决方案，争取专家的帮助和公众的支持与谅解，这是危机公关的起码态度。

（2）主动性原则。组织内部的人员要挺身而出，勇于承担责任，寻找解决问题的契机，变被动为主动，使不利因素变为有利因素。

（3）及时性原则。危机公关的目的在于尽最大可能地控制事态的恶化和蔓延，把因危机造成的损失减少到最低限度。事件发生后，公关人员要迅速做出反应，果断进行处理，赢得时间，赢得了形象。

（4）冷静性原则。要沉着、冷静，富于理性精神，不能急躁，随意信口开河，应稳健而积极地处理危机，应付自如。

（5）真实性原则。危机事件中容易产生种种猜疑、误解，甚至会流传出许多谣言。要本着实事求是的态度，公布事实真相，让事实说话，才能防止流言蔓延而影响组织的形象。

（6）责任性原则。要勇于承担责任，做到不推卸，不埋怨，不找客观理由。这样才能赢得社会的谅解和好感。

（7）善后性原则。做好危机事件后的善后工作，包括对公众损失的补偿，对社会的歉意，对自身问题的检讨等。

（8）灵活性原则。进行有针对性、灵活性的处理。由于危机多属于突发性的，不可能有现成的措施和手段，因此根据实际情况，灵活处理很重要，也很关键。

（9）综合性原则。兼顾快捷性、诚意性、统一性、全员性、创新性等原则，一切围绕转化危机为中心，努力恢复组织形象。

五、网络危机事件的处理

公关强调的是人与人之间的交流，网络的开放性给组织提供了很好的宣传自己、规避风险的途径，同时网络信息的高速传播和受众面广又成为迅速控制危机的有力保证。

（一）正确认识网络危机

危机处理的第一步是正确认识危机，这是极其重要的一步，无法正确认识危机，处理上就会产生误差，增加处理成本。

1. 对待一般网络公关危机，方法是封、删、撤稿

对于比较小的网络危机事件公关，在网站上删除处理负面新闻，对方不再重复发，一般到此阶段，此类事件就可以相安无事。如若不然，则转化为纠缠性网络公关危机。

2. 对待纠缠性网络公关危机，方法是疏堵结合

一方面要封、删、撤稿，另一方面，还要发布大量正面信息，以此来冲淡事件影响，形成网络争议，从而淡化事件。此阶段，一般在强力公关下，危机涉及的个人或组织往往会瓦解。如若不然，就会成为影响类网络公关危机。

3. 对于影响类网络公关危机，方法是维护好平面媒体关系，要求媒体撤稿

可以要求平面媒体撤稿。再加上第一和第二步的配合，一般可以处理完毕。组织应以保全品牌、处理内部潜伏问题为主，避免组织崩溃。

4. 对待严峻网络公关危机事件，只有断臂求生

网络危机事件到了这一步，说明危机已经相当严峻。这时，就要在组织内部找人承担责任。组织可发出声明，处理相关当事人，以雷厉风行的态度赢得生存机会。结合前三步，一般能够获得绝地求生的机会。

案例分析

三鹿奶粉事件

2008 年 5 月 20 日和 21 日，一位网民揭露，他于 2007 年 11 月在浙江泰顺县城一家超市里买的三鹿奶粉存在质量问题。该奶粉令他的女儿出现小便异常的状况。后来他向三鹿集团和县工商局交涉未果。为此，该网民上网发文自救，并以“这种奶粉能用来救灾吗?!”为题提出控诉，不过该控诉遭三鹿集团地区经理以价值 2476.8 元的四箱新奶粉为条件，请求该网民删除网上有关帖子。事后该网民表示说，他因为相信了三鹿集团的解释，以为买到的是假货，因此同意接受赔偿并删除帖子。

据“三鹿内部邮件”显示：8 月 1 日下午 6 时，三鹿取得检测结果：送检的 16 个婴幼儿奶粉样品，15 个样品中检出了三聚氰胺成分。8 月 2 日下午，三鹿分别将有关情况报告

给了其注册所在地石家庄市政府和新华区政府，并开始回收市场上的三鹿婴幼儿奶粉。8月4日至9日，三鹿对送达的原料乳200份样品进行了检测，确认“人为向原料乳中掺入三聚氰胺是其被引入到婴幼儿奶粉中的最主要途径”。

在确认因自己集团生产的奶粉导致众多婴儿患有肾结石后，三鹿集团开始进行危机公关工作。三鹿的公关公司北京涛澜通略国际广告有限公司被指在8月11日向三鹿集团建议与中国最大的互联网搜索引擎百度公司合作，屏蔽有关的新闻：

“安抚消费者，1至2年内不让他开口；与百度签订300万广告投放协议以享受负面新闻删除，拿到新闻话语权；以攻为守，搜集行业竞争产品‘肾结石’负面新闻的消费者资料，以备不时之需。同百度的300万框架合作问题，目前奶粉事业部已经投放120万元，集团只需再协调180万元就可以与百度签署框架，享受新闻公关保护政策。”

这篇由自称三鹿公关公司的员工在网上发布的被称为公关解决方案建议的资料在三鹿毒奶粉事件曝光后的9月12日，广泛流传于网上。

事发后的9月13日，百度公司针对此种传言发表声明，表示从未接受这种要求：

“9月9日晚，三鹿的代理公关公司致电百度大客户部希望能协助屏蔽最近三鹿的负面新闻，由于该提议违反公司规定以及百度一贯坚持的信息公正、透明原则，大客户部在第一时间严词拒绝了该提议。9月12日，该公关公司再次致电希望能屏蔽三鹿的负面新闻，再次被大客户部予以拒绝。”

2008年6月中旬后，三鹿又陆续接到婴幼儿患肾结石等病状去医院治疗的信息。南方日报收到网民反映，有人在国家质量监督检验检疫总局食品生产监管司的留言系统里反映由三鹿奶粉导致多起婴儿肾结石，但事后屏蔽，只有要求网民提供详情的留言回复尚在。7月，徐州儿童医院小儿泌尿外科医生冯东川在国家质检总局食品生产监管司的留言系统里反映今年婴儿双肾结石导致肾衰的病例出奇地增多，且大多饮用三鹿奶粉，并表示希望政府部门能组织流行病学专家协助明确原因，不过依然没有得到明确答复。

三鹿集团是中外合资公司，其最大海外股东是新西兰恒天然公司。根据新西兰政府的说法，恒天然公司在8月份得知奶粉出现问题后，马上向中资方和地方政府官员要求召回三鹿集团生产的所有奶粉。不过恒天然公司经过一个月多的努力未能奏效，中国地方官员置若罔闻，试图掩盖，不予正式召回。恒天然只好向新西兰政府和总理海伦·克拉克报告。9月5日新西兰政府得知消息后下令新西兰官员绕过地方政府，直接向中国中央政府报告此次事件，中国政府才严正对待此事。

9月8日，甘肃岷县14名婴儿同时患有肾结石病症，引起外界关注。至9月11日甘肃全省共发现59例肾结石患儿病例，部分患儿已发展为肾功能不全，并已死亡1人，这些婴儿均食用了三鹿18元左右价位的奶粉。而且人们发现两个月来，中国多省已相继有类似事件发生。中国卫生部高度怀疑三鹿牌婴幼儿配方奶粉受到三聚氰胺污染，三聚氰胺是一种化工原料，可以提高蛋白质检测值，人如果长期摄入会导致人体泌尿系统膀胱、肾产生结石，并可能诱发膀胱癌。

9月11日上午10点40分，新民网连线三鹿集团传媒部，该部负责人表示，无证据显示这些婴儿是因为吃了三鹿奶粉而致病。据称三鹿集团委托甘肃省质量技术监督局对三鹿奶粉进行了检验，结果显示各项标准符合国家的质量标准。不过事后甘肃省质量技术监督局召开新闻发布会，声明该局从未接受过三鹿集团的委托检验。很快在当天晚上，三鹿集团承认经公司自检发现2008年8月6日前出厂的部分批次三鹿婴幼儿奶粉曾受到三聚氰胺的污染，市场上大约有700吨，同时发布产品召回声明，不过三鹿亦指出其公司无18元价位奶粉。

2008年9月12日，三鹿集团声称，此事件是由于不法奶农为获取更多的利润向鲜牛奶中掺入三聚氰胺。三聚氰胺在一份报价单中的价格为每吨8 700元。早在2008年7月中旬，就有记者从三鹿品牌甘肃省总经销商——兰州兴源食品公司了解到三鹿已经停止生产确认受到三聚氰胺污染的奶粉品牌三鹿优加奶粉，9月12日网易财经的编辑从三鹿品牌总监处得到确认，其在8月5日就通知各地经销商，三鹿在3月至8月5日之前生产的产品受到污染，停售优加系列产品，并且秘密召回，但未公诸于众。这导致在此后的一个多月里，有一批婴儿又食用了三鹿问题奶粉。三鹿集团官方网站在事件曝光后遭到数轮攻击，网站标题被黑客改为“三聚氰胺集团”；首页也被改为“看三聚氰胺集团新闻有感”，甚至一度成为黑客们的聊天和“集体路过”场所。在第二轮攻击中，“三聚氰胺”被作为产品名称列在三鹿的产品网页上。

9月13日，中国国务院启动国家安全事故I级响应机制（“I级”为最高级：指特别重大食品安全事故）处置三鹿奶粉污染事件。患病婴幼儿实行免费救治，所需费用由财政承担。有关部门对三鹿婴幼儿奶粉生产和奶牛养殖、原料奶收购、乳品加工等各环节开展检查。质检总局将负责会同有关部门对市场上所有婴幼儿奶粉进行了全面检验检查。

石家庄官方初步认定，三鹿“问题奶粉”为不法分子在原奶收购中添加三聚氰胺所致，已经拘留了19名嫌疑人，传唤了78人。这19个人中有18人是牧场、奶牛养殖小区、奶厅的经营人员，其余1人涉嫌非法出售添加剂。

河北省政府决定对三鹿集团作出立即停产整顿的处理，并将对有关责任人做出处理。三鹿集团董事长和总经理田文华被免职，后被刑事拘留，而石家庄市分管农业生产的副市长张发旺，石家庄市委副书记、市长冀纯堂也相继被撤职处理。河北省委决定免去吴显国河北省省委常委、石家庄市委书记职务。22日，李长江引咎辞去国家质检总局局长职务，这是因此次事件辞职的最高级官员。毒奶粉事件在中国形成了一股“行政问责与司法问责风暴”。

据中华人民共和国《食品卫生法》和《产品质量法》，三鹿集团最高将被罚两亿元人民币。

新华社报道，三鹿毒奶粉事件事态扩大的主要原因是三鹿集团公司和石家庄市政府在获悉三鹿奶粉造成婴幼儿患病情况后隐瞒实情，不及时上报。

2009年1月22日，河北省石家庄市中级人民法院一审宣判，三鹿前董事长田文华被判处无期徒刑，三鹿集团高层管理人员王玉良、杭志奇、吴聚生则分别被判有期徒刑15年、8年及5年。三鹿集团作为单位被告，犯了生产、销售伪劣产品罪，被判处罚款人民币

4 937余万元。涉嫌制造和销售含三聚氰胺的奶农张玉军、高俊杰及耿金平三人被判处死刑，薛建忠被判处无期徒刑，张彦军被判处有期徒刑15年，耿金珠被判处有期徒刑8年，萧玉被判处有期徒刑5年。

思考题

如果在事情发生之初，三鹿集团主动自检，披露真情，并对产品进行召回和对受害者进行补偿，事态会如何发展？

案例分析提示：

1. 一件事情发生了，公关工作要从分析问题入手。在“潜在公众”阶段，公关人员要分析“共同问题”的严重性，若这个事件已经到了无法挽回的地步，就应该采取适当的办法延缓这个过程，尽量不要让“知晓公众”成为会对组织机构不利的“行动公众”。

2. 如果公关人员发现这个“共同问题”是对组织机构有利的，或者通过行动能将对组织不利的形势变成有利的，就应该积极加速这个过程，让“潜在公众”变成“知晓公众”，并且让“知晓公众”变成对组织有利的顺意的“行动公众”。至于采取什么样适当的办法解决问题，就要看公关人员和管理决策者的智慧了。

3. 我们知道三鹿集团的公关工作做得十分失败，他们虽然意识到了问题的严重性，却未采取正确的解决手段，而是企图将问题掩盖，欺骗公众，直到国家介入和媒体极度关注，导致最终三鹿集团已经没有生存之地了。

（二）网络危机处理规则与技巧

网络因其优势可以使组织更快地将有利信息传达给尽可能多的公众，但同样也会加快不利信息的传播，带来难以想象的舆论压力。因此，组织必须清楚网络时代的危机处理规则与技巧，才能将不利转化为有利。

第一，应该建立日常的网络维护和检测系统。通过建立自己的网页及时把组织信息传达给受众，在线回答消费者问题，引发讨论，并适时与消费者进行线上线下的互动。

危机之前与公众关系的亲疏决定了危机的扩散程度和解决速度。而良好的检测系统可以使组织随时通过搜索引擎来检索有关组织的有利和不利信息，清楚组织的舆论环境，建立网络防护网，及时防止流言的传播，降低有关组织信息的不确定性。

第二，危机中企业可通过电子公告板、电子邮件、网络论坛以及新闻网站等信息渠道对外发布信息，特别是前三种方式，可实现传统媒体所难以做到的互动性，将一种由上至下的信息流通方式延伸为“滚雪球”式的平行传播。在这种平等开放的交流平台上形成的舆论影响优于传统媒介告知式的传播效果。

同时，网络还具有信息的“放大”功能。例如电子邮件，组织发的信件针对不仅收件人，还希望有一个转发的潜在群体，而事实上这个群体是存在的。有效传播电子邮件的方法中一个关键因素就是群体感，就是说收件人在向他人转发信件的过程中，可以充分表现自己的聪明睿智和展示自己正直向善的人品。例如，组织发送有关电脑中毒之后紧急处理方法的邮件，都会在收件人的这种意愿下被转发，信息的受众群不断被扩大，信息的效应也随之被加大。而且这种群体感的认同是组织引导舆论时的一个良好的受众心理基础。

第三，还可利用网络的多平台和多样性，在危机中和危机后与受众进行深入的互动沟通，配合其他传播方式形成强大的信息网络，尽快扭转局势，重建形象。

但无论利用何种危机处理手段，诚实是始终应该放在危机公关第一位的。

六、危机处理的对策

危机处理总对策是重视事实，迅速调查，妥善处理，做好善后工作，再造组织形象。

具体对策是根据不同的公众对象分别采取不同的对策。

（1）对上级有关部门。及时请示汇报，及时报告事态的发展，求得上级部门的指导。对外回答敏感问题之前，须向上级部门请示报告，严格按照统一的口径对外发布信息。

（2）对组织内部员工。迅速而准确地把事件的发生和将采取的对策告知员工，使大家齐心协力，共渡难关。

（3）对受害者。认真了解受损情况，实事求是地承担责任，并诚恳道歉。冷静地倾听受害者的意见，对受害者的要求给予重视。同情和安慰受害人，避免出现自我辩护的言行，保持与受害者的联系。

（4）对新闻界。主动与新闻界取得联系，向新闻界提供事实真相和相关的信息，并表明自己的态度，并争取新闻界的合作。公开宣布发布新闻的时间，并按时发布新闻，在部分事实结果没有明朗之前，不信口开河，盲目评论。充分利用新闻媒介与公众沟通，引导和控制舆论局势。如果有关危机的新闻报道与事实不符，应及时予以指出并要求更正。但应保持冷静和理性的态度，及时对新闻界的合作表示感谢。

知识补充

2016十大危机事件

2016年企业危机连绵不断，从百度，到“315公关劫”，再到和颐酒店女生遇袭，又到的支付宝“圈子”……新媒体时代，危机爆发的速度之快和传播的不可控性已难以想象，这是对各个企业公关部门更大的考验。

下面盘点一下2016年度十大危机公关事件，其中五个案例中的企业危机公关能力过人，最终保护了组织的安全，而另外六个案例，因为不恰当的危机公关，沦为危机公关的负面典型。

一、转危为安篇

（一）快递小哥被打，霸道总裁“追究”到底

4月17日，有网友在微博爆料，北京一小区内，一位顺丰的快递小哥不小心与某出租车发生剐蹭，该车主随后对快递小哥进行了长时间的辱骂，并动手打人。在1分42秒的视频中，这位车主对快递小哥进行了7次打脸，且连续爆粗口十余次。而快递小哥除了说一句“对不起”之外，没有还手，而是一直在躲闪。

事件被曝光之后，顺丰当晚就被顶上微博热搜第一，面对员工受辱，顺丰官方出面，在第一时间挺身而出，企业形象高大不少。

（二）B站新番收费，董事长真情感动用户

5月24日，一直宣传“不会有视频贴片广告”的视频网站“Bilibili”，却有几部新番（新播出的动漫）首次出现了贴片广告。这一变化让不少B站用户对B站的价值观产生了怀疑。

当天晚上，B站董事长陈睿亲自在知乎上回答了用户的质疑。陈睿在短短几百字的回答中，三次用“抱歉”“对不起”“道歉”等字眼表达了对用户的歉意，并说明了这个事情的来龙去脉，以及B站方面做的努力。继而提出5点解决办法，包括可以手动调过广告，返还承包金额等，简直是诚意满满。

最后的最后，陈睿用一句热血满满的承诺，挽回了几乎全部B站用户的信任，“B站未来有可能会倒闭，但绝不会变质”。

（三）百度一年遇“水逆”，公关自黑惹人怜

据说2016年是李彦宏的本命年，结果百度是一年都不顺，从血友病吧事件，到贴吧打击盗版，到魏则西事件……行内都形成了默契，只要黑百度，那就是绝对正确的事。

不管百度是真的黑还是被黑的太惨，大家一致认为，在百度做公关难。于是，百度公关在7月份特意开了一个公众号——这届百度公关。

这个公众号，百度定的基调是“自曝、自黑、自嘲、自省”，包括账号的功能介绍是“我们就是大家觉得不太行的这届百度公关”。之后更新的内容，百度公关用了大量网络化语言，包括流行的表情包，这些都是为了主动降低自己的姿态，化被动为主动。

抛开百度业务上的黑点不说，百度公关的这一行为，无疑是加分项。对不了解百度公

关和误解百度公关的吃瓜群众，在挽回百度的正面形象方面是大有益处的。

（四）从“Beat U”到“Love U”，神州经历了什么

2016年8月，滴滴出行收购Uber中国，一统出行市场。面对Uber中国几百位有用之才，神州专车在微信和微博同时发布了致Uber中国小伙伴的一封信，言辞中直言对Uber年轻人的欣赏，并提出要高薪挖角。放出“6个月薪资+期权”的巨大诱惑。还发布了一组“Love U”系列海报。

然而，一年前的神州专车，同样发布过一组“Beat U”系列海报，并且引发巨大争议，也有业内人称之为“史上最蠢的营销”。

其实，神州专车这次的七夕节示爱，并非单纯向Uber挖角，更是一次时间跨度长达一年的危机公关。一年前的Beat U，神州被扣上了一个“贬低同行”的帽子，不如趁着这次机会重塑形象，而事实上，神州的这次营销，也被评为“七夕节最抢风头的营销活动”。

（五）罗一笑刷屏，微信退回全部赞赏

11月底，一篇《罗一笑，你给我站住》在朋友圈疯狂刷屏，起源于深圳某杂志社主编罗尔撰文5岁女儿罗一笑患白血病，并在微信公众号上利用赞赏筹款。但随后网友扒出其隐瞒房产及私家车财产状况，且事件涉嫌营销炒作等情况，遭到网友炮轰。

罗一笑事件在极度不可控的新媒体环境下被无限放大之后，罗尔、涉嫌炒作的“P2P观察”和深圳市民政局先后出面回应，依然未能平息事件。

最终，12月1日，微信终于出手，将这起事件中涉及的262.69万款项全部原路退还给用户，当公众的善心被有心之人利用之后，微信出手保护了所有的善心。这次有力、果断的危机公关，得到了大多数用户的好评。

二、处理失败篇

（一）饿了么上榜“315”，惊现猪一样的队友

2016年的“3.15”晚会，最受伤的恐怕是外卖巨头饿了么。央视暗访视频显示，在一家入驻饿了么平台的“餐馆”里，老板娘用牙咬开火腿肠直接放到炒饭中，厨师用手指伸进锅里沾汤汁尝味道。更让人惊讶的是，饿了么平台引导商家虚构地址、上传虚假实体照片，甚至默认无照经营的黑作坊入驻。

当所有人都以为饿了么公关部急疯了的时候，网上流传出一张饿了么公关部小伙伴的群聊截图，饿了么北京公关正在乐此不疲地“求涨粉”，号召大家赶紧关注饿了么订阅号。

几乎在同时，朋友圈再次流传一张截图，名为“饿了么-大先生”的用户在朋友圈发出了一张图，意在讽刺央视收保护费，他还同步更新了自己的微博，而微博认证显示，这位“大先生”，正是饿了么高级市场经理，其事后秒删了这条微博。

也许，这就是所谓的“不怕神一样的对手，就怕猪一样的队友”。

（二）和颐酒店女生遇袭，如家公关冷应对

4月5日晚，ID为“@弯弯_2016”的女子在微博声称在北京和颐酒店入住时遭遇陌生男子拖拽劫持，而酒店和警方都不作为，并暗指如家旗下的和颐酒店暗藏卖淫窝点。原微博的转评已达上千万。

这次事件中，酒店方语气冷淡，官方用词过多，并且没有第一时间向受害者道歉及解释，甚至提供给钱删帖这样的无理要求。事后的发布会也多次“戏耍”媒体，给出“无可奉告”的回应，犯下多个危机公关的致命错误。

（三）陈年大骂周杰伦垃圾，引网友众怒

5月19日，凡客诚品的陈年上了一档叫作《恶毒梁欢秀》的脱口秀节目，在节目中提到自己最喜欢的诗人穆旦，并公开称“穆旦甩周杰伦几十万条街”“周杰伦是垃圾”。

更不可思议的是，陈年在微博上非但没有道歉，还继续大放厥词，与周杰伦粉丝对立，连发多条微博，都是穆旦的诗，引发了更大的口水战。

企业创始人对外公开的每一句话，都是品牌PR，代表的是品牌形象。创始人可以通过各种渠道给品牌提升影响力，而很遗憾，陈年选择了最low（差）的一种方法。

（四）宜家夺命抽屉柜，区别对待信誉崩塌

6月29日，宜家宣布在美国和加拿大召回3 600多万个“夺命抽屉柜”。自1989年以来，这些问题抽屉柜已造成6名儿童死亡，36名儿童受伤，宜家因此接到的事故报告也达到82份。

最终，宜家宣布召回相关产品，主要涉及马尔姆系列抽屉柜以及其他款式的儿童或成人用抽屉柜。而中国市场不在此次召回范围。宜家中国在采访时回应称：“因为这个产品是符合中国的国家规定的，这个产品如果是固定在墙上是安全的。但在北美，他们有一个特殊的标准，不是强制性的，要求（柜体）不固定在墙上时也必须不能倾倒，只是基于这样的标准（在美国和加拿大实行了召回）。”宜家仅仅在官网和微博上提醒中国消费者将柜体固定在墙上。

在中国消费者强烈抗议下，宜家中国宣布允许消费者“有条件退货”，但依然不实行全面召回。但是，半个月后，在消费者的强烈不满之下，加之国家质检总局的约谈后，宜家最终妥协，决定召回中国166万余件抽屉柜。这种“推一下动一动”的处理方法，让不少消费者对宜家的好感度大幅下滑，宜家的傲慢及双重标准，也让不少网友表示，已经不再信赖宜家。

（五）三星有意弱化爆炸门，酿成巨额损失

2016年下半年，三星note7爆炸事件在国内外陆续上演，而三星的危机公关却接连犯下错误，一次又一次帮着倒忙，最终把三星推向深渊。

三星最初的声明，极力淡化事件影响，没有足够重视爆炸这一问题。更可怕的是，三星在检测方面作假，国内的第一起爆炸，三星最终结论为“外部加热”，而第二起爆炸在短短一天之内就得出检测结论（实际手机仍在消费者手中）。更火上浇油的是，9月20日，韩国《朝鲜日报》报道称：三星宣布正在讨论对主张虚伪爆炸的2名中国消费者进行刑事起诉等法律应对。

在事后的召回行动上，三星和宜家一样，采用了对中国市场区别对待的做法，引来消费者极度不满，糟糕的公关表现，不但没有挽回损失，反而帮倒忙。据说，这次召回事件给三星带来了50亿美元的经济损失，更别提无法估量的品牌声誉损失。

（六）支付宝硬要玩社交，惹了一身“骚”

11 月底，支付宝毫无征兆地上线了新功能——圈子，但在个别圈子内，由于只允许女性用户发布动态，所以充斥着各种女性自拍等，有网友发现尺度超大的照片比比皆是。

支付宝社交之心不死。在圈子事件逐渐越闹越大之时，支付宝似乎并没有意识到问题的严重性，先后在微博和公众号上进行了两轮声明，但都顾左右而言他，避重就轻地讨论了圈子的价值。

两天之后，事件依旧未能平息，在被央视点名批评之后，蚂蚁金服董事长彭蕾发布了一则内部道歉声明，并通过支付宝双微进行发布，标题为《错了就是错了》。

虽然这则道歉声明写得声泪俱下，雄心满满，但是，直到第三轮危机公关时，支付宝才发现问题有多严重，这时候的幡然醒悟，似乎稍微晚了一些。

思考题

1. 危机公关与公关危机是不是一个概念？
2. 处理危机事件的最佳时机是什么？
3. 简述危机事件解决流程。
4. 为什么说“危机公关最重要的是态度”？

附录

附录1　中国公共关系职业道德准则

（1991年5月23日第四届全国省市公关组织联席会议通过）

总　则

中国公共关系事业的发展，是中国改革开放的必然趋势，它以新型的管理科学，协调社会各方面关系，密切党和广大人民群众的联系，调动各种积极因素，维护安定团结，促进社会主义建设，因此公共关系工作者肩负着时代的使命，公共关系工作者必须有高尚的职业道德作为完善自身形象的行为准则。

条　款

1. 公共关系工作者应当坚持社会主义方向自觉地遵守我国的宪法、法律和社会道德规范。

2. 公共关系工作者在开展公共关系活动时，首先要注重社会效益，努力维护公关职业的整体形象。

3. 公共关系工作者在工作活动中，应当力求真实、准确和对公众负责。

4. 公共关系工作者应当努力提高自己的政治水、文化修养和公关的专业技能。

5. 公共关系工作者应将公关理论联系中国的实际，以严肃认真、诚实的态度来从事公共关系学教育。

6. 公共关系工作者应当注意传播信息的真实性和准确性，防止和避免使人误解的信息。

7. 公共关系工作者不能有意损害其他公关工作者的信誉和公关实务。对不道德、不守法的公关组织及个人予以制止并通过有关组织采取相应的措施。

8. 公共关系工作者不得借用公关名义从事任何有损公关信誉的活动。

9. 公共关系工作者应当对公关事业具有高度的责任感。不得利用贿赂或其他不正当手段影响传播媒介人员真实、客观的报道。

10. 公共关系工作者在国内外公共关系实务中应该严守国家和各自组织的有关机密。

附　则

本准则将根据实际情况予以调整和修改。其解释、修改、终止权属全国省市公关组织联席会议。

附录2　公共关系行业标准术语

1. 媒体关系　Media Relations
2. 媒体研究　Media study
3. 媒体传播策略　Media communications strategy
4. 消费者触媒习惯　Consumers´Media behavior analysis
5. 媒体关系评估　Media relations evaluation
6. 媒体传播计划　Media planning
7. 媒体关系管理　Media relations management
8. 媒体监测　Media monitoring
9. 传播绩效评估　Media communications evaluation
10. 软文投放　Advertorial Pitching
11. 新闻发布　Press release
12. 专访安排　Interview arrangement
13. 稿件撰写　Press materials drafting
14. 新闻剪报　News clipping
15. 活动管理　Event Management
16. 活动策略规划　Event strategy
17. 活动计划　Event planning
18. 活动管理　Event management
19. 活动绩效评估　Event evaluation
20. 现场执行　On－site execution
21. 视觉创意　Visual & creative
22. 设计制作　Designing & Producing
23. 营销传播　Marketing Communications
24. 营销传播研究　Marketing communications study
25. 消费者调查　Consumer surveys
26. 营销传播规划　Marketing communications strategy
27. 营销传播计划　Marketing communications planning
28. 营销传播管理　Marketing communications management
29. 传播绩效评估　Communications evaluation
30. 新产品上市　New product launch

31. 巡展活动　Road show
32. 促销活动　Sales Promotion
33. 企业传播　Corporate Communications
34. 企业传播规划　Corporate communications strategy
35. 企业传播计划　Corporate communications planning
36. 企业传播管理　Corporate communications management
37. 传播绩效评估　Communications evaluation
38. 出版物制作　Publishing
39. 网站制作　website producing
40. 内部传播　Internal Communications
41. 内部沟通体系　Internal communications system
42. 员工意见调查　Employee Survey
43. 内部传播规划　Internal communications strategy
44. 内部活动计划　Internal communications initiative planning
45. 内部传播计划　Internal communications planning
46. 内部关系管理　Internal relations management
47. 传播绩效评估　Communications evaluation
48. 内部活动　Internal event
49. 团队建设　Team building
50. 内联网建设　Intranet building
51. 内刊制作　In – house journal
52. 网络公关　Digital PR
53. 网络媒体研究　Digital media study
54. 网络受众分析　Digital audience analysis
55. 网络公关规划　Digital PR strategy
56. 网络传播计划　Digital communications planning
57. 网络媒体管理　Digital media management
58. 网络舆情监测　Digital monitoring
59. 网媒绩效评估　Media communications evaluation
60. 博客管理　Blog management
61. 论坛管理　BBS management
62. SNS 传播　Social network system communications
63. IM 传播　Instant Message communications

64. 搜索引擎优化 Search engines optimizing
65. 网站设计 Web designing
66. 声誉管理 Reputation Management
67. 公关环境研究 PR circumstance study
68. 企业公民政策 Corporate citizenship policy
69. 领导人形象管理 CEO reputation management
70. 企业新闻制度 Press release management system
71. 企业信息监测 Corporate Information monitoring
72. 领导人活动安排 CEO' s activities arrangement
73. 投资者关系 Investor Relations
74. 投资者关系研究 Investor relations study
75. 投资者沟通体系 IR communications system
76. 投资者关系规划 Investor relations strategy
77. 投资者沟通计划 IR communications planning
78. 定期信息披露 Information disclosure
79. 沟通绩效评估 Communications evaluation
80. IPO 传播 IPO communications
81. 路演 Road show
82. 年报制作 Annual reports producing
83. 股东大会 Shareholders conference
84. 公共事务 Public Affairs
85. 政府版图研究 Government chart study
86. 政策决策研究 Policy & decision - making study
87. 政府关系规划 Government relations strategy
88. 社区关系规划 Community relations strategy
89. 政府关系管理 Government relations management
90. 社区项目管理 Community project management
91. 利益团体沟通管理 Stakeholders communications management
92. 公益赞助 Sponsorship
93. 危机管理 Crisis Management
94. 危机管理体系 Crisis management system
95. 危机管理手册 Crisis management manual
96. 危机模拟培训 Simulated crisis training

97. 危机预警监测　Media monitoring
98. 危机对策方案　Crisis management solution
99. 危机评估　Crisis evaluation
100. 危机处理　Crisis management execution